W0236204

BERLIN
GESCHICHTE EINER STADT

Julius H. Schoeps
bpk – Bildagentur für Kunst, Kultur und Geschichte (Hrsg.)

BERLIN
GESCHICHTE EINER STADT

berlin edition im
be.bra verlag

Bibliografische Information der Deutschen Nationalbibliothek
Die Deutsche Nationalbibliothek verzeichnet diese Publikation in der Deutschen Nationalbibliografie; detaillierte bibliografische Daten sind im Internet über http://dnb.d-nb.de abrufbar.

Alle Rechte vorbehalten.
Dieses Werk, einschließlich aller seiner Teile, ist urheberrechtlich geschützt. Jede Verwertung außerhalb der engen Grenzen des Urheberrechtsgesetzes ist ohne Zustimmung des Verlages unzulässig und strafbar. Das gilt insbesondere für Vervielfältigungen, Übersetzungen, Mikroverfilmungen, Verfilmungen und die Einspeicherung und Verarbeitung auf DVDs, CD-ROMs, CDs, Videos, in weiteren elektronischen Systemen sowie für Internet-Plattformen.

3., aktualisierte Auflage
© berlin edition im be.bra verlag GmbH
Berlin-Brandenburg, 2012
KulturBrauerei Haus 2
Schönhauser Allee 37, 10435 Berlin
post@bebraverlag.de

Bildredaktion: Gabriele Dietz, Ulrich Hopp, Heidrun Klein, Julius H. Schoeps, alle Berlin
Lektorat: Gabriele Dietz, Berlin
Umschlaggestaltung: Ansichtssache, Berlin
Innengestaltung: Iris Farnschläder, Hamburg
Satz: typegerecht berlin
Schrift: FF Celeste 10/12 pt
Druck und Bindung: Leo Paper Products Ltd.

ISBN 978-3-8148-0193-3

www.bebraverlag.de

INHALT

VORWORT

Im Jahre 1929 erschien ein Buch, das sich mit der Kunst befasste, in Berlin spazieren zu gehen. Es war keine der üblichen Städtebeschreibungen, auch kein »Baedeker«, der den Berlin-Besucher sachkundig durch die Stadt geführt hätte. Der Essayist und Schriftsteller Franz Hessel hatte ein »Bilderbuch in Worten« vorgelegt. »Spazieren in Berlin« wurde, um eine weitere Formulierung aufzunehmen, als eine Art Vademecum begriffen, das bemüht ist, die Stadtlandschaft Berlin in einen »verzauberten Ort voller verborgener Genüsse« (Ernst von Salomon) zu verwandeln.

Uns begegnet in dem Buch das Berlin der zwanziger Jahre. Der Leser spürt das Brodeln der Metropole, meint, inmitten des tosenden Verkehrs zu stehen und sieht vor seinem inneren Auge die Menschenmassen, die sich aus den U-Bahnschächten ergießen und zielstrebig verschiedene Richtungen einschlagen. Vermittelt wird die Atmosphäre einer Stadt mit ihrem geschäftigen Leben auf Straßen und Plätzen, mit ihrer Betriebsamkeit auf Hinterhöfen, in Markthallen und Nachtcafés. Das Buch ist der gelungene Versuch des Müßiggängers, die Sprache der Großstadt zu entziffern und die berlinische Stadtlandschaft in unaufdringlichen Worten zu beschreiben.

Es ist sicherlich heute schwieriger, die Stadt zu Fuß zu durchqueren als zu Zeiten Franz Hessels. Die Stadt sperrt sich dem Spaziergänger. Den Flaneur, wie der Müßiggänger oder Bummler von ehedem hieß, gibt es nur noch vereinzelt. Wer die Stadt erkunden will, macht das heute nicht mehr zu Fuß, sondern mit dem PKW oder mit öffentlichen Verkehrsmitteln. Der Erkundungsradius vergrößert sich dabei zwangsläufig. Bei Spazierfahrten kann man in Gegenden geraten, die den Eindruck erwecken, als gehörten sie überhaupt nicht zu Berlin. Die Stadt zeigt sich, wie gesagt, heute sperriger als früher. Zwischen Kladow und Köpenick, Wannsee und Marzahn, Reinickendorf und Britz liegen Welten, nicht nur geografisch, sondern auch was das Lebensgefühl betrifft. Nicht zuletzt die Zeitschnitte, oder, besser gesagt: das Auseinanderfallen der Stadt durch vierzig Jahre Ost-West-Teilung, haben ein Berlin der Gegensätze entstehen lassen.

Jeder, der heute sich vornimmt, Berlin zu erkunden, erfährt für sich, dass manches von dem, was er sucht, eigentlich nur eine Chimäre ist. Das Stadtschloss zum Beispiel, neben dem Brandenburger Tor und der Siegessäule einst Symbol und Wahrzeichen der Stadt, ist gesprengt und abgetragen worden. An seiner Stelle haben die DDR-Machthaber einen »Palast der Republik« errichtet, der nach der Vereinigung der beiden deutschen Staaten lange leer stand, bevor auch er aus dem Stadtbild verschwand. Der Abriss des asbestverseuchten Gebäudes war 2008 vollendet, nun entsteht dort das von Franco Stella entworfene Humboldt-Forum – äußerlich weitgehend in den Formen des alten Hohenzollernschlosses.

Vor einiger Zeit machte ich mich auf, den Spuren meiner Familie nachzugehen. Ich wollte wissen, wo und wie sie einst in Berlin gelebt hatte. Ich fuhr kreuz und quer durch die Stadt, studierte Pläne und gelangte so in die Hasenheide im Berliner Stadtteil Kreuzberg. Das Haus, vor dem ich schließlich stand, war das Haus, in dem einst meine Großeltern gewohnt hatten und mein Vater geboren wurde. Es sah aus wie manches heutige Berliner Gebäude – verdreckt, altersrissig und unansehnlich. Die Fassade war zwar mit neuer Farbe überpinselt, konnte aber nicht den Eindruck einer gewissen Heruntergekommenheit verbergen.

Ein Blick auf die Klingelleiste im Hauseingang machte deutlich, dass in diesem Haus heute Menschen aus aller Welt leben, aber ganz offensichtlich niemand mehr dort wohnt, der sich daran erinnern könnte, dass vor mehr als einem halben Jahrhundert eine jüdische Familie in diesem Haus eine Wohnung besaß. Niemand weiß mehr, dass diese Familie, die zwei Kinder hatte, den Namen Schoeps trug und ein ganz normales Leben führte wie andere Familien in diesem Viertel auch – bis etwas mit elementarer Gewalt in ihr Leben einbrach und alles von Grund auf veränderte. Nichts war mehr so, wie es einst gewesen war.

Der vorliegende Bild-Text-Band ist der Versuch, einen Spaziergang anderer Art durch Berlin zu unternehmen – einen Spaziergang, der nicht durch das Berlin von heute, sondern durch Zeit und Raum führt, durch Geschichte und Geografie. Der Leser, der sich auf den Weg macht, um die Anfänge Berliner Geschichte kennen zu lernen, kann sich mit zwei Slawenstämmen beschäftigen, den »Hevellern« und den »Sprewanen«, die im frühen 8. Jahrhundert den Berliner Raum zu besiedeln begannen. Er kann sich auch mit Albrecht dem Bären aus dem Haus der Askanier befassen, der als der Gründer der Mark Brandenburg gilt.

Auf wen die Gründung Berlins zurückgeht, ist umstritten. Fest steht, dass es 1244 zum ersten Mal urkundlich erwähnt wird. Gemeinsam mit der auf der Spreeinsel gelegenen Schwestersiedlung Cölln erhielt es das Magdeburger Stadtrecht. Es heißt, die Stadtgründung sei insbesondere bestimmt worden durch merkantile und geografische Gesichtspunkte. Die Spreeinsel habe sich als Warenumschlagplatz geeignet und das engmaschige Netz von Wasserläufen und Seen den Handel begünstigt.

Der Leser, der mehr über die Stadtentwicklung erkunden will, wird erfahren, dass Berlin und Cölln, zu einer Doppelstadt vereint, einen rasanten Aufschwung nahm. Um 1450 zählte die Stadt etwa 6000 Einwohner, eine Zahl, die sich im Verlauf der nächsten hundert Jahre verdoppelte. Unter der Regierung des Großen Kurfürsten und seiner Nachfolger erfuhr die Stadtentwicklung weitere Impulse. Die beiden Stadthälften wurden befestigt, das auf dem linken Spreeufer gelegene Friedrichswerder einbezogen. Seit 1674 entstand beiderseits der Esplanade »Unter den Linden« die Dorotheenstadt, es folgten die Friedrichstadt, die Stralauer und die Spandauer Vorstadt. Eine bei Schloss Lietzenburg entstandene Siedlung erhielt wenig später ebenso wie das Schloss den Namen Charlottenburg.

Was den Spaziergänger heute interessieren mag, sind die Zugänge, die in früheren Zeiten den Weg in die Stadt hinein öffneten. Zunächst waren das fünf Tore: das Stralauer Tor, das Georgentor, das Spandauer Tor, das Teltower und das Köpenicker Tor. Das änderte sich im Verlauf des 18. Jahrhunderts, als die Festungswälle zur Gewinnung von Bauland abgetragen wurden und die Stadt eine Zollmauer erhielt. Eine Reihe weiterer in dieser Zeit entstandener Tornamen sind zum Teil heute noch im Gebrauch: wie zum Beispiel das Rosenthaler Tor, das Frankfurter Tor, das Schlesische Tor, das Cottbusser Tor, das Hallesche und das Brandenburger Tor.

Die Überschaubarkeit der Stadt nahm in gleichem Maße ab, wie Industrie und Bautätigkeit im 19. Jahrhundert zunahmen. Berlin, 1871 zur Reichshauptstadt erhoben, überschritt, was die Einwohnerzahl betraf, als erste Stadt im deutschen Sprachraum die Millionengrenze. Industrieanlagen wie die von Borsig und die AEG veränderten das Stadtbild. Die Bebauung der Vorortgebiete nach dem Hobrechtplan führte zu Bodenspekulation und dem Enstehen trister Mietskasernenkomplexe. In den Arbeitervierteln herrschten Wohnverhältnisse, die zu Recht als untragbar angesehen wurden.

Elend und Reichtum lagen nicht weit von einander entfernt. In den Villenvororten Wannsee, Nikolasee, Schlachtensee, Zehlendorf, Dahlem, Westend und Frohnau ließen sich die wohlhabenderen Familien nieder. Ihr Wegzug aus dem alten Innenstadtbereich signalisierte die zunehmende Prosperität. Wer es sich leisten konnte, zog in die Vororte oder in die Nebenstraßen des Kurfürstendamms, in die Bleibtreu- und die Uhlandstraße, in die Mommsen- und in die Fasanenstraße. Die westliche Innenstadt, insbesondere das Zooviertel, entwickelte sich zu einem pulsierenden Geschäftszentrum und trat in Konkurrenz zur alten City. Der Kurfürstendamm mit seinen Cafés und seinen eleganten Geschäften, der dem Westen Berlins einen großstädtischen Flair verlieh, wurde zu einem belebten Anziehungspunkt.

In den Jahren vor dem Ersten Weltkrieg entwickelte sich Berlin endgültig zur Metropole. Menschen aus aller Welt strömten in die Stadt, die für sich in Anspruch nehmen konnte, Drehscheibe zwischen West und Ost zu sein. Die Vororte dehnten sich immer mehr aus und machten eine kommunalpolitische Neuordnung notwendig. Im Zuge des am 1. April 1912 geschaffenen »Zweckverbandes Groß-Berlin« war man bemüht, die sechs zum Groß-Berliner Verkehrs- und Wirtschaftsgebiet gehörenden Stadtkreise Charlottenburg, Schöneberg, Wilmersdorf, Lichtenberg, Neukölln und Spandau sowie die Landkreise Niederbarnim und Teltow einzugemeinden. Der Zusammenführungsprozess, der auch als Großstadtwerdung bezeichnet werden könnte, fand seinen Abschluss am 27. April 1920 mit dem »Gesetz über die Bildung einer neuen Stadtgemeinde Berlin«.

Weimarer Republik, Hitlers Drittes Reich und vor allem die vier Jahrzehnte deutscher Teilung haben dem Stadtbild Berlins einen deutlichen

Stempel aufgedrückt. Der Spaziergänger, der sich heute in Berlins Mitte zurechtzufinden versucht, bemerkt sehr schnell, dass die Stadt auf der Suche nach sich selbst ist. Wer offenen Auges durch die Straßen geht, dem fällt auf, dass es sich nicht mehr um das Berlin Karl-Friedrich Schinkels und Friedrich August Stülers handelt, sondern um eine Stadt, die sich in den Jahren der Teilung bis zur Unkenntlichkeit verändert hat.

Die Architektur in Ost und West hätte unterschiedlicher nicht sein können. Sie ließ die beiden Stadthälften auseinanderdriften. In West-Berlin versuchte man, an die Vorkriegsavantgarde anzuknüpfen, an Expressionismus, Neue Sachlichkeit und die klassische Moderne des Bauhauses, wobei durchaus architektonische Meisterwerke entstanden sind wie Hans Scharouns Philharmonie und Mies van der Rohes Neue Nationalgalerie. Den Ikonen westlicher Architektur wurden in Ost-Berlin Bauten im sowjetischen Zuckerbäckerstil in der einstigen Stalinallee und der Fernsehturm am Alexanderplatz gegenübergesetzt – eine Architektur irritierender Gegensätze.

Im vereinten Berlin versucht die Stadtplanung die beiden auseinandergerissen Stadthälften wieder zu einer Einheit zusammenzufügen. Architekten wie Axel Schultes, Hans Kohlbecker, Sir Norman Foster, Frank O. Gehry, Renzo Piano und viele andere versuchen die Narben, die die Zeitläufte der Stadt zugefügt haben, zu glätten. Rund um den Potsdamer Platz zum Beispiel sind Gebäudekomplexe entstanden oder noch im Entstehen begriffen, die, jeder für sich, vermutlich eine architektonische Meisterleistung darstellen. Der Flaneur aber fragt sich angesichts der klassizistischen Bauwerke entlang des Boulevards Unter den Linden, ob diese überhaupt eine Ensemblewirkung beabsichtigen. Ist so etwas heute nicht mehr möglich? Nicht mehr gefragt? Gibt es keine städtebaulichen Maßstäbe mehr?

Zurück zu Franz Hessels Stadtbuch »Spazieren in Berlin«. Als typische Eigenarten der Berliner und ihrer Stadt beschreibt er die »Ungeduld« und die »Unruhe«. »Der Zukunft«, so versucht er dieses Lebensgefühl zu umschreiben, »zittert die Stadt entgegen«. Auch auf das Berlin von heute dürften Hessels Charakterisierungen zutreffen. Er wusste, dass die Seele des Berliners vom Geist der Stadt durchwirkt ist. Das, so Hessel, offenbare sich schon in der Klangfarbe des Berlinischen und in der unpathetischen Nüchternheit des Bewohners dieser Stadt. Alles Affektierte, so meinen mit Hessel denn auch viele Kenner der Stadt, finde der Berliner komisch. Sein einziges wirkliches Pathos liegt in dem starken Willen, sich nicht ein X für ein U vormachen zu lassen.

Der vorliegende Bild-Text-Band ist in einer schon bewährten Zusammenarbeit mit dem Bildarchiv der Stiftung Preußischer Kulturbesitz entstanden. Die Bilder wurden aus den Beständen des Archivs ausgewählt, wobei Herausgeber und Verlag bemüht waren, insbesondere solche Abbildungen in den Band aufzunehmen, die weniger bekannt sind. Die von Fachleuten verfassten Texte wiederum wollen Berlin und seine Geschichte in Worten illustrieren, in der Hoffnung, dass der Leser, wie es Franz Hessel formulierte, es lieb gewinnt und schön findet, »bis es schön ist.«

Der Herausgeber dankt an dieser Stelle Gabriele Dietz, der Lektorin des be.bra verlages, die es auch diesmal wieder verstand, mit Umsicht ein Projekt zu koordinieren, das anfänglich leichter aussah als es dann im Verlauf der Arbeit tatsächlich war. Dank gilt Heidrun Klein, langjährige stellvertretende Leiterin des Bildarchivs und exzellente Kennerin seiner Bestände, die bei der Bildauswahl souverän und kenntnisreich beriet, und Ulrich Hopp, dem Verleger, der sich nicht entmutigen ließ, wenn man an ihn mit Wünschen herantrat, die zugegebenermaßen nicht immer leicht zu erfüllen waren. Bedanken möchte sich der Herausgeber auch bei Stephanie Kowitz, Alice Krück und Lilli Iliev, die in den verschiedenen Phasen des Projektes assistierten. Und Dank gilt schließlich Elke-Vera Kotowski, die auch in größter Hektik noch die Fäden zusammenhielt.

Julius H. Schoeps

ZWEI ORTE AN DER SPREE

Berlin im Mittelalter *Hiltrud Wallenborn*

Der Name Berlin, so soll Lessing erklärt haben, stamme aus dem Griechischen, denn die Stadt sei als griechische Kolonie an der Spree mit dem Namen Barulinon (Barylinon) gegründet worden, was so viel wie »beschwertes oder von Fischen schweres Netz« bedeute. Gräzisten, Stadthistoriker und Heimatforscher werden diese Erklärung sofort als das entlarven, als was sie gedacht war – als ironischen Seitenhieb auf den von den Berlinern gepflegten Vom-Fischerdorf-zur-Weltstadt-Mythos und auf ihre mit Leidenschaft betriebenen, abenteuerlichen etymologischen Spekulationen über den Namen ihrer Stadt. Dennoch weist die kolportierte Lessingsche Deutung auf etwas sehr Zutreffendes hin: Die Geschichte Berlins ist zu allen Zeiten stark durch »Neuberliner« – Zuwanderer, Immigranten, »zugereiste« Herrscher – geprägt worden. Dieses Faktum ist in Bezug auf die neuere Geschichte im allgemeinen Bewusstsein fest verankert. Wer würde sich nicht an die Hugenotten erinnern, die von dem »toleranten« Großen Kurfürsten hier angesiedelt wurden, und wer würde bei einem Blick auf den »Karneval der Kulturen« und die sich durch die »rheinische Invasion« vor den Augen ihrer Bewohner verändernde Stadt leugnen, dass Berlin (auch) eine Stadt der »Neuberliner« ist? Bereits zu vor- und frühgeschichtlicher Zeit sowie im Mittelalter waren es Zuwanderer, die die Entwicklung des späteren Berliner Stadtgebiets bestimmten und die Strukturen prägten.

»Heveller« und »Sprewanen«

Eine der ältesten bekannten Siedlungen im Berliner Raum ist eine Rentierjägerstation am Tegeler Fließ, die auf die Zeit um 9000 v. Chr. datiert wird. Von da an scheint die Gegend kontinuierlich besiedelt gewesen zu sein. Lebten die ersten Berliner noch als Nomaden, so lässt sich seit der Mitte des 3. vorchristlichen Jahrtausends eine sesshafte bäuerliche Kultur nachweisen.

Seit dem 5. vorchristlichen Jahrhundert siedelten germanische Stämme im Berliner Raum. Diese begannen im 3. Jahrhundert n. Chr. in Richtung des römischen Limes abzuwandern. Seit dem Ende des 4. Jahrhunderts lebte innerhalb der heutigen Berliner Stadtgrenzen offenbar nur noch eine schwache Restbevölkerung. Bis heute erhalten geblieben sind aus germanischer Zeit die Flussnamen Havel und Spree, die von der germanischen Restbevölkerung an die Slawen, die seit dem Ende des 6. Jahrhunderts in den Berliner Raum einwanderten, weitergegeben wurden.

Das heutige Berliner Stadtgebiet lag auf der Grenze zwischen zwei Stammesarealen: Im Westen, entlang der Havel, lebten die »Heveller«, die sich selbst nicht mit diesem aus dem germanischen Heveldun (Havelland) abgeleiteten Namen bezeichneten, sondern sich »Stodorane« nannten. Ihr Siedlungsgebiet reichte von Pritzerbe im Westen bis Spandau und Potsdam im Osten. Östlich des Havelsiedlungsgebiets, an Spree und Dahme, lebten die »Sprewanen«. Voneinander getrennt wurden die beiden Stämme durch ein ausgedehntes Waldgebiet, dessen Reste sich heute im Spandauer Stadtforst, der Jungfernheide, dem Tegeler Forst und dem Grunewald finden. Zu diesem unbewohnten Streifen zwischen den Siedlungsgebieten der Heveller und der Sprewanen gehörte auch die Umgebung des Spreeübergangs im Urstromtal, an dem einige Jahrhunderte später die Doppelstadt Berlin/Cölln entstehen sollte.

Ein bedeutender Ort im Herrschaftsgebiet der Heveller war Spandau. Hier entstand bereits um 700 eine Burganlage, die auf einer Havelinsel an der Spreemündung gelegen war. Bis zur Mitte des 12. Jahrhunderts sollten an dieser Stelle nacheinander in ununterbrochener Folge acht Burgen gebaut werden.

Außerhalb der Burgmauern entstand in Spandau bereits im frühen 8. Jahrhundert eine Burgsiedlung, in der im ersten Drittel des 9. Jahrhunderts in über vierzig Häusern zwischen 200 und 250 Menschen lebten. Spätestens seit der zweiten Hälfte des 8. Jahrhunderts hatte die Siedlung den Rahmen dörflicher Strukturen gesprengt und war zu einer Vorburg (Suburbium) geworden. Hier lebten nicht nur die Gefolgsleute des Burgherrn, sondern auch eine größere Anzahl von Handwerkern. Günstig am Kreuzungspunkt einer bedeutenden europäischen Ost–West-Landverbindung mit den wichtigsten regionalen Wasserwegen gelegen, entwickelte sich Spandau seit dem ausgehenden 8. Jahrhundert auch zu einem Warenumschlagplatz. Die hier hergestellten handwerklichen Produkte wurden daher wahrscheinlich nicht nur für den lokalen Bedarf, sondern auch für einen überregionalen Markt produziert. Diese wirtschaftliche Blüte war allerdings nur von kurzer Dauer. Bereits in der ersten Hälfte des 9. Jahrhunderts scheint die Gegend von einem wirtschaftlichen Niedergang erfasst worden zu sein, in dessen Folge die Besiedlung auf dem Gelände des Suburbiums abbrach.

Während des Slawenaufstands von 983, der die Ostgrenze des ottonischen Reiches wieder bis an die Elbe zurückschob, wurde die Spandauer Burg ebenso zerstört wie die in der Vorstadt gelegene Kirche. Auf den Trümmern wurde bereits um 1000 eine neue Burg errichtet. In den folgenden eineinhalb Jahrhunderten erlebte Spandau einen ungeahnten Aufschwung. Es entstand nun ein vielgliedriger Siedlungskomplex, der aus der Burg, einer mit dieser durch eine gemeinsame Mauer verbundenen Burgstadt, mehreren vorgelagerten Siedlungen sowie einer zweiten Burganlage auf dem Gebiet der heutigen Zitadelle bestand. Die Gesamtbevölkerung dieses Siedlungskomplexes scheint im 11. Jahrhundert bei etwa 550 bis 600 Menschen gelegen zu haben.

Begünstigt durch seine ausgezeichnete Verkehrslage und seine Funktion als Stammeshauptort, erlebte Spandau nun den Aufstieg zu einem frühstädtischen Zentrum. Spezialisierte Handwerker – bezeugt sind die Herstellung von Lederwaren, Keramik, Metallverarbeitung und eine sehr kunstvolle Holzverarbeitung – produzierten Waren für den lokalen und den überregionalen Bedarf. Regelmäßig abgehaltene Märkte wurden nicht nur von ortsansässigen Händlern, sondern auch von durchreisenden Fernhandelskaufleuten – Slawen, Skandinaviern, Juden, Arabern – besucht. Verkauft wurden hier nicht nur die lokal hergestellten handwerklichen Waren, sondern auch agrarische Landesprodukte wie Felle, Honig, Wachs und Pottasche. Vermutlich wurde auch Sklavenhandel betrieben. Von den Fernhandelskaufleuten importiert wurden u. a. Spinnwirtel und glasierte Toneier aus der Kiewer Rus, Schmuck, Mahlsteine aus dem Rheinland und Mitteldeutschland, Salz, Waffen und Keramik. Damit blieb Spandau als wirtschaftliches und politisch-strategisches Zentrum nur hinter Brandenburg zurück, das bis zum Ende der slawischen Zeit den unbestrittenen Mittelpunkt des Hevellerreichs bildete.

Deutlich bescheidener gestalteten sich die Verhältnisse im Sprewanengebiet. Es war dünner besiedelt und ärmer als die Havelgebiete, seine Bevölkerung fast ausschließlich bäuerlich. Frühstädtische Zentren wie Brandenburg und Spandau gab es hier nicht. Der Hauptort des Sprewanengebietes war Köpenick. Hier wurde, auf einer Insel in der Dahme kurz vor ihrem Einfluss in die Spree und damit ähnlich günstig gelegen wie die Spandauer Burg, ebenfalls bereits um 700 eine Burganlage errichtet, die bis etwa 1200 bestand.

Nach der Jahrtausendwende erlebte Köpenick ähnlich wie Spandau, wenn auch auf niedrigerem Niveau, einen wirtschaftlichen Aufschwung. War in den vergangenen Jahrhunderten nur wenig Getreide angebaut worden, so wurden nun die Anbauflächen für Roggen und Weizen sowie als Weideland genutzte Wiesen erweitert und der Wald durch Rodung zurückgedrängt. Innerhalb der Burgmauern lebten auch Handwerker, die u. a. Keramik und Eisenwaren herstellten. Um 1150 war die Burg Köpenick Sitz des Fürsten Jaxa, der eigene Münzen prägen ließ.

Der Platz am Spreeübergang im Urstromtal, an dem später die Doppelstadt Berlin/Cölln entstehen sollte, war in slawischer Zeit unbesiedelt, doch scheint die Gegend der slawischen Bevölkerung als Jagdrevier und Fischgrund bekannt gewesen zu sein. Die heute am weitesten verbreitete Erklärung für den Namen Berlin verweist auf die slawische Wurzel *brl-* (Sumpf, Morast, feuchte Stelle), aus der durch Anhängen des Suffixes *-in* der Geländename Berlin für ein feuchtes Gebiet bzw. einen trockenen Platz innerhalb eines feuchten Gebiets gebildet worden sei. Ist diese Erklärung zutreffend, müssen die deutschen Zuwanderer, die sich gegen Ende des 12. Jahrhunderts am Spreeübergang niederließen, diesen Geländenamen für ihre neue Siedlung von ihrer slawischen Umgebung übernommen haben.

Die Gründung der Städte Berlin und Cölln

Schon im 10. Jahrhundert hatten die ottonischen Herrscher versucht, die Grenzen ihres Reiches nach Osten zu verschieben. Nachdem Heinrich I. bereits 928/29 Brandenburg erobert hatte, unterwarf sein Nachfolger Otto I. um die Mitte des Jahrhunderts alle Gebiete bis zur Oder und errichtete zu ihrer Sicherung zwei Marken. Die südliche dieser Marken wurde nach 965 geteilt, so dass nun neben der Mark Meißen und der Mark Lausitz in dem Gebiet um Brandenburg die »Nordmark« entstand. Als Ausgangspunkte für die Christianisierung der eroberten Gebiete und als Grundlage ihrer kirchlichen Organisation wurden 948/49 die Bistümer Brandenburg und Havelberg gebildet, die zunächst dem Erzbistum Mainz, dann dem Erzbistum Magdeburg unterstanden.

Der Slawenaufstand des Jahres 983 machte diese Expansionsversuche zunichte. Die Bistümer Brandenburg und Havelberg mussten aufgegeben werden und die Elbe bildete nun wieder die Reichsgrenze. Etwa ein halbes Jahrhundert später lebten jedoch die Grenzkriege wieder auf, und zu Beginn des 12. Jahrhunderts war die Stellung der Hevellerfürsten, die jetzt nur noch über ein verkleinertes Territorium herrschten, so geschwächt, dass man von Seiten des Reiches erneut die Möglichkeit sah, nach Osten zu expandieren.

In Brandenburg herrschte seit 1127 der zum Christentum übergetretene Hevellerfürst Pribislaw-Heinrich, der in Konflikten mit seinen heidnischen Untertanen Hilfe und Stütze bei dem deutschen König Lothar III. und dem ostsächsischen Hochadel gesucht hatte. Besonders eng waren seine Beziehungen zu Albrecht dem Bären aus dem Haus der Askanier, die in der Gegend um Ballenstedt, Aschersleben, Bernburg und Köthen einen Herrschaftsraum errichtet hatten. Albrecht dem Bären gelang es bereits gegen Ende der zwanziger Jahre, den kinderlosen Pribislaw-Heinrich dazu zu bewegen, ihn als Erben und Nachfolger im Hevellerfürstentum einzusetzen. Von Reichs wegen wurde sein Anspruch auf die Herrschaft über dieses Gebeit 1134 befestigt, als er von Lothar III. zum Grafen der Nordmark ernannt wurde. 1150 trat schließlich der Erbfall ein und Albrecht konnte die Herrschaft in Brandenburg überneh-men. Diese wurde allerdings wenige Jahre später noch einmal bedroht, als ein slawischer Herrscher namens Jaxa, bei dem es sich mit großer Wahr-scheinlichkeit um den Sprewanenfürsten in Köpenick handelte, Brandenburg einnahm. Im Sommer 1157 konnte Albrecht jedoch die Burg zurückerobern und am 11. Juni 1157 hier erneut Einzug halten.

Von der Rückeroberung Brandenburgs an nannten sich Albrecht und seine Nachfolger »Markgrafen von Brandenburg«. Sie herrschten zunächst über ein relativ kleines Fürstentum, das aus verschiedenen, nicht miteinander verbunde-nen Herrschaftskomplexen (Altmark, Havelland, Zauche) bestand. Weite Gebiete der ehemaligen Nordmark gehörten anderen deutschen oder sla-wischen Fürsten, die sich hier unabhängig von den Askaniern Herrschaftsbereiche geschaffen hatten. In der Folgezeit konnten die Markgrafen von Brandenburg im Zuge einer sehr erfolgreichen Expansionspolitik jedoch nicht nur fast alle kon-kurrierenden Herrschaftsansprüche auf dem Gebiet der ehemaligen Nordmark beseitigen, son-dern ihr Herrschaftsgebiet sogar weit über deren ursprüngliche Grenzen hinaus ausdehnen. Gegen Ende des 13. Jahrhunderts herrschten sie über eines der größten deutschen Fürstentümer.

Der askanischen Expansionspolitik, die von einer ausgedehnten deutschen Siedlungsbewe-gung in Richtung Osten begleitet war, verdanken auch die Städte Berlin und Cölln ihre Entstehung. Die genauen Umstände der Gründung der beiden Marktorte am Spreeübergang im Urstromtal in der zweiten Hälfte des 12. Jahrhunderts sind un-bekannt, es ist jedoch denkbar, dass die Askanier, deren Herrschaftsgebiet zu dieser Zeit nur etwa

bis an die Havel reichte, im Rahmen ihrer Besied-lung des Teltow beiderseits der Spree Handwerker und Kaufleute ansiedelten, um den Flussübergang zu sichern und sich damit einen Ausgangspunkt für einen Vorstoß in das ehemalige Sprewanen-gebiet, um das nun mehrere Mächte miteinander konkurrierten, zu verschaffen. Wenn diese Vermu-tung zutrifft, waren es sehr wahrscheinlich zwei verschiedene Siedlergruppen unterschiedlicher Herkunft, die sich an den beiden Ufern der Spree niederließen. Woher diese Siedler kamen, lässt sich nicht mehr mit Sicherheit sagen. Helmold von Bosau berichtet in seiner »Slawenchronik«, Albrecht der Bär habe nach der endgültigen Machtübernahme in Brandenburg die Bewohner des Landes Utrecht, der Rheinlande, Hollands, See-lands und Flanderns zur Besiedlung des Landes gerufen. Dass zumindest eine Gruppe unter den Zuwanderern aus dem Rheinland kam, erscheint angesichts der Wahl des wahrscheinlich von Köln am Rhein abgeleiteten Namens Colonia/Cölln für eine der beiden neuen Siedlungen plausibel. Auch dass die erste Pfarrkirche von Cölln ebenso wie der Kölner Dom dem heiligen Petrus geweiht war, könnte in diese Richtung weisen.

Ihren Aufstieg von Marktorten zu Städten ver-dankten Berlin und Cölln ebenfalls dem Landes-ausbau und der Ostexpansion der Markgrafen von Brandenburg. So ließen das Vordringen der Aska-nier nach Norden und Osten ebenso wie die von ihnen forcierte Besiedlung des Teltow und des Bar-nim neue Handelswege entstehen, die den Spreeü-bergang bei Berlin und Cölln zu einem wichtigen Verkehrsknotenpunkt machten. Die alte Ost-West-Handelsstraße verlief seit dem 13. Jahrhundert nördlich der Spree. Sie überquerte nun, von Mag-deburg kommend, die Havel nicht mehr an der alten Spandauer Burg und ihrem Suburbium, die um 1200 als Siedlungsplatz aufgegeben wurden, sondern an dem weiter nördlich gelegenen neuen Marktort um die Nikolaikirche und der askani-schen Burg im Bereich der heutigen Zitadelle.

Weiter führte sie in Richtung Osten nicht mehr über Köpenick und Lebus, sondern über die neuen Handelsplätze Berlin und Frankfurt/Oder. Auf diese Ost-West-Verbindung stieß beim Berlin/Cöllner Spreeübergang eine neue Süd-Nord-Verbindung, die von Halle und der wirtschaftlich aufstrebenden Mark Meißen über die neu besiedelten Landschaften Teltow und Barnim nach Stettin führte.

In schriftlichen Quellen werden Cölln und Berlin erstmals 1237 bzw. 1244 erwähnt. In diese Zeit fällt offenbar auch die Privilegierung der beiden Orte durch die Markgrafen Johann I. und Otto III., die die Grundlage ihrer städtischen Entwicklung darstellte. Zu den zugestandenen Rechten gehörte die persönliche Freiheit der Bewohner, die freie Ausübung von Handel und Gewerbe, ein erbliches Grundbesitzrecht, die kommunale Selbstverwaltung in wesentlichen Bereichen des städtischen Lebens sowie bestimmte Zoll-, Steuer- und Zinsfreiheiten. In der Folgezeit kamen weitere Privilegien hinzu. Unter diesen ist besonders das Stapelrecht hervorzuheben, das fremde Kaufleute zwang, ihre Waren in der Stadt auszuladen und den Bürgern zum Kauf anzubieten oder stattdessen eine bestimmte Gebühr zu entrichten. Sich selbst behielten die Markgrafen zunächst die Gerichtsbarkeit, für deren Ausübung sie einen Schultheißen einsetzten, sowie eine Reihe von Abgaben vor – neben den Gerichtsgefällen vor allem den Marktzoll, die Einnahmen aus den Getreidemühlen sowie die Einkünfte aus der Münze. Bis zum Ende des 14. Jahrhunderts gelang es der Doppelstadt jedoch, sowohl die Gerichtsbarkeit an sich zu ziehen als auch die übrigen genannten Einnahmequellen von den Landesherren zu erwerben und so ihre rechtliche und finanzielle Autonomie bedeutend zu erweitern.

Zumindest bis zum Ende der askanischen Herrschaft im Jahr 1319 blieb das Verhältnis zwischen der Doppelstadt Berlin/Cölln und den Markgrafen gut. Noch in der zweiten Hälfte des 13. Jahrhunderts wurde ein landesherrlicher Hof in die Stadtanlage einbezogen. Die askanischen Markgrafen hielten sich hier jedoch nur selten auf und bevorzugten die Spandauer Burg als Residenz. Diese wurde zu einem erheblichen Teil von Berlin/Cölln aus versorgt, so dass die Stadt für die Landesherren in erster Linie aus strategischen (Sicherung des Spreeübergangs) und wirtschaftlichen Gründen und zunächst nicht so sehr als politischer Hauptort ihres Herrschaftsbereichs von Bedeutung war.

In den Jahrzehnten nach der ersten Privilegierung von Berlin und Cölln wurde die Doppelstadt über den Umfang der bescheidenen Ansiedlungen um die Nikolai- und die Petrikirche hinaus planmäßig ausgebaut, bis sie zu Beginn des 14. Jahrhunderts den Grundriss erreicht hatte, der auf dem 1650 von Johann Gregor Memhardt gezeichneten Stadtplan noch gut erkennbar ist. 1319 begann man mit dem Bau einer Stadtbefestigung, deren Fertigstellung sich allerdings über längere Zeit hinzog. War zunächst die Besiedlung innerhalb der Stadtgrenzen noch locker, so nahm die Bevölkerung bis ins 15. Jahrhundert stetig zu. Den ersten Siedlern folgten bald weitere Zuwanderer aus dem Westen des Reichsgebiets: Niederländer und Flamen, Schwaben, Rheinländer, Westfalen und Altmärker. Andere kamen aus agrarischen Siedlungen in der Umgebung der neu entstandenen Doppelstadt. Unter diesen dürften sich auch eine Reihe von Slawen befunden haben, die offenbar rasch an die deutsche Bevölkerung assimiliert wurden. Eine Sondergruppe unter den Zuwanderern stellten schließlich die Juden dar, deren Ansiedlung von den Markgrafen im Rahmen ihrer Politik des Landesausbaus gefördert wurde. In Berlin lassen sie sich erstmals 1295 nachweisen. Die dortige jüdische Gemeinde konnte es jedoch zunächst an Bedeutung nicht mit der Spandauer Gemeinde aufnehmen, die bereits um die Mitte des 13. Jahrhunderts einen eigenen Friedhof innerhalb der Stadtmauern besaß.

Zu den wohlhabendsten und angesehensten Bürgern gehörten die Fernhandelskaufleute. Sie lieferten vor allem Holz, das aus der Rodung des Berliner Umlands stammte, sowie Getreide, das auf Teltow und Barnim angebaut wurde, nach Hamburg und nach Flandern. Die wichtigsten Importwaren waren Tuche aus Flandern und Meeresfische aus dem Ostseeraum, die die Grundlage für den Ausbau Berlin/Cöllns zu einem überregionalen Fischmarkt darstellen, auf dem zusätzlich auch Süßwasserfische aus den Gewässern der Umgebung gehandelt wurden. Importiert wurden darüber hinaus auch Felle, Textilien, Metallerzeugnisse, Waid, Gewürze und Wein. Einen beträchtlichen Teil ihrer Gewinne legten die wohlhabendsten unter den Kaufleuten in Grundbesitz in der ländlichen Umgebung an, indem sie den häufig in Geldschwierigkeiten steckenden Markgrafen und Adeligen die grund- und landesherrlichen Einnahmequellen in den umliegenden Dörfern abkauften oder diese Dörfer ganz von ihnen zu Lehen nahmen. Diese führenden Familien unter den Berliner Kaufleuten stellten das städtische Patriziat, aus dem sich die Mitglieder des Rates rekrutierten.

Zur städtischen Mittelschicht gehörten neben den im Einzelhandel tätigen Krämern und Händlern auch die Handwerker. Die angesehensten unter letzteren waren die Bäcker, Fleischer, Schuhmacher und Tuchmacher, die in den vier bedeutendsten Zünften oder »Gewerken« organisiert waren. Die übrigen Gewerke hatten eine weit geringere Bedeutung. Kürschner, Schneider und Schuhflicker waren immerhin noch in eigenen Zünften zusammengeschlossen, während in den anderen Handwerkszweigen – Schmiede, Kannengießer, Maurer, Zimmerleute, Tischler, Drechsler, Schiffbauer, Böttcher, Leinweber, um nur einige zu nennen – die Zahl der Gewerbetreibenden oder ihr Einfluss offenbar für die Bildung einer Zunft nicht ausreichten. Das politische Gewicht und das soziale Ansehen der Angehörigen der »vier Gewerke« war dagegen so groß, dass sie sich deutlich aus der Masse der nicht ratsfähigen Bürger heraushoben und sich im Laufe der Zeit einen Anteil an der Ausübung der politischen Macht in der Stadt sichern konnten.

Am unteren Ende des sozialen Spektrums befanden sich diejenigen, die nicht über eigenen Hausbesitz und über eine qualifizierte Berufsausbildung verfügten. Zu ihnen gehörten Höker, Handlungsgehilfen, Gesellen und Lehrlinge, Dienstboten und Mägde sowie Lohnarbeiter, die häufig keinen festen Arbeitsplatz besaßen, sondern ihre Dienste dort anboten, wo sie gerade benötigt wurden – am Spreeufer und auf den Märkten beim Aus- und Umladen der Waren, auf dem städtischen Ziegelhof beim Brennen von Ziegeln und Kalk, an den Mühlen, auf den Schlachthöfen, in den Gerbereien und schließlich auch in der Landwirtschaft, die von nicht wenigen Bürgern als Nebengewerbe betrieben wurde. Diese Gruppe der unselbständig Beschäftigten ohne eigenen Hausbesitz war vom Erwerb des Bürgerrechts ausgeschlossen und erhielt daher auch keinen Anteil an dem stadteigenen Weide- und Ackerland, dessen Nutzung sich die Bürger teilten. Die Grenzen zur untersten Schicht der Bevölkerung – mittellose Kranke und Alte, von denen viele auf die Hilfe sozialer Einrichtungen angewiesen waren, sowie Angehörige »unehrlicher Berufe« wie Gaukler, Spielleute und Prostituierte – waren fließend.

Der Ausbau Berlins zur Residenzstadt

Als 1319 der Markgraf Waldemar und 1320 sein Vetter Heinrich starben, bedeutete dies das Ende des askanischen Herrscherhauses. Nach heftigen Auseinandersetzungen um die Herrschaftsnachfolge wurde 1323 der Wittelsbacher Ludwig I. mit der Mark Brandenburg belehnt. 1373 verloren die Wittelsbacher die Mark jedoch bereits wieder an das Haus der Luxemburger. Beide Herrschaftshäuser hatten keine regionalen Interessen in Brandenburg und betrachteten die Mark in erster Linie als zusätzliche Einnahmequelle.

Für Berlin und Cölln stellte dies eine ambivalente Situation dar. Einerseits konnte die Doppelstadt die Zeit der ungeklärten Herrschaft unmittelbar nach Waldemars Tod und das Fehlen eines starken Landesherrn während des gesamten 14. Jahrhunderts ausnutzen, um ihre Privilegien auszubauen und ein hohes Maß an städtischer Autonomie zu erreichen. Andererseits bereiteten die ungeklärten Herrschaftsverhältnisse und die Auseinandersetzungen zwischen den Wittelsbachern und den Luxemburgern um die deutsche Königskrone, in die die Mark Brandenburg hineingezogen wurde, den Boden für die Zunahme von Adelsfehden und Räubereien, die auch die Städte und vor allem ihren Handel bedrohten.

Zur Abwehr dieser Gefahren betrieben Berlin und Cölln eine weit reichende Bündnispolitik. Bereits 1307 hatten die beiden Städte sich formell zusammengeschlossen, sich zu gegenseitiger Hilfe verpflichtet und einen gemeinsamen Rat eingerichtet, der zusätzlich zu den weiterhin bestehenden Gremien der Einzelstädte existierte und in der Folgezeit unter anderem eine gemeinsame »Außenpolitik« bestimmte. Die bedeutendere Stadt zur damaligen Zeit war Berlin, das deshalb auch zwei Drittel der Ratsmitglieder stellte. Die Sitzungen des Rats fanden im Rathaus auf der Langen Brücke statt, die beide Städte miteinander verband. Ein wesentlicher Inhalt der gemeinsamen Politik war im weiteren Verlauf des 14. Jahrhunderts die Initiierung von Städtebündnissen, die sich in erster Linie gegen den Adel und den von ihm begangenen Landfriedensbruch und Straßenraub, gelegentlich aber auch im Verbund mit dem Adel gegen die zunehmende finanzielle Belastung der Mark durch die Landesherren richtete. Um die Mitte des 14. Jahrhunderts wurden Berlin und Cölln auch Mitglieder der Hanse, entwickelten jedoch in der Folgezeit ebenso wie

Brandenburg und Frankfurt/Oder kaum hansische Aktivitäten.

Als König Sigismund am 8. Juli 1411 den Burggrafen Friedrich von Hohenzollern zunächst zum »rechten obersten und gemeinen Verweser und Hauptmann« der Mark Brandenburg ernannte und ihm am 17. April 1417 dann in aller Form den Titel eines Markgrafen und Kurfürsten verlieh, war damit wieder eine starke Landesherrschaft errichtet, die nun auf Dauer in den Händen der Hohenzollern bleiben sollte. Dies bedeutete für Berlin und Cölln eine Beseitigung der Gefahren, die ihnen und ihrem Handel von Seiten des Landadels gedroht hatten, stellte aber gleichzeitig auch den Anfang vom Ende der städtischen Selbstständigkeit dar. Betrieb Friedrich selbst noch eine städtefreundliche Politik, so versuchte bereits sein Nachfolger Johann, seine landesherrlichen Ansprüche auf Kosten der Städte auszuweiten. Gegen diese Versuche schlossen sich die märkischen Städte, unter ihnen auch Berlin und Cölln, 1431 erneut zu einem Bündnis zusammen. In diesem landespolitischen Zusammenhang steht auch der Vertrag vom 28. Juni 1432, mit dem Berlin und Cölln sich zu einer Stadt unter gemeinsamer Verwaltung machten.

Letztlich bewahrte jedoch auch dieser Schritt die Doppelstadt nicht vor dem Verlust ihrer Unabhängigkeit. Innerstädtische Konflikte zwischen dem Patriziat und den »vier Gewerken«, die sich gerade an der Frage des Zusammenschlusses von Berlin und Cölln entzündet hatten, gaben dem Kurfürsten Friedrich II. 1442 den willkommenen Anlass, der Doppelstadt eine Reihe von Privilegien zu entziehen. Fortan konnte sie keine selbstständigen Bündnisse mehr abschließen, hatte die Ratsherren nach ihrer Wahl durch den Landesherren bestätigen zu lassen, musste auf die hohe Gerichtsbarkeit verzichten und verlor das Stapelrecht. Darüber hinaus nahm der Markgraf auf Cöllner Gebiet ein großes Grundstück in Anspruch, auf dem er seine neue Residenz errichten ließ. Hierfür wurde ein Teil der Stadtmauer niedergerissen, so dass der Landesherr nun jederzeit ungehinderten Zutritt zur Stadt hatte. Damit war Berlin/Cölln aus der Reihe der selbstständigen Städte ausgeschieden. Die Verfechter bürgerlicher Freiheit waren dem territorialen Machtanspruch des Landesherrn unterlegen. Daran änderte auch der später als »Berliner Unwille« bekannt gewordene städtische Aufstand des Jahres 1448 nichts mehr.

Die vierziger Jahre des 15. Jahrhunderts, in denen die Landesherren die bis dahin weit gediehenen Autonomiebestrebungen Berlins und Cöllns zunichte machten und die Stadt zu ihrer Residenz ausbauten, stellten in entscheidender Weise die Weichen für die Entwicklung der folgenden Jahrhunderte. Das Stadtbild wurde nun zunehmend durch die Bautätigkeit der Kurfürsten geprägt. Der ursprüngliche Schlossbau wurde im 16. Jahrhundert durch An- und Umbauten verändert und durch einen Lustgarten, ein Ballhaus und andere Bauwerke ergänzt. Die Residenzstadt zog eine große Zahl von Zuwanderern an: Zu den Franken, die den neuen Landesherren aus ihrem Herkunftsgebiet gefolgt waren und zunächst am Hof die Regierungs- und Verwaltungsämter besetzten, gesellten sich bald Architekten, Musiker und Juristen, Humanisten, Astrologen und Alchimisten, Finanziers und Spekulanten, Unternehmer und Kaufleute. Diese Zuwanderer und die generelle Hinwendung Berlins nach Süden, die dem Herrschaftsantritt der Hohenzollern in der Mark folgte, bereiteten dem Hochdeutschen, das seit dem Ende des 15. Jahrhunderts die niederdeutsche Mundart zu ersetzen begann, den Weg. Auch auf das kulturelle Leben – 1541 fand in Berlin die erste Aufführung eines Theaterstücks statt, 1571 wurde eine Druckerei gegründet –, auf Kleidungsgewohnheiten, Festkultur sowie auf die wirtschaftliche Entwicklung der Stadt konnte die Anwesenheit des Hofes und die Anziehungskraft, die von ihm ausging, nicht ohne Auswirkungen bleiben.

Die Berliner, die um die Mitte des 15. Jahrhunderts noch um ihre Autonomie gekämpft hatten, fanden sich recht bald mit der neuen Situation ab. Eine Tradition bürgerlicher Freiheit und Selbstverwaltung konnte hier nicht entstehen. Die Angehörigen des städtischen Patriziats fanden jedoch schnell ein neues Betätigungsfeld, indem sie Amtsfunktionen am Hof und für die kurfürstliche Landesherrschaft übernahmen. Auf diese Weise trugen sie dazu bei, Berlin zu dem zu machen, was es für die folgenden Jahrhunderte bleiben sollte: eine Hauptstadt.

Die erste Erwähnung der Stadt Cölln findet sich in einer Urkunde vom 28. Oktober 1237, die ein Rechtsgeschäft zwischen Bischof Gernard von Brandenburg und den Markgrafen Johann I. und Otto III. regelt. Da keine Gründungsurkunde Berlin-Cöllns existiert, gilt der 28. Oktober 1237 als Geburtsstunde der Stadt. *Domarchiv Brandenburg.*

Berliner Stadtbuch, Register des ersten Hauptteils, Ende des 14. Jahrhunderts. Beginn des Ersten Buches mit dem Verzeichnis der Einnahmen der Stadt Berlin.

Siegel Ottos III. (1220–1267) und Johann I. (1220–1266). Beide teilen aus wirtschaftlichen Erwägungen und um Erbstreitigkeiten zu verhindern 1258 die Mark untereinander auf. Berlin und Cölln fallen Otto III. zu.

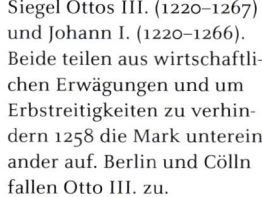

Otto I., Sohn Albrechts des Bären, Markgraf von Brandenburg (1170–1184). *Münze aus Silberblech, um 1170–1184. Privatbesitz.*

Das älteste Siegel aus dem Jahr 1253. Der Adler der brandenburgischen Markgrafen weist Berlin-Cölln als landesherrliche Stadt aus. *Holzstich.*

De Stadt en Vesting Spandaw.

Stadt und Festung Spandau bei Berlin. *Kupferstich von M. Merian d. Ä., Mitte des 17. Jahrhunderts.* Die erste Burganlage in Spandau entsteht bereits im 8. Jahrhundert; Mitte des 12. Jahrhunderts ist aus der Siedlung ein frühstädtisches Zentrum geworden, das in Größe und Bedeutung in der Region nur von Brandenburg übertroffen wird. Nachdem während des Slawenaufstands von 983 Burg wie Vorstadt zerstört worden sind, wird um das Jahr 1000 auf den Trümmern eine neue Burg errichtet, um die eine Siedlung von ca. 600 Menschen entsteht.

Gussform mit Pferdefigur
aus dem 11./12. Jahrhundert,
gefunden in Wollin.

Berliner Judenprozess. Im
Hintergrund die Marien-
kirche, Residenz des Bischofs
von Havelberg an der Rosen-
/Papenstraße. *Holzschnitt
aus dem »Sumarius«, 1511.*
Im Jahr 1510 erreichen die
Judenverfolgungen in der
Mark Brandenburg einen
neuen Höhepunkt. Wegen
einer angeblichen Hostien-
schändung werden durch
das Berliner Gericht etwa 100
Juden vor den Toren Berlins
öffentlich hingerichtet. Noch
im selben Jahr werden alle
Juden aus der Mark Brandenburg vertrieben – damit endet
die jüdische Geschichte des
mittelalterlichen Berlin.

Neuer Markt vor der Marienkirche. *Holzschnitt, um 1510.*
Turm und Dach des Kirchen-
baus werden 1518 durch
Brand zerstört. Bereits im
14. Jahrhundert ist Berlin-
Cölln von Brandkatastrophen
heimgesucht worden. In
Cölln wütet 1376 ein Groß-
brand, Berlin wird 1380 fast
vollständig von einer Feuers-
brunst vernichtet.

Berliner Hochgericht. *Holzschnitt, um 1510.* Der so
genannte »Rabenstein«, auf
dem das Urteil des Hochge-
richts durch den Scharfrich-
ter vollstreckt wird, liegt vor
den Toren der Stadt, etwa im
Bereich des heutigen Strausberger Platzes.

Die Stechbahn vor dem kurfürstlichen Schloss. *Kupferstich von Phillip Uffenbach.* Der Name Stechbahn geht zurück auf die Nutzung als Turnierplatz der Kurfürsten, die hier zu feierlichen Anlässen – z. B. bei der Hochzeit des Markgrafen Johann mit Markgräfin Margarete 1476 – »Ringelstech-Turniere« veranstalten. Die Turniere haben den Charakter von Volksfesten, bei denen Kaufleute zwischen Brüderstraße und Langer Brücke Buden zum Verkauf ihrer Waren errichten. Schon früheste Chroniken der Stadt berichten von dem »stechin uf die ban vor dem sloß«.

Berlinischer Pfennig. *Kupfer-prägung, 1637.* Im »Turm an der Wasserkunst«, an der westlichen Begrenzung der Schlossanlage, ist die kur-fürstliche Münzwerkstatt im Münzturm untergebracht. Mittels eines Wasserrades wird das Wasser der Spree zum Schlagen der Münzen genutzt.

Berliner Totentanz. *Wand-fries in der Vorhalle der Marienkirche, im Krieg zer-stört. Fotografie von 1935.* Das Wandgemälde eines oder mehrerer unbekannter Künst-ler entstand um 1484/85 und stellt den Tod mit Vertretern der verschiedensten gesell-schaftlichen Stände dar. Die Verse unter dem Fries gelten als älteste Zeugnisse Berliner Dichtung.

Der älteste Plan der Doppelstadt Berlin-Cölln. Abgesehen von Schlossanlage und der Bebauung der Spreeinsel entspricht der Grundriss der mittelalterlichen Stadtanlage um 1300. *Kupferstich von 1652, nach einer Zeichnung von Johann Gregor Memhardt von 1650/51.*

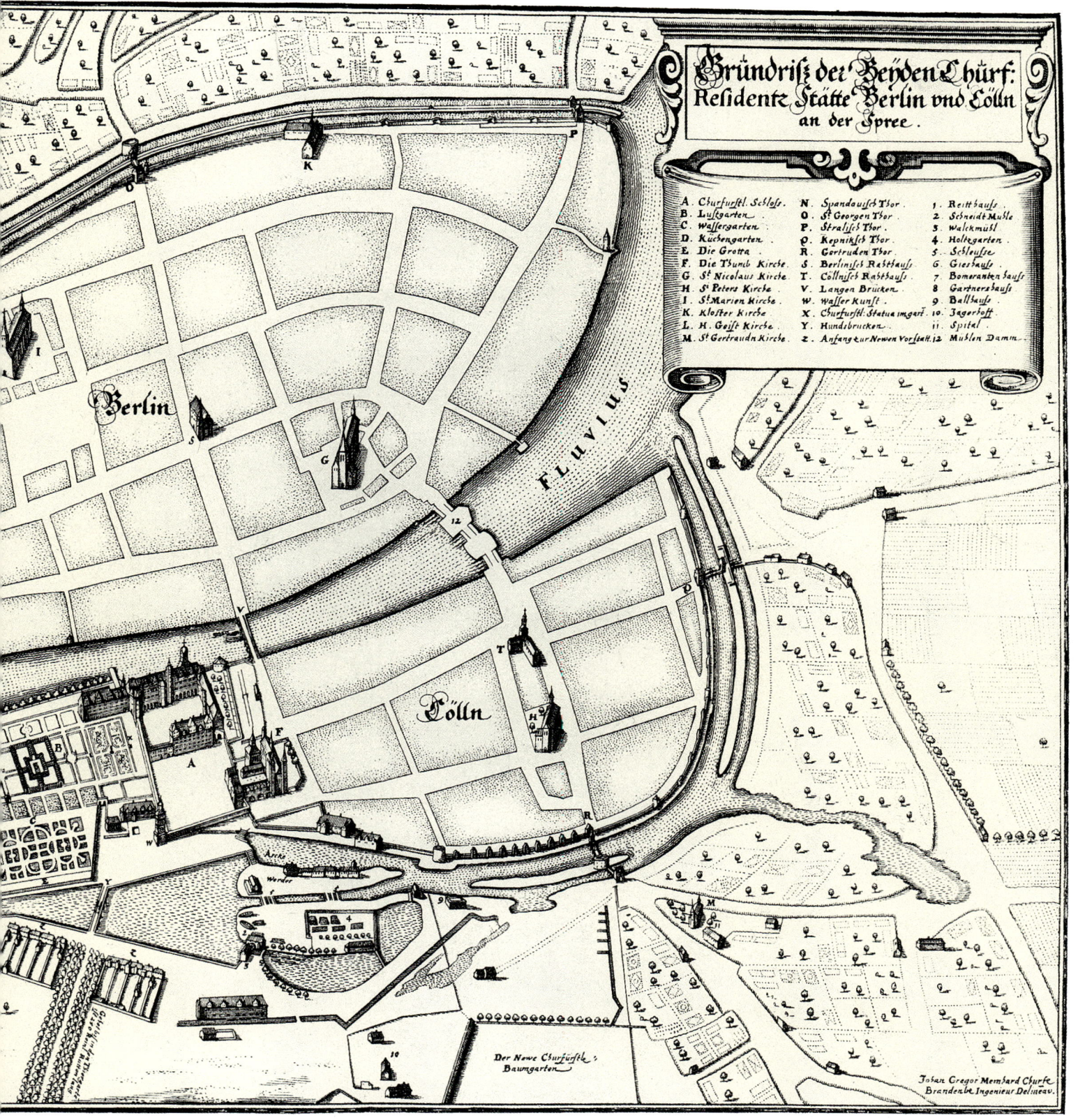

Grundriß der Beyden Churf: Residentz Stätte Berlin vnd Cölln an der Spree.

A. Churfurstl. Schloß.
B. Lustgarten.
C. Waßergarten.
D. Kuchengarten.
E. Die Grotta.
F. Die Thumb Kirche.
G. St. Nicolaus Kirche.
H. St. Peters Kirche.
I. St. Marien Kirche.
K. Kloster Kirche.
L. H. Geist Kirche.
M. St. Gertraudn Kirche.

N. Spandausch Thor.
O. St. Georgen Thor.
P. Straliß Thor.
Q. Kepnickß Thor.
R. Gertruden Thor.
S. Berlinisch Rahthauß.
T. Cöllnisch Rahthauß.
V. Langen Brücken.
W. Waßer Kunst.
X. Churfurstl. Statua im gart.
Y. Hundsbrucken.
Z. Anfang zur Newen Vorstatt.

1. Reithauß.
2. Schneidt Muhle.
3. Walckmühl.
4. Holtzgarten.
5. Schleuße.
6. Gieshauß.
7. Bomerantzen hauß.
8. Gartnershauß.
9. Ballhauß.
10. Jagerhoff.
11. Spital.
12. Muhlen Damm.

Berlin

Cölln

FLUVIUS

Der Newe Churfurstl. Baumgarten

Johan Gregor Memhard Churf. Brandenb. Ingenieur Delineau.

Die Stechbahn vor dem kurfürstlichen Schloss. Links die
alte Domkirche, die 1747 ab-
gebrochen wurde. *Zeichnung
von Johann Stridbeck d. J.,
1690.*

Die *Peters Kirchen in Cöllen.*
an der Spree~

1. die Kirch. 3 Epitavia. 5 Anßoß der Schullen.
2. Grabstein. 4 Der Fr: Rickerten Hause 6 N°29 auff den MühlenTham.

Bibl. Reg:
Berol.

Joh. Stridbeck. d it del.

Blick von der Gertrauden-
straße auf den Petriplatz und
St. Petri, die älteste Pfarrkirche Cöllns. *Zeichnung von
Johann Stridbeck d. J., 1690.*
Die älteste Kirche von Cölln
war, wie der Dom in Köln am
Rhein, dem heiligen Petrus
gewidmet – ein Hinweis auf
frühe Zuwanderer aus dem
Rheinland.

RESIDENZ UND BÜRGERSTADT

Das 17. und 18. Jahrhundert *Jürgen Angelow*

Um die Wende vom 16. zum 17. Jahrhundert waren Bedeutung und Ausdehnung der Stadt Berlin noch eher gering. In Berlin und Alt-Cölln an der Spree lebten ungefähr 10–12 000 Menschen. Im Gegensatz zu den europäischen Metropolen war das eine geradezu beklagenswerte Zahl. Wien beherbergte im Jahre 1600 bereits um 60 000 Einwohner innerhalb seiner Mauern. Die Bevölkerungszahl von Paris betrug an die 200 000, die von London bereits etwa 300 000 Menschen. Und obwohl Berlin seit dem 15. Jahrhundert als Residenz der Hohenzollern fungierte und zu Beginn des 17. Jahrhunderts als Handelsplatz sogar überregionale Bedeutung erlangt hatte, blieb doch sein politischer und wirtschaftlicher Stellenwert vergleichsweise marginal, was darauf schließen lässt, welch geringen Rang die brandenburgischen Kurfürsten unter den europäischen Fürsten inne hatten. Dieser Zustand sollte sich allerdings im 17. und 18. Jahrhundert durchgreifend ändern. In diesem Zeitraum wuchs nicht nur die politische Bedeutung Preußens eindrucksvoll, Berlin stieg gleichermaßen von einer unscheinbaren Residenzstadt zu einer wirklichen Metropole auf. Insbesondere seine Residenz- und Verwaltungsfunktion, später dann auch die Anwesenheit einer starken Garnison verliehen dem Wachstum der Stadt kräftige und ausschlaggebende Impulse.

Berlin im Dreißigjährigen Krieg

Der Beginn dieser Entwicklung freilich sah alles andere als viel versprechend aus: In Folge lang anhaltender machtpolitischer und konfessioneller Auseinandersetzungen hatte sich die politische Landkarte Europas im 17. Jahrhundert in dramatischer Weise zu ändern begonnen. Die Zeitspanne zwischen 1618 und 1648 ging als der Dreißigjährige Krieg in die Geschichte ein. Zunächst schien es, als würde die Stadt Berlin von den Schrecken des Krieges relativ unberührt bleiben. Gewiss war die Stadtbevölkerung durch ständig wiederkehrende Pestwellen dezimiert worden, allein 1631 soll ein Viertel der Bevölkerung durch den »Schwarzen Tod« dahingerafft worden sein. Auch hatten Wirtschaft und Handel in den Kriegsjahren deutlich nachgelassen. Dennoch war Berlin immer wieder wie durch ein Wunder von den direkten Kriegsereignissen relativ verschont geblieben. Nur schwach befestigt, suchte es sich anfänglich abseits der großen militärischen Ereignisse zu halten. Bereits 1627 war Kurfürst Georg Wilhelm nach Königsberg ausgewichen. Sein Statthalter in der Mark, Graf Adam von Schwarzenberg, hatte sich hinter den Mauern der Festung Spandau verschanzt und leitete von hier aus die Geschicke Berlins, das noch 1627 von der kaiserlichen Seite gebrandschatzt wurde. Nach der Landung der Schweden unter König Gustav Adolf II. 1630 auf Usedom und ihrem Vordringen nach Norddeutschland, vor allem aber nach der Zerstörung Magdeburgs durch die Kaiserlichen 1631 hatten sich die Hohenzollern jedoch der schwedischen Seite angeschlossen, die immerhin die Fahne des Protestantismus hochhielt. Berlin fiel daraufhin 1633 noch einmal kaiserlicher Brandschatzung anheim. Doch auch der nach dem Prager Frieden von 1635 vollzogene Frontwechsel Brandenburgs zugunsten der Kaiserlichen brachte der Stadt kein Glück. Weder konnte dadurch dem Vordringen Schwedens in Norddeutschland ein Riegel vorgeschoben, noch weitere schmerzhafte Kontributionen verhindert werden. In beängstigender Regelmäßigkeit, 1636, 1638 und 1639, tauchten von nun an schwedische Regimenter vor den Toren Berlins auf, um unter Androhung von Zerstörungen Tribute abzufordern. Schließlich ließ Schwarzenberg – sehr zum Verdruss der Berliner Bürger – in Sorge vor weiteren Angriffen der immer zügelloseren schwedischen Soldateska 1640/41 die Vorstädte Berlins, Spandaus und Cöllns abbrechen, um mit Hilfe provisorischer Erdschanzen und einer Verstärkung des alten Stadtringes die Verteidigungsfähigkeit Berlins zu verbessern. In Folge dieser Abbrucharbeiten und Fortifikationen war der Stadtraum schließlich wieder auf seinen mittelalterlichen Umfang reduziert worden.

Die Folgen des Krieges und der Wiederaufbau der Stadt

Am Ende des Dreißigjährigen Krieges war Berlin vollends in die Provinzialität abgesunken und um viele Jahrzehnte seiner Entwicklung zurückgeworfen. Es hatte ein Drittel seiner Bevölkerung verloren, renommierte Handelshäuser hatten schließen müssen, viele Gebäude waren unbewohnt oder unbewohnbar geworden. Doch im Vergleich zum Umland hielten sich diese schmerzhaften Verluste noch in Grenzen. Die Mark Brandenburg hatte zu den am meisten zerstörten Regionen des Reiches gezählt, ganze Ortschaften waren durch Kriegsfolgen vollkommen ausgelöscht, Landstriche verödet und entvölkert. Dies hatte nicht nur zu einem

drastischen Rückgang der Steuereinnahmen geführt, die Beziehungen zwischen Residenz und Landschaft waren im Ganzen bedeutend in Mitleidenschaft gezogen worden.

Durch den Ausfall an Steuergeldern hatte Kurfürst Friedrich Wilhelm, der als »Großer Kurfürst« in die Geschichte eingegangen ist, die nach dem Krieg wieder einsetzende Bautätigkeit teilweise aus Krediten finanzieren müssen, die er bei »Kriegsgewinnlern« aufzunehmen gezwungen war. Sein Augenmerk richtete sich zunächst auf den Ausbau des Berliner Schlosses durch Hinzufügung neuer Räume für zentrale staatliche Belange: Mit der Unterbringung von Kriegskasse, Kriegskanzlei, Lehnskanzlei, Konsistorium und Kammergericht verdeutlichte der Landesherr sein gesteigertes Interesse am Ausbau der staatlichen Verwaltung, an der Kontrolle der Finanzen und am Unterhalt des seit 1653 stehenden Heeres. Nach und nach wurden weitere öffentliche Gebäude wieder hergestellt oder neu errichtet. Aus Küchengärten entstanden barocke Gartenanlagen und Parks, die der Stadt eine größere Weitläufigkeit verliehen. Schließlich erhielt Berlin Anfang der sechziger Jahre einen bastionären Befestigungsring nach holländischem Muster, der zwar eine Erweiterung des Stadtgebietes südlich der Spree sowie deren Regulierung einschloss, das allmähliche Hinauswachsen der Stadt über ihre Befestigungen allerdings nicht verhindern konnte. Zugbrücken, Wälle und Gräben sowie schließlich die Anwesenheit einer bald auf 2 000 Mann angewachsenen Garnison, die in Bürgerquartieren Unterkunft fand, gaben der Residenz nunmehr auch ein militärisches Gepräge.

Mit Hilfe großzügiger Fördermaßnahmen sowie einer klugen Grundstücks- und Arrondierungspolitik gelang es in der Nachkriegsepoche bis zum Ende der Ära des Großen Kurfürsten im Jahre 1688, die Bautätigkeit kräftig anzuregen und so die Flächenausdehnung von Berlin innerhalb von 40 Jahren zu verdoppeln. Im Ergebnis entstand eine Stadtanlage von barocker Großzügigkeit, die nunmehr auch den Vergleich mit vielen anderen fürstlichen Residenzen in Deutschland nicht zu scheuen brauchte und das Selbstbewusstsein der Hohenzollern eindrucksvoll symbolisierte. Doch auch unter Kurfürst Friedrich III., der sich 1701 in Königsberg als Friedrich I. zum »König in Preußen« krönen lassen sollte, setzte sich die Bautätigkeit fort. Der neue Herrscher hatte einen ausgesprochenen Sinn für Pomp und Luxus, förderte aber auch Wissenschaft und Künste. Unter seiner Ägide wurde zunächst der Umbau, ab 1699 dann der umfassende Neubau des Berliner Schlosses in Angriff genommen. Die von Andreas Schlüter ausgeführte Anlage ist im Zweiten Weltkrieg schwer beschädigt und 1952 schließlich abgerissen worden. In den Mittelpunkt des Schlosses hatte Schlüter den reich ausgeschmückten Rittersaal platziert, der über eine ausgedehnte Treppenanlage erreichbar war. Schlüters Entlassung infolge des schlecht gegründeten Münzturmes im Jahre 1706 beendete indessen bereits jene glanzvolle Zeit, in der sich die Berliner Baukunst auf europäischem Niveau befunden hatte. Nach dem Thronwechsel von 1713 siedelte der große Baumeister schließlich nach Russland über.

Vom Schloss führte eine prächtige Allee in Richtung Tiergarten, an der prunkvolle Gebäude wie das von Jean de Bodt und Johann Arnold Nering ab 1695 ausgeführte Zeughaus ihren Platz fanden, für dessen Hoffassade wieder Schlüter Masken sterbender Krieger modellierte. Berlin entwickelte sich zu einer wirklichen Residenzstadt, die würdig war, das im Norden Europas neu entstandene Königtum zu repräsentieren. Hier wirkten bedeutende Gelehrte, wie vorübergehend Gottfried Wilhelm Leibniz, der erste Präsident der am 11. Juli 1700 gestifteten Akademie.

Auch in der Umgebung der Stadt entstanden nun neue Schlösser, bereits vor dem Krieg vorhandene Herrensitze wurden restauriert. Die Schlösser in Oranienburg, Potsdam, Niederschönhausen

und Charlottenburg wurden entweder völlig umgebaut oder neu errichtet. Durchweg verband sich barocke Architektur mit Gartengestaltung und der klugen Einbeziehung der Landschaft mit Hilfe von Sichtachsen und räumlichen Bezügen. Doch die großen Bauvorhaben stießen überall auf finanzielle Engpässe. Da der Kurfürst und spätere König »über seine Verhältnisse« lebte, sah er sich veranlasst, neue Steuern einzuführen, unter anderem auf Perücken und Karossen, und die königlichen Kassen mit teilweise obskuren Einkünften und dem Verkauf von Ämtern zu füllen. Doch ungeachtet dieser Schwierigkeiten hatten sich die Ansprüche und Bedürfnisse des Monarchen als ein enormer Antrieb für die kulturelle und wirtschaftliche Entwicklung Berlins erwiesen. Zum einen war mit der baulichen Umgestaltung der Stadt ein Aufschwung des Baugewerbes und der damit zusammenhängenden Gewerbezweige verbunden. Zum anderen hatten die Luxusbedürfnisse der Hofgesellschaft nicht nur zur Ansiedlung neuer Gewerbezweige sondern auch zur Spezialisierung und Verfeinerung bereits vorhandener geführt. Die Werkstätten von Schustern, Tuchmachern und Schneidern, Perückenmachern, Goldschmieden, Posamentierern, Riemern und Täschnern, Feinbäckern und Pfefferküchlern schossen wie Pilze aus dem Boden. Es entstanden Stadtpalais, in denen Hofbeamte wie kleine Könige residierten. Begünstigt wurde diese Entwicklung durch eine kluge Einwanderungspolitik, die namentlich religiös Verfolgten in Brandenburg und Berlin eine neue Heimat bot.

Ansiedlungspolitik und gewerblicher Aufschwung

Von religiöser Toleranz aber konnte bis zur Wende zum 18. Jahrhundert noch nicht die Rede sein. Dem stand zunächst der Gegensatz zwischen dem reformierten Christentum der Kurfürsten und dem überwiegend lutheranischen Bekenntnis der Masse der Bevölkerung entgegen. Von einer Gleichberechtigung anderer Konfessionen wurde erst recht abgesehen. So galten für die nach Berlin ziehenden Einwanderer katholischer Konfession nicht die gleichen Privilegien, die für andere Einwanderer eine Selbstverständlichkeit waren. Es war vielmehr ein gesunder wirtschaftlicher Pragmatismus, der die Einwanderungspolitik des Kurfürsten bestimmte. Auch später übte man Toleranz aus Staatsräson und nicht als Grundeinstellung einer liberalen Gesellschaft. Bereits nach 1671 war eine große Zahl aus Wien vertriebener Juden aufgenommen worden. Mit dem »Edikt von Potsdam« wurden nun 1685 die Weichen für die Ansiedlung französischer Hugenotten gestellt, die in großer Anzahl – etwa 20000 Menschen – ins Land strömten. Ein Viertel von ihnen nahm seinen Wohnsitz in Berlin, wie auch eine kleine Zahl niederländischer Siedler. Während die Hugenotten namentlich Gewerbe und Industrie förderten, betrieben die Juden vor allem den Geld-, Pfand- und Kredithandel. Zwar wurde dieser freie Handel durch Einschränkungen behindert, doch überwog das Interesse des Staates an den erzielten Einkünften, weshalb die Judenprivilegien bis in die Regierungszeit Friedrich Wilhelms I. erhalten blieben.

Zum Aufschwung von Handel und Gewerbe trat das Erfordernis einer besseren Verkehrsanbindung der Residenz, die namentlich durch den Ausbau von Kanälen in die Wege geleitet wurde. Durch die Kanalverbindung zwischen Spree und Oder entstand eine Verkehrsbrücke zwischen dem reich entwickelten Schlesien und der Hafenstadt Hamburg. Berlin nahm nunmehr eine wichtige Schleusenfunktion im Ost-West-Handel wahr. Über einen eigenen Überseehafen aber verfügte Brandenburg nicht. So ließ sich bald absehen, dass seine kolonialen Aspirationen an der afrikanischen Guineaküste nicht die in sie gesetzten Erwartungen erfüllen konnten. Gestützt auf eine kleine, auf holländischen Werften gebaute Flotte,

hatte der Große Kurfürst bereits 1683 mit der Errichtung von Fort »Groß-Friedrichsburg« seinen Anspruch auf Kolonialbesitz klargestellt. Aus Prestigegründen war an dem Unternehmen später festgehalten worden. Sein Enkel schließlich warf 1720 den defizitären Ballast und mit ihm eine frühe kolonialpolitische Episode aus Kostengründen über Bord. Unter ihm, dem als »Soldatenkönig« in die Geschichte eingegangenen Friedrich Wilhelm I., haben Kosten-Nutzen-Rechnungen in viel größerem Maße Geltung besessen als unter Friedrich I.

Berlin aber hat von der Ausgabefreude des ersten Hohenzollernkönigs nachhaltig profitiert. Bis zum Ende der Regierungszeit Friedrichs I. im Jahre 1713 war die Stadtbevölkerung auf ungefähr 61000 Einwohner angewachsen; damit hatte sie sich seit dem Endes des Dreißigjährigen Krieges verzehnfacht. Neue Stadtteile waren entstanden: Friedrichswerder, die Dorotheen- und die Friedrichstadt, deren Antlitz durch die zahlreichen Zuwanderer und deren Gewerbe geprägt wurden. Mit dem Aufschwung von Stadtbevölkerung und Gewerbe waren die über die staatlichen Steuerkommissare in die königlichen Kassen fließenden Einnahmen bedeutend angewachsen. Überhaupt hatte sich der Einfluss des Staates auf die Belange der Stadt stetig ausgeweitet. Im Zuge des absolutistischen Machtausbaus seit dem Großen Kurfürsten waren zunächst die Rechte des Magistrats eingeschränkt worden. Die Bürgermeister rekrutierten sich nicht mehr aus der Ratsherrenschicht. Sie wurden stattdessen vom Landesherrn bestimmt. Letzterer stellte bald auch alle Entscheidungen des Magistrats unter eine peinliche Kontrolle. Bis ins Kleinste wurde das städtische Leben beaufsichtigt: von der Stadtbeleuchtung, der Kanalisation und Reinigung, der Nachtwache, dem Ausbau und der Ausbesserung von Straßen, dem öffentlichen Verkehr, der seit 1688 durch Sänften, später durch Fuhrwerke erfolgte, bis hin zur Schulaufsicht, die freilich nie vollends durchgesetzt werden konnte, und zur Gerichtsbarkeit.

Hauptstadt der preußischen Monarchie

Als zum achten Jahrestag der Erhebung Preußens zum Königreich, am 18. Januar 1709, schließlich die Verwaltungseinheit von Berlin und Cölln mit ihren Vorstädten sowie der Neustädte Friedrichswerder, Dorotheenstadt und Friedrichstadt durchgesetzt wurde, hatte sich Berlin endgültig zum Zentrum der Monarchie gemausert. Es bildete den Mittelpunkt einer glanzvollen Hofhaltung, deren zahlreiche Bedürfnisse nach Luxus, Mode- und Galanteriewaren, nach Baulichkeiten sowie kulturellen Leistungen und Zerstreuungen verschiedenster Art der Stadt wiederum zugute kamen. Höfische Würde und Magnifizienz wurden durch kostbare Kleider, Karossen und Edelsteine repräsentiert. Dies alles aber änderte sich mit dem Tod des ersten Hohenzollernkönigs am 25. Februar 1713 grundlegend. Berlin geriet unter die Fuchtel des »Soldatenkönigs«, der alles andere als ein Freund der luxuriösen Vorlieben seines Vaters war und nach der Devise handelte: »Nicht räsonieren, ordre parieren!« Schlagartig wich der adlig-opulente Glanz des Hofes bürgerlicher Rationalität und der Nüchternheit des Kasernenhofs. Das Paradoxe der Situation geriet den meisten Zeitgenossen freilich nicht in den Blick, denn die nunmehr verordnete äußerste Sparsamkeit zugunsten neuer machtpolitischer Prioritäten, dem Ausbau des stehenden Heeres von 40 000 auf 83 000 Mann, sollte nicht zuletzt den Grundstein des Aufstiegs von Berlin zu einer europäischen Metropole legen. Gleich nach dem Regierungsantritt erfolgte eine erste militärische Kräfteanspannung, die das Ziel verfolgte, in den Verhandlungen zur Beendigung des Spanischen Erfolgekrieges und des Nordischen Krieges territoriale Gewinne zu machen. Und tatsächlich musste Schweden 1719 im Frieden von Stockholm an Preußen die Peene- und die Odermündung sowie Vorpommern abtreten. Die drastischen Heeresverstärkungen waren mit Gehaltskürzungen, Rangabsenkungen und Entlas-

sungen sowie mit der Beendigung der aufwendigen Hofhaltung verbunden. So wurden das königliche Tafelsilber und andere Prunkgegenstände ohne Rücksicht auf ihren künstlerischen Wert in Silberbarren umgesetzt, auf denen der Armeestempel prangte. Der neue Herrscher reduzierte die Berliner Festkultur auf ein Nichts. Künstler und Luxushändler erhielten ihren Abschied, die preußische Hofkapelle wurde aufgelöst und musste schließlich vom Markgrafen Christian fortgeführt werden.

Andererseits begannen auch die Bedürfnisse des Heeres die wirtschaftliche Entwicklung der Stadt zu stimulieren: Gewerbe und Manufakturen orientierten sich auf eine Massenfertigung von Bekleidung, Ausrüstung und Bewaffnung. Gewehr- und Textilmanufakturen, wie Knopfhersteller, Posamentierer, Leineweber, Tuchmacher und Färber, verliehen der Wirtschaft neue kräftige Impulse. Wie zuvor der Hof bot nun das Heer einen relativ sicheren und beständigen Absatzmarkt. So entwickelte sich die Garnison zu einem bedeutenden Faktor im Gewerbe- und Wirtschaftsleben Berlins. Zu den herausragenden Unternehmen, die vom Rüstungsboom profitierten, zählten die Tuchfärberei des Schweizers Johann Wegely an der Fischerbrücke sowie die 1712 gegründete Gewehrfabrik »Splitgerber und Daum«, die ab 1722 in Spandau und Potsdam produzierte und – gemeinsam mit Wegely und einigen anderen Unternehmern, die sich 1726 zur »Russischen Handels-Compagnie« zusammengeschlossen hatten – auch den lukrativen russischen Markt mit Heeresbedarf belieferte. Die in Privatquartieren untergebrachte Garnison wuchs ständig an und betrug 1721 bereits ca. 12 000 Soldaten mit ihren Angehörigen, also ein Fünftel der Berliner Gesamtbevölkerung. Eine gesonderte Steuer, der Servis, entschädigte die betroffenen Hauswirte finanziell, so dass sie sogar wirtschaftliche Vorteile von den Einquartierungen hatten. In Preußen war unter Friedrich Wilhelm I. ein autarkes Beziehungsgeflecht mit gegenseitigen Abhängigkeiten zwischen Heer, Wirtschaft und Sozialordnung entstanden. Die preußische Heeresverfassung dieser Zeit befand sich keineswegs im Widerspruch zur städtischen Sozialordnung.

Neben der Wirtschaftsförderung durch staatliche Aufträge zielten die Unterordnung des Innungswesens unter staatliche Aufsicht und die Aufhebung zahlreicher Zunftbeschränkungen auf die Förderung des Wettbewerbs und der Konkurrenzfähigkeit der Berliner Gewerbe. Weitere langfristige Maßnahmen dienten einer anhaltenden Gesundung der Staatsfinanzen und der Ausweitung der finanziellen Basis Preußens. Durch die Verpachtung der königlichen Domänen, den Ankauf verschuldeter Rittergüter, die Vermehrung der landwirtschaftlichen Nutzflächen und fortgesetzte Maßnahmen der Binnenkolonisation gelang es, die Einkünfte spürbar zu steigern. Eine radikale Selbstbeschränkung der Hofausgaben und die bedenkliche Beschneidung der sozialen Ausgaben, beispielsweise der Invalidenversorgung, rundeten ein bis dahin nicht dagewesenes Sparpaket ab. Dazu trat die Reorganisation der Verwaltung durch eine Verbesserung der absolutistischen Behördenstruktur nach dem Prinzip klarer Verantwortlichkeit und unbedingten Gehorsams. Friedrich Wilhelm I. schuf 1722 eine neue oberste Zentralbehörde, das für Heerwesen, Wirtschaft und Finanzen zuständige Generaldirektorium. Berlin erhielt einen Stadtpräsidenten, der zugleich Vorsitzender der kurmärkischen Kriegs- und Domänenkammer war und als Steuerrat fungierte. Durch die Verbindung von staatlicher und städtischer Verwaltung gelang es, die Effizienz der lokalen Behörden entscheidend zu steigern. Und schließlich blieb der König selbst äußerst präsent. Ständig kontrollierte er, in jede Einzelheit konnte er sich notfalls selbst vertiefen. Auch soll sein Krückstock, den er häufig strafend einsetzte, keine Standesunterschiede gekannt haben.

Nachdem die Berliner Bevölkerung in der ersten Zeit nach dem Thronwechsel etwas rückläufig gewesen war, stieg sie infolge der Heeresvergrößerungen und des damit verbundenen wirtschaftlichen Aufschwungs sowie des Zuzugs böhmischer Protestanten und einiger selbstständiger Gewerbetreibender aus anderen Gegenden des Reiches wieder an. Viele der neu Hinzugezogenen siedelten in den folgenden Jahrzehnten an der Peripherie Berlins, so in »Böhmisch Rixdorf«, in »Neu Schöneberg«, bei Köpenick oder in Nowawes bei Potsdam. Im Jahre 1735, gegen Ende der Regierungszeit des Soldatenkönigs, wohnten bereits 79 000 Menschen in Berlin, von denen 18 257 zur Garnison zählten. Damit näherte sich Berlin dem Status einer Großstadt, wie sie im alten Reich nur noch Wien darstellte. Mit dem Anwachsen der Bevölkerung waren der Ausbau und schließlich die Erweiterung der Stadt notwendigerweise einhergegangen. Während man zunächst Baulücken geschlossen hatte, begann man Ende der 1720er Jahre mit der Vergrößerung der Friedrichstadt. Bald stieß man an die Wallanlagen, die zunehmend hinderlich wurden. Nachdem die Berliner Festungswerke infolge von Straßenausbauten bereits geschwächt worden waren, beschloss Friedrich Wilhelm sie schließlich ganz zu schleifen. Damit war eine zentrale Voraussetzung für den notwendigen Stadtausbau, die Anlage neuer Straßenzüge mit meist zwei- und dreigeschossigen Häusern sowie – an den ehemaligen Stadttoren – großzügiger Plätze, dem »Rondell« (Mehringplatz), dem »Achteck« (Leipziger Platz) und dem »Quarré« (Pariser Platz), geschaffen worden. Zum Schutz von Berlin fungierte nunmehr nur noch Spandau, dessen Festung einen Bereich der Gewehrfabrik beherbergte und im Notfall die Stadtkasse und die wichtigsten Beamten und Würdenträger aufnehmen konnte. Nach dem Wegfall der Befestigungen errichtete man eine sechs Meter hohe Zollmauer, die dem Schmuggel und der Desertion einen Riegel vorschieben sollte.

Die Ära Friedrichs des Großen

Die friedliche Aufbauarbeit Berlins fand mit dem Tode Friedrich Wilhelms I. am 31. Mai 1740 und der Thronbesteigung seines Sohnes, Friedrich II., eine jähe Unterbrechung. Noch im gleichen Jahr begann der 28-jährige König den preußischen Staat mit dem Angriff auf Schlesien in eine Kette langwieriger, kräftezehrender und manchmal auch verzweifelt geführter Auseinandersetzungen zu stürzen, an deren Ende Preußen sich seinen Platz als fünfte und kleinste europäische Großmacht bitter erfechten sollte. Der glänzende Zustand der administrativen, wirtschaftlichen, finanziellen und militärischen Grundlagen der Hohenzollernmonarchie hatte hierfür die Voraussetzung gebildet. Berlin erlebte im Dezember 1740 den Ausmarsch seiner Regimenter nach Schlesien – sie würden »zum Rendezvous des Ruhmes« aufbrechen, wie Friedrich ihnen bei der Verabschiedung zurief. Erst 1763 ging der Siebenjährige Krieg zu Ende. Preußen hatte sich behauptet, Friedrich den Beinamen »der Große« erhalten. Der Krieg war an Berlin nicht spurlos vorübergegangen. Im Oktober 1757 waren 3400 Mann leichte österreichische Truppen unter dem Befehl Feldmarschalls Andreas Hadik vor den Toren Berlins erschienen und hatten vom Magistrat 300 000 Taler Kontribution gefordert. Teile der schwachen und unzuverlässigen Berliner Garnison machten einen Ausfall, der kläglich scheiterte. Daraufhin verließ der preußische Kommandant General Hans Friedrich von Rochow mitsamt seiner Truppen angstschlotternd die von mehr als 100 000 Menschen bewohnte Stadt in Richtung Spandau. Hadik erhöhte nunmehr seine Forderung auf 650 000 Taler. Seine Truppen hatten einige Stadtteile besetzt, wo sie plünderten und Exzesse begingen. Nachdem er jedoch vom Herannahen preußischer Kerntruppen erfuhr, begnügte er sich mit einer Zahlung von nur 215 000 Talern. Ein Teil des Geldes wurde ihm durch preußische Husaren wieder abgenommen.

Bedeutend ernster war die Lage im Herbst 1759, als einige Wochen nach der verlorenen Schlacht bei Kunersdorf 6000 Russen unter General Graf Gottlob Kurt von Tottleben vor den Toren Berlins auftauchten und die Übergabe der Stadt forderten. Zwar konnte die preußische Garnison den ersten Angriff abwehren, doch erneuerten die Russen einige Tage später, durch den Zuzug weiterer russischer und österreichischer Truppen auf 44 000 Mann verstärkt, ihre Angriffe. Nunmehr war die Lage wirklich hoffnungslos. Rochow wurde mitsamt der zurückgebliebenen Garnison für kriegsgefangen erklärt und nach Russland gebracht, von wo er erst 1762 zurückkehrte. Nach der russischen Besetzung am 9. Oktober erleichterte man die königliche Kasse zunächst um 70 000 Taler. Danach wurde über eine Kontribution verhandelt, deren Höhe die Russen schließlich auf vier Millionen Taler festsetzten. Den Berlinern stockte der Atem, denn so viel Geld war beim besten Willen nicht aufzutreiben. Schließlich gelang es dem reichen wie gewitzten Kaufmann Ernst Gotzkowsky mit Hilfe umfangreicher Bestechungen – allein Tottleben erhielt 50 000 Taler zum Geschenk –, die Summe zu halbieren. Nachdem die Russen unter eigenen Verlusten ein Trockenhaus der Pulvermühlen in der Jungfernheide gesprengt und einige kriegswichtige Gebäude zerstört hatten, allerdings ohne wirklich große Schäden anzurichten, nach weiteren Plünderungen und Requirierungen wurde die Stadt am 12. Oktober wieder geräumt. Der Bevölkerung war außer dem materiellen Schaden nicht viel geschehen, da sich die russischen Elite-Bataillone vorzüglich benahmen. In den Vororten aber, vor allem in Charlottenburg, soll es neben Raubzügen auch zu grausamen Übergriffen gegen die Zivilbevölkerung gekommen sein.

Doch die Regierungszeit Friedrichs des Großen bedeutete für Berlin auch eine Ära von Kultur und Wissenschaft. Neue, prächtige Bauwerke entstanden, ältere wurden aufgestockt. Bereits als Kronprinz hatte Friedrich geplant, an die glanzvollen Zeiten der Akademie anzuknüpfen und die führenden Geister Europas in die preußische Hauptstadt zu ziehen. Gewiss waren diese Erwartungen nicht vollends erfüllt worden, doch es gelang immerhin, das naturwissenschaftliche Schwergewicht beizubehalten. Besonders auf den Gebieten der Chemie, der Chirurgie, der Botanik und der Erdkunde besaß die Berliner Wissenschaftslandschaft eine überregionale Bedeutung. Bedeutende Schöngeister wie der französische Philosoph und Aufklärer Voltaire, der 1750 nach Berlin und Potsdam gekommen war, hielten es freilich nicht allzu lange aus. 1753 war die Episode seines Aufenthaltes bereits zu Ende. Auch Goethe, ein anderer prominenter Berlinbesucher, war 1778 nicht allzu begeistert, so dass er seinen Aufenthalt nicht wiederholte. Länger weilte Gotthold Ephraim Lessing an der Spree, immerhin brachte er dort die meiste

Zeit zwischen 1748 und 1767 zu, ohne jedoch endgültig heimisch zu werden. Und obwohl der König nicht allzu viel für deutsche Dichtung übrig hatte, begann sich auch in Berlin das geistige Klima langsam zu verändern, wovon die zahlreichen Klubs und Lesezirkel kündeten. Noch im Dezember 1786, Friedrich war erst einige Monate zuvor verstorben, eröffnete hier das »Deutsche Nationaltheater«, das schnell zum führenden Sprechtheater im deutschsprachigen Raum avancierte. Endlich gelangten auch an der Spree bedeutende Werke zeitgenössischer Künstler zur Aufführung. Nicht nur wirtschaftlich und demografisch – seine Bevölkerung zählte nunmehr bereits ca. 150 000 Menschen –, auch kulturell hatte Berlin vieles zu bieten. Es war eine der schönsten Städte Europas geworden und neben Wien zur bedeutendsten Metropole Deutschlands aufgestiegen.

Blick von Nordwesten auf Berlin mit dem Schlosskomplex und der Lindenallee. *Johann Ruischer zugeschriebenes Gemälde, um 1655. Potsdam, Stiftung Preußische Schlösser und Gärten Berlin-Brandenburg, Schloss Sanssouci.*

»Aber wieder auf die Stadt Berlin zu kommen, so sind da die Häuser auf die Art wie zu Spandau mit den Bänken vor den Türen gebaut. Das Haus, darin die alten Kurfürsten vorhin Hof gehalten, ist in der Klosterstraße. Es ist diese Stadt nicht sonderlich groß und ist von schlechten Gebäuden. Sie hat drei Tore, alte Mauern, aber doppelte Gräben und wird in vier Kirchen gepredigt.« *Martin Zeiller, Beschreibung der Städte in Brandenburg, 1652.*

Blick in den inneren Hof des Schlosses. *Zeichnung von Johann Stridbeck d. J., 1690.* Friedrich Wilhelm, der Große Kurfürst, wird während seiner Regentschaft (1640–1688) zum wichtigen Bauherrn der Stadt. Unter Leitung des Baumeisters und Ingenieurs Johann Georg Memhard und des Generalquartiermeisters Philipp de Chieze werden erhebliche Aus- und Umbauten des Schlosses durchgeführt, darunter der Anbau des Flügels an der Spree, der Bogenlauben sowie des als Festraum dienenden »Alabastersaals«.

Das Stadtzentrum hinter dem Leipziger Tor, 1688. *Kolorierter Stich.*

Friedrich Wilhelm (1640–1688), genannt der »Große Kurfürst«, hier mit seiner Gemahlin Luise Henriette. Der Große Kurfürst, der 1675 in der Schlacht bei Fehrbellin mit einem kleinen Heer die weitaus stärkeren Regimenter der Schweden besiegt hat, macht aus seiner Residenz Berlin eine Stadtanlage von barocker Großzügigkeit, die denen anderer deutscher Fürstentümer endgültig ebenbürtig war. *Gemälde von Matthias Czwiczek, 1649. Berlin, Stiftung Preußische Schlösser und Gärten Berlin-Brandenburg, Schloss Charlottenburg.*

Edikt Nr. 2. vom 21. Mai 1671. Ein Jahrhundert nach der Vertreibung der Juden aus der Mark Brandenburg bedeutet die Aufnahme von 50 aus Wien vertriebenen jüdischen Familien durch den Großen Kurfürsten Wiederbeginn und von nun an fortwährende Kontinuität jüdischen Lebens in Berlin. Zuvor war den »Pohlnischen Juden« mit dem Edikt Nr. 1 vom 20. August 1650 lediglich das Privileg des Handelns in der Mark Brandenburg eingeräumt.

Die Berliner Jüdische Gemeinde muss im Jahr 1714 eine Gebühr von 8000 Talern zahlen, um ein Gesetz abzuwenden, nach dem alle Juden einen roten Hut hätten tragen sollen. Verordnungen reglementieren das Leben der Juden bis ins Detail; abgeführt werden müssen Schutzgeld und Akzise, eine Art Verbrauchssteuer, ferner Rekrutengeld, Kalendergeld, Trauscheingeld bei Hochzeiten, Kindergeld bei Geburten und, neben vielen anderen Abgaben, Montis Pietatis, eine Steuer auf die Vergabe von Darlehen.

Das III. Capitel.
Von
Juden-Sachen.

No. I. Edict wegen der Pohlnischen Juden Arretirung auff denen Jahrmärckten rc. Vom 20. August. 1650.

Nachdem Sr. Churfürstl. Durchl. zu Brandenburg, zu Magdeburg, in Preussen, zu Zülich, Cleve, Berge, Stettin, Pommern rc. Hertzog rc. Unser gnädigster Herr, uff einkommene vornehme Intercessionales, und dan auch auff ihr demüthiges Bitten, den Juden in Pohlen, das hiebevor wegen des handels in der Chur-Brandenburg gehabte Privilegium, wiederumb auff die nechstfolgende Sieben Jahr in Gnaden ertheilet, und darnegst befreyet, daß, vermöge der packten zwischen der Crohn Pohlen und der Chur-Brandenburg, Sie, die Pohlnische Juden, uff den JahrMärckten und in Städten, wegen der Ausländischen, so sie zu besprechen haben mögen, nicht arrestabell seyn sollen, vielmehr aber einer den andern für seiner ordentli-chen Obrigkeit zu belangen. Alß wird allen Magisträten in der Chur Brandenburg hiedurch befohlen, sich hiernach zu achten und solchem nachzukommen. Nichtes weniger werden auch alle Churfürstl. Zöllner und Geleidts Leute ernstlich befehliget, keine ungewöhnliche Zölle von den Juden zu fodern, noch sie sonsten mit einiger Newerung zu beschweren, sondern wann sie das, was die Zoll Rollen besagen, erlegen, unaufgehalten passiren zu lassen, damit deshalb keine Klage einkomme, Urkundlichen unter Sr. Churfürstl. Durchl. Subscription und Pettschafft gedrucktem Secret, Geben zu Cölln an der Spree, am 20. August. 1650.

Fr. Wilhelm.

(L. S.)

No. II. Edict wegen auffgenommenen 50. Familien Schutz-Juden, jedoch daß sie keine Synagogen halten. Vom 21. May 1671.

Wir Friderich Wilhelm, von GOttes Gnaden, Marggraff zu Brandenburg, des Heil. Röm. Reichs Ertz Cammerer und Churfürst, rc. Bekennen hiermit öffentlich, und geben einem jeden dem es nöthig, in Gnaden zuwissen, wie daß Wir aus sonderbaren Ursachen, und auff Unterthänigstes Anhalten, Hirschel Lazarus, Benedict Veit, und Abraham Ries, Juden, bevorab zu Beförderung Handels und Wandels bewogen worden, einige von andern Orten sich wegbegebende Jüdische Familien, und zwar funfftzig derselben, in Unser Lande der Chur- und Marck Brandenburg, und in Unsern sonderbaren Schutz gnädigst auf- und anzunehmen, thun auch solches hiemit und Krafft dieses auff folgende Conditiones:

1. Wollen wir ermeldten funfftzig Jüdischen Familien, derer Namen, und Anzahl von Personen, auch an was Ort sich jedweder niedergelassen, uns forderiichst durch eine richtige Specification kund gethan werden soll, in gedachte Unsere Lande der Chur- und Marck Brandenburg, auch in Unser Hertzogthum Crossen und incorporirte Landen hiemit auffgenommen haben, dergestalt und also, daß ihnen Macht gegeben seyn sol, in denen Oertern und Städten, wo es ihnen am gelegensten ist, sich niederzulassen, allda Stuben, oder gantze Häuser, Wohnungen und Commodität vor sich zu miethen, zu erkauffen oder zu erbauen, doch in der Masse, daß, was sie Kauffweise an sich bringen, Widerkäuflich geschehe, und was sie erbauen, auch nach Verfliessung gewisser Jahre an die Christen wieder verlassen werden müsse, jedoch, daß ihnen die Unkosten davor restituiret werden.

2. Sol diesen Jüdischen Familien vergönnet seyn, ihren Handel und Wandel im gantzen Lande dieser Unser Chur- und Marck Brandenburg, Hertzogthumb Crossen und incorporirten Oertern, Unsern edicten gemäß zu treiben, wobey wir ihnen noch ausdrücklich nachgeben, offene Krahme und Buden, Tücher und dergleichen Wahren, in stücken zuverkauffen oder auch Ellenweise außzumessen, groß und klein Gewichte und Buden zu halten (doch daß sie dadurch keine Vervortheilung im Kauff oder Verkauff) noch auch denen Rahts-Wagen, oder wo der Magistrat das grosse Gewichte hat, etwas abgehe, mit Neuen und Alten Kleidern zu handeln, ferner in ihren Häusern zu schlachten, und was sie zu ihrer Nahtdurfft und ihrem Gesetze nach von dem geschlachteten nicht bedürffig, solches zu verkauf-

V. Th. V. Abtheil.

Ω fen

Die zweite Gemahlin des Großen Kurfürsten, Dorothea, zeigt dem hugenottischen Juwelier Pierre Fromery, die Kronjuwelen. Fromery notiert Aufträge, der gichtkranke Kurfürst, im Rollstuhl sitzend, soll sich erstaunt geäußert haben, dass seine Gattin solche Schätze Fremden vorführt, worauf sie erwidert: »Mais, c'est un Réfugié.« *Radierung von Daniel Nikolaus Chodowiecki, 1784.*

Der Große Kurfürst lässt sich von hugenottischen Fabrikanten ihre Erzeugnisse wie Seidenstoffe, Porzellan und Silber zeigen. Ein für »des Heiligen Römischen Reiches Streusandbüchse«, wie die Mark Brandenburg genannt wurde, ungewöhnlicher Luxus. *Radierung von Daniel Nikolaus Chodowiecki, 1786.*

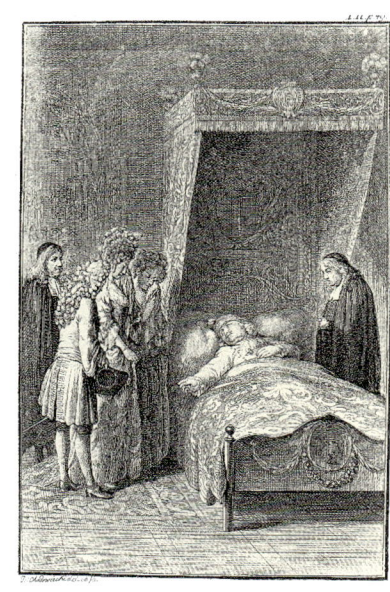

Der Große Kurfürst legt seinem Sohn Kurfürst Friedrich III. (1688–1713, ab 1701 König Friedrich I.) auf dem Sterbebett nahe, sich weiterhin der Hugenotten anzunehmen. Die französischen Glaubensflüchtlinge, die seit dem Edikt vom 29. Oktober 1685 in großer Zahl nach Berlin kommen, tragen, mit einer Reihe von »Rechten, Privilegien und anderen Wohltaten« ausgestattet, maßgeblich zum Aufbau der Wirtschaft und dem Wohlstand der Stadt bei. Rund 20 000 französische Kolonisten strömen ins Land, ein Viertel von ihnen siedelt sich in Berlin an. *Radierung von Daniel Nikolaus Chodowiecki, 1783.*

»Wachparade auf dem Schlossplatz«. *Gemälde von Johann Friedrich Fechhelm, 1786. Berlin, Stiftung Stadtmuseum Berlin.* Schlossplatz mit dem 1537–1540 errichteten Schlossplatzflügel des Alten Schlosses, der unter der Leitung von Andreas Schlüter 1698–1706 umgebaut und von Eosander von Göthe 1714–1716 erweitert und vollendet wurde. Bei der Umgestaltung des nahe gelegenen Münzturms traten Schwierigkeiten in der Befestigung des Bauwerks auf, so dass er 1706 niedergelegt werden musste. Daraufhin wurde Schlüter »die Führung des Schlossbaus ... genommen und seinem Feinde Eosander aufgetragen.« (Friedrich Nicolai, Beschreibung der Königlichen Residenzstädte Berlin und Potsdam, 1786) Schlüter zog sich auf sein Landgut zurück und verließ bald darauf Preußen.

Sezierstunde an der Berliner Charité. *Anonymer Kupferstich, 18. Jahrhundert.* Am 18. März 1724 beschließt der König die Einrichtung eines Collegium medico-chirugicum in Berlin. Neben Vorlesungen der Anatomie und Chirurgie werden auch solche über Pathologie, Arzneimittellehre, Botanik, pharmazeutische Chemie und Mathematik gehalten. 1725 wird ein »Medicinaledict« erlassen, das erstmals eine Prüfung an das Ende der medizinischen Ausbildung setzt: »Die Chirurgi sind von uralten Zeiten allhier privilegiert und in großem Ruf gewesen. Sie haben nunmehro eine geschlossene Zahl und müssen das Tentamen und Examen ausstehen, wie auch ihren cursum auf dem Collegio Medico-Chirurgico machen. Heutigen Tages kann auch niemand ein Amtschirurgus werden, er habe denn als Kompagnie-Feldscherer unter einem Regiment gedient, wovon die königliche Medizinalordnung ein mehreres besaget.« *Georg Gottfried Küster/Johann Christoph Müller, Altes und Neues Berlin, 1752.*

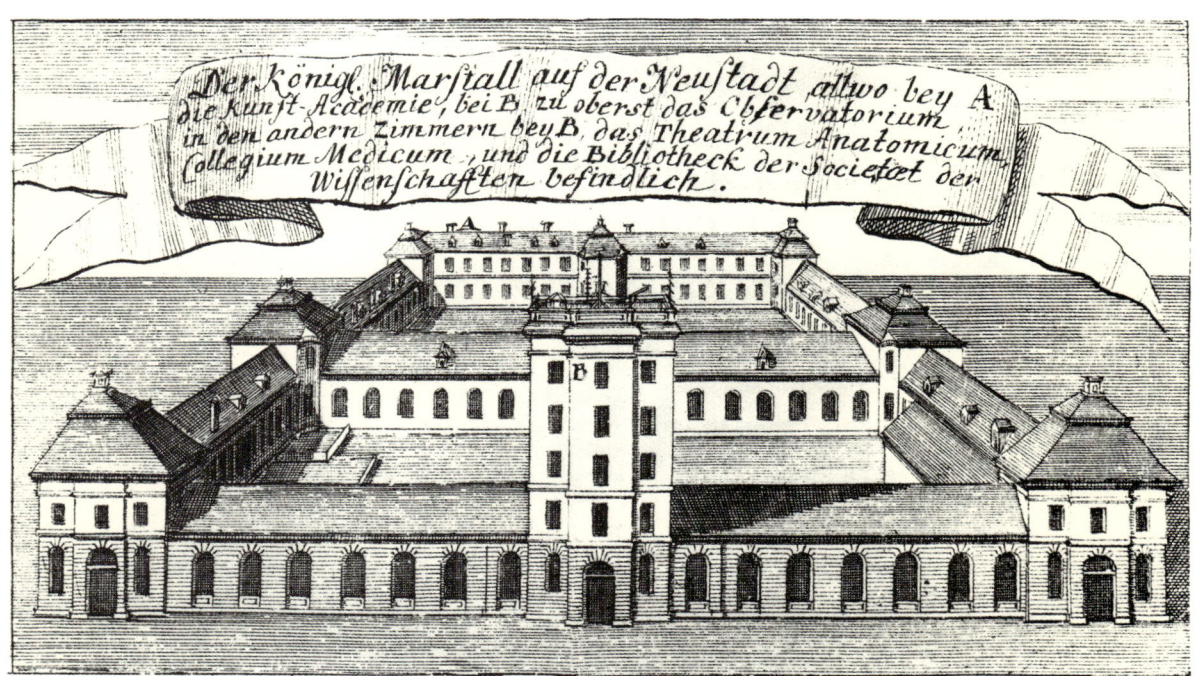

Der königl. Marstall auf der Neustadt allwo bey A die kunst-Academie, bei B zu oberst das Observatorium in den andern Zimmern bey B, das Theatrum Anatomicum Collegium Medicum und die Bibliotheck der Societæt der Wissenschaften befindlich.

Die Akademie der Künste und Wissenschaften im Obergeschoss des Marstalls; Umbau nach Plänen von J. A. Nering 1695–1697; auf dem Turm das Observatorium. *Kupferstich von Johann David Schleuen d. J., um 1730.* Um die Jahrhundertwende nimmt das wissenschaftliche Leben Berlins einen Aufschwung, der eng mit der Person des »Universalgelehrten« Gottfried Wilhelm Leibniz (1646–1716) zusammenhängt. 1700 wird eine Akademie – damals Societät – der Wissenschaften in Berlin gegründet, ihr erster Präsident ist Leibniz selbst.

Moses Mendelssohn (1729–1786), jüdischer Philosoph der Aufklärung. *Gemälde von Johann Christoph Frisch, 1786. Berlin, Staatsbibliothek zu Berlin – Preußischer Kulturbesitz, Mendelssohnarchiv.* »Selten berührte ein berühmter Gelehrter Berlin, ohne sich bei ihm einführen zu lassen.« Henriette Herz über Moses Mendelssohn, den wohl berühmtesten Vertreter der Berliner Judenschaft des 18. Jahrhunderts.

Nicolai im Kreise seiner Familie. *Gemälde von A. D. Therbusch. Privatbesitz.* Dem Schriftsteller und Verlagsbuchhändler Friedrich Nicolai (1733–1811), der die Schriften deutscher Aufklärer verlegt und die »Allgemeine Deutsche Bibliothek«, herausgibt, wird mit dem Vorwurf des Deismus die weitere Herausgabe der Zeitschrift 1794 verboten: »Es hat die Examinationskommission bei Mir darauf angetragen, dass die ›Allgemeine Deutsche Bibliothek‹ als ein gefähr-liches Buch gegen die christ-liche Religion in Meinen Staaten verboten werden möchte.« Nach einem Proteststurm Berliner und auswärtiger Buchhändler sieht der König sich im Frühjahr 1795 gezwungen, das Verbot wieder aufzuheben.

Vor dem Kottbusser Tor.
Aquarell von Leopold
Ludwig Müller, um 1795.
Berlin, Staatliche Museen zu
Berlin–Preußischer Kultur-
besitz, Kupferstichkabinett.

Das erste Potsdamer Tor, erbaut im Jahre 1735. *Kupferstich, 1780.*

Das Hallesche Tor vor der
Friedrichstadt. *Detail aus
einem Gemälde, vermutlich
von Dietmar Degen, um
1730.* »Die meisten Fremden
kamen zu den Toren der
Friedrichsstadt nach Berlin
und fuhren durch die geraden
Straßen zwischen neuerbau-
ten Häusern in die Residenz
ein.« *Ernst Consentius, Berlin
Anno 1740, 1907.*

Der Cöllnische Fischmarkt
mit dem Cöllnischen Rathaus.
*Kupferstich von Jean Rosen-
berg, 1785.*

Ein Bilderhändler mit seinem Sortiment. *Kupferstich von Martin Engelbrecht, um 1730.*

Der Bäckerladen. *Radierung von Daniel Nikolaus Chodowiecki, 1767.*

Naturgeschichtlicher Unterricht. *Stich nach einer Zeichnung von Daniel Nikolaus Chodowiecki, 18. Jahrhundert.* Der Alltag in den Schulen Berlins im 18. Jahrhundert ist nicht eben angenehm. Über das Joachimsthalsche Gym - nasium in der Burgstraße heißt es in einem zeitgenössischen Bericht: »Es herrscht ein sehr roher und wilder Renommistenton darin. Die Neuankommenden auf das gröbste zu misshandeln, war so ziemlich die Regel.«

Hausbau. *Radierung von Daniel Nikolaus Chodowiecki, um 1790.* Daniel Nikolaus Chodowiecki (1726–1801), Maler, Zeichner, Radierer, Kupferstecher, bildet alle Facetten des Stadtlebens ab, vor allem jedoch das Leben der einfachen Bürger.

Daniel Nikolaus Chodowiecki (1726–1801), Maler, Zeichner und Radierer. *Zeitgenössischer Punktierstich von Johann Heinrich Lips nach einem Gemälde von Anton Graff.* Chodowiecki, polnischer Herkunft, kommt 1743 von Danzig nach Berlin. Er wird 1764 Mitglied der Akademie der bildenden Künste und 1797 deren Direktor. »Dieser Mann ist von allen Orten und Enden der Welt mit Arbeit auf viele Jahre versehen. Den Buchhändlern bringt er durch seine Arbeiten viel Geld ein; hat ein Buch Kupfer von Chodowiecki, so wird es gewiß von den Liebhabern her gekauft, wenn das Buch an und für sich gleich schlecht ist.« *Carl Heinrich Krögen, Freye Bemerkungen über Berlin, Leipzig und Prag, 1785.*

»Berlinische Folgsamkeit«. *Radierungen von Daniel Nikolaus Chodowiecki, 1794.* »Der Künstler verfertigte diese Platte bei Gelegenheit einer Polizei-Verordnung, daß in den Straßen jeder seinen Hund an einem Bande führen müsse.«

CABINET D'UN PEINTRE

Cabinet d'un peintre. *Radierung von Daniel Nikolaus Chodowiecki, 1771.* Chodowiecki im Umfeld seiner Familie. Am Tisch seine Frau Jeanne mit den fünf Kindern Wilhelm, Isac Heinrich, Henriette, Susette und Jeannette.

Friedrich II., genannt »der Große«, übergibt den Berliner Gelehrten 1780 die Königliche Bibliothek, im Volksmund auch »Kommode« genannt, die mit der Staatsoper und der Hedwigskirche zu dem seit 1741 entstandenen Forum Fridericianum gehört. *Fresko von Arthur Kampf, 1908/09, Berlin, Nordfront des Lesesaals der Bibliothek der Friedrich-Wilhelm-Universität. Im Krieg zerstört.*

Empfang Augusts des Starken im Berliner Stadtschloss. *Gemälde von Antoine Pesne, um 1729. Berlin, Stiftung Preußische Schlösser und Gärten Berlin-Brandenburg, Schloss Charlottenburg.* »Den 29. ejusdem erhoben sich der König von Polen Majestät über Spandau nach Berlin. Zu Spandau wurden sie unter Lösung der Kanonen empfangen und des Mittags von dem General von Gersdorff auf das stattlichste bewirtet. Mittlerweile hatte sich der König schon zu Berlin eingefunden, und als auch der König von Polen Majestät unter Lösung der Kanonen auf den Wällen und vieler anderen anlangten, mag fast keine Feder beschrieben werden, wie prächtig dieselben nebst dero königlichen Prinzen von dem König, der gesamten königlichen Familie und dem gesamten königlichen Hause empfangen worden.« *David Faßmann, Leben und Taten des Königs von Preußen Friedrich Wilhelm bis auf gegenwärtige Zeiten aufrichtig beschrieben, 1735.*

Friedrich II. (1712–1786), König in Preußen 1740–1786. *Gemälde von Anton Graff, 1781. Berlin, Stiftung Preußische Schlösser und Gärten Berlin-Brandenburg, Schloss Charlottenburg.* Als der König, der sich nicht oft und nicht für längere Zeit in Berlin aufgehalten hat, am 17. August 1786 in Potsdam stirbt, notiert der französische Schriftsteller Mirabeau: »Der Donnerstag war für den Besucher ein wichtiger Tag. Es herrscht Totenstille, aber keine Trauer; man zeigt sich benommen ohne Kummer. Man sieht in kein Gesicht, das nicht den Ausdruck von Erleichterung, von Hoffnung trüge. Kein Bedauern wird laut, man hat keinen Seufzer, kein lobendes Wort ... Ist das Ende einer beinahe ein halbes Jahrhundert währenden Regierung? Alle Welt wünschte sich das Ende herbei – alle Welt beglückwünscht sich!«

Friedrich II. und sein Bruder Heinrich besichtigen eine Parade im Berliner Lustgarten. Rechts im Bild die »Kaufmannsbörse«, dahinter der Turm der Sophienkirche, in der Mitte der neue Packhof. Links hinter dem Kran das Haus des Kaufmanns und Kattunfabrikanten Oehmike. *Kupferstich von Johann Michael Probst, um 1750.*

BERLIN WIRD WELTSTADT

Zwischen Jahrhundertwende und Reichsgründung *Julius H. Schoeps*

Großstädtische Verhältnisse herrschten in Berlin um 1800 allein an der Prachtstraße »Unter den Linden«. Ursprünglich als Paradierstrecke angelegt, ist sie von Dichtern, Schriftstellern, Malern und Musikern besungen und gepriesen worden. »Wirklich, ich kenne keinen imposanteren Anblick, als vor der Hundebrücke stehend, nach den Linden hinauszusehen«, schrieb 1822 der junge Heinrich Heine, der sich ein Jahr zuvor an der Universität hatte einschreiben lassen. An schönen Sommertagen zogen die Menschen die Linden entlang zum Tiergarten, wo sich ein Konzertgarten an den anderen reihte. Gefederte Wagen – die so genannten »Kremser« – und einfache Torwagen mit Heusäcken und Sitzbänken, »Charlottenburger« genannt, luden zur Fahrt ein in das »Türkische Zelt« oder »Muskows Kaffeegarten«, wo ebenfalls Kapellen aufspielten.

Insgesamt aber wirkte Berlin eher wie eine Landstadt als eine Residenz preußischer Könige. Friedrich von Cölln, ein Zeitgenosse, der das Berlin jener Jahre liebevoll beschrieben hat, berichtet, gleichgültig aus welcher Himmelsrichtung ein Reisender in die Stadt gelangte – »aus Ost oder West, aus Süd oder Nord« –, er musste den Eindruck erhalten, Berlin liege »in den Sandwüsten Arabiens«. Die meisten Straßen innerhalb der 1802 fertig gestellten Ringmauer seien in der Regel unbefestigt, von den insgesamt 250 existierenden Straßen wären nur wenige beleuchtet. Im Winter versänken sie in Schlamm, im Sommer würden die Menschen unter Sand und Staub leiden.

Um 1800 lebten zirka 170 000 Menschen in Berlin. Was die Zahl der Einwohner betraf, stand die Stadt an sechster Stelle aller europäischen Städte. Nur in London, Paris, Wien, Amsterdam und Petersburg lebten mehr Menschen. Der Bevölkerungsanstieg war insbesondere auf die »Peuplierungspolitik« der preußischen Könige zurückzuführen, die den Zuzug von Glaubensflüchtlingen förderten, also der Hugenotten, Böhmen und Juden, die bereitwillig in die Stadt kamen und beim Aufbau von Manufakturen und neuen Gewerbezweigen mitwirkten.

Auffallend hoch war der Anteil der Militärpersonen an der Gesamtbevölkerung. Das Berliner Stadtbild erfuhr durch sie ein unverwechselbares Gepräge. Nach dem »Lexikon von Berlin« (1806) des Commissionsrates Johann Christian Gädicke bestand die Berliner Garnison ohne Offiziere, Unteroffiziere, Frauen und Kinder aus zirka 19 000 Soldaten. Die alljährlich stattfindenden Paraden Unter den Linden boten dem Militär wie den Honoratioren der Stadt Gelegenheit, sich vor glanzvoller Kulisse zu präsentieren.

Die Berufsstruktur der Berliner Bevölkerung ließ sich um 1800 in rund 36 000 Selbständige, Gesellen und sonstige Beschäftigte unterteilen, die in Gold- und Silbermanufakturen, Zuckerraffinerien, Tabak- und Lederfabriken, Bierbrauereien und Branntweinbrennereien tätig waren. Im bedeutendsten Wirtschaftszweig der Stadt, der Textilherstellung und -verarbeitung, waren rund 28 000 Personen beschäftigt. »Berlin«, erklärte der bei der obersten Verwaltungsbehörde, dem so genannten Generaldirektorium, tätige Friedrich Wilhelm August Bratring, »ist im eigentlichen Verstande ein Fabrikort«.

In der ersten Hälfte des 19. Jahrhunderts wandelte sich Berlin von der ländlichen Residenz zur expandierenden Großstadt. Handel und Industrie erlebten in wenigen Jahrzehnten einen ungeahnten Aufschwung. In den Jahren zwischen der zweimaligen französischen Besetzung und der Revolution von 1848 lösten sich die Berliner Bürger aus ihrer Provinzialität und entwickelten zunehmend ein bürgerliches Selbstbewusstsein, für das die Aufklärung des späten 18. Jahrhunderts, die staatlichen Reformen und die Industrialisierung die Grundlagen gelegt hatten.

Die Entwicklung bürgerlicher Kultur

Berlin wurde im ersten Drittel des 19. Jahrhunderts zu einem Ort der Kultur und Wissenschaft. Schriftsteller und Gelehrte von Rang sammelten sich in der preußischen Hauptstadt, die Salons der Rahel Varnhagen und Henriette Herz wurden zum Treffpunkt von Intellektuellen und Politikern. Goethe wurde dort gewissermaßen entdeckt und Heine und Börne empfingen nachhaltige Anregungen. Zu Recht ist bemerkt worden, dass die Salonièren, wie die Salondamen genannt wurden, durch die Schärfe und Weite ihres Verstandes, durch ihre Herzensbildung, ihren Geschmack und ihre leidenschaftliche Hingabe an die Förderung der Literatur den Frauen eine neue Stellung im geistigen Deutschland verliehen haben.

Unter dem Druck der französischen Besatzung bahnte sich eine geistige, sittliche und religiöse Erneuerung Preußens an. Hauptzentrum des Widerstandes gegen die französischen Besatzer war das Haus des Verlagsbuchhändlers Georg Reimer, der die Werke von Schleiermacher, Fichte, Arndt, Kleist und der Gebrüder Grimm verlegte. Seine »Lesende Gesellschaft« verwandelte sich im Charlottenburger Schützenhaus regelmäßig in eine »Schießende Gesellschaft«, in der Mitglieder sich für den Freiheitskrieg vorbereiteten.

Im Berlin jener Jahre saß man in Schlegels Universitätsvorlesungen über Kunst und Literatur, hörte Schleiermachers wortmächtige Predigten in der Dreifaltigkeitskirche und anderen Berliner Gotteshäusern und diskutierte über Fichtes »Reden an die deutsche Nation«, die dieser im Winter 1807/1808 im alten Akademiegebäude hielt. Dem »nationalen Erwachen« diente auch der auf der Hasenheide errichtete erste deutsche Turnplatz, wo Turnvater Jahn unter dem Motto »Frisch, fromm, fröhlich, frei« sich um die körperliche und mentale Ertüchtigung der künftigen Freiheitskämpfer bemühte.

Die Eröffnung der Universität im Jahre 1810, die den Namen ihres Stifters Friedrich Wilhelm trug, wurde aufgrund der sie tragenden Reformideen – der Einheit und der Freiheit von Forschung und Lehre – zu einem »Epochedatum der deutschen und internationalen Universitätsgeschichte« (Reinhard Rürup). Die Universitätsgründer verstanden es, die Elite des deutschen Wissenschaftslebens nach Berlin zu holen. Es waren bekannte Gelehrte wie Schleiermacher, Hufeland, Fichte, Savigny und Boeckh, die auf die Lehrstühle berufen wurden, später kamen noch Hegel, Ranke und manch andere Berühmtheiten hinzu.

Eine Blütezeit erlebten auch Kunst und Kultur. Architekten und Bildhauer wie Schinkel, Schadow und Rauch prägten durch ihr Wirken das Bild Berlins. Berühmt wurden Schinkels Gemälde, Dioramen und Panoramen, vor allem aber seine Bauten. So das Denkmal auf dem Berliner Kreuzberg (1818–1821), aber auch die Neue Wache (1816–1818), das Schauspielhaus am Gendarmenmarkt (1818–1821) und das Alte Museum (1822–1830).

Die Suche nach Einfachheit und Schlichtheit spiegelt sich auch in der Malerei des Berliner Biedermeier. Die Volksszenen und Paradebilder von Franz Krüger, die Straßenbilder von Eduard Gaertner sowie die frühen Arbeiten des 1815 geborenen Adolph Menzel gelten als Beispiele eines berlinischen Realismus, der in der Malerei dem Stil Schinkels entsprach und typisch ist für die sich herausbildende bürgerliche Kultur der preußischen Hauptstadt. Die Akademie-Ausstellungen unter der Leitung Johann Gottfried Schadows waren gefeierte Ereignisse.

Theater und Oper, ab 1815 unter der Leitung des Grafen Brühl, ab 1828 unter Graf Redern, standen ebenfalls hoch in der Gunst der Berliner Bürger. Schauspieler und Schauspielerinnen wie Ludwig Devrient und Auguste Crelinger wurden vom Publikum bewundert und bejubelt. Im »Theater in der Königstadt«, dem ersten 1824 gegründeten Berliner Privattheater, standen nicht nur die Sängerin Henriette Sontag, sondern auch der Komiker Beckmann auf der Bühne, der, wie es hieß, in unnachahmlicher Weise den von Adolf Glaßbrenner erfundenen Eckensteher Nante auf der Bühne verkörperte. Nicht zuletzt durch Beckmanns schauspielerische Präsentation wurde Nante zu einer Art Berliner Symbolfigur.

Wahrhaft weltstädtisch war das Musikleben. Friedrich Wilhelm III., der als »Gamaschenknopf« und »reaktionär« galt, war zwar den Künsten nicht sonderlich zugetan, förderte aber dennoch im Rahmen seiner Möglichkeiten Musik und Musiker. Als im 18. Juni 1821 Carl Maria von Webers romantisches Singspiel »Der Freischütz« in Berlin uraufgeführt wurde, war das nicht nur eine Sternstunde der Oper, sondern markierte zugleich den Sieg der romantischen Oper über den italienischen Stil, der bis dahin durch den Generalmusikdirektor Gasparo Spontini in Berlin gepflegt worden war. Die Berliner Gesellschaft war in heller Aufregung. Auf den Straßen pfiff man die »Freischütz«-Melodien und zeigte damit, auf welcher Seite man im Kampf zwischen den »welschen Posaunen« und dem »deutschen Waldhorn« Position bezog.

Geradezu als eine Berliner Institution galt der Goethe-Freund Carl Friedrich Zelter, der die Berliner Singakademie leitete und dem Berliner Musikleben wichtige Impulse gab. Zelter, so ist überliefert, ist es zu verdanken, dass die Berliner Geschmack an der Musik Johann Sebastian Bachs fanden. Die Aufführung von Bachs Matthäus-Passion hatte er zwar zunächst für unmöglich gehalten, war aber durch Devrient und Mendelssohn-Bartholdy vom Gegenteil überzeugt worden. Die Aufführung der Passion unter der Leitung von Zelters größtem Schüler, Felix Mendelssohn Bartholdy, am 11. März 1829 war eine Sternstunde. Mit ihr begann die Wiederentdeckung der sakralen Musik Bachs.

Das einfache Berliner Volk vergnügte sich nicht in den Konzerten der Singakademie, sondern ging ganz profanen Lustbarkeiten nach. Man fuhr nach Charlottenburg wegen »Muskows Kaffeegarten« und dem »Türkischen Zelt«, nach Wilmersdorf wegen seiner Schafsmilch und nach Treptow wegen des dort angebotenen Aals mit Gurkensalat. Besonders beliebt war der Stralauer Fischzug, das größte Volksfest im alten Berlin. Überliefert ist, dass die Berliner Bevölkerung sich dort bei Glücks-, Puppenspiel und Karussell vergnügte und sich in den aufgestellten Wurst- und Kaffeezelten labte.

Beliebt in der Bevölkerung war auch der Besuch der zahlreichen Konditoreien. Die bekanntesten waren: Giovanoli, Josty, Volpi, Stehely, Stopani, Spargnani, Courtin, Roussel, d'Heuereuse. Bei »Josty« an der Stechbahn, schräg gegenüber dem Schloss, verkehrten zum Beispiel pensionierte Beamte und Offiziere, bei »Volpi«, ebenfalls an der Stechbahn gelegen, traf man ein gemischtes Publikum an, das sich zumeist aus Wechselagenten und Kommissionären, aber auch zwielichtigen Geschäftsleuten zusammensetzte. Literaten und Künstler saßen bei »Stehely« am Gendarmenmarkt. Und in das »Café Kranzler« Unter den Linden/Ecke Friedrichstraße, wo es russisches Eis gab, eine damals gerade in Mode kommende Spezialität, zog es junge Adlige und schmucke Gardeleutnants, die sich in Uniform von den Damen bewundern ließen.

Wer es sich leisten konnte und genügend Taler in der Tasche hatte, besuchte die Restaurants und Weinstuben der Stadt. Den Preisen nach an der Spitze standen dabei das Hotel St. Petersburg und Sala Tarone. Bei »Habel« und »Lutter & Wegner« fanden sich diejenigen ein, die einen guten Tropfen zu schätzen wussten. Es war Stadtgespräch, dass der schriftstellernde Kammergerichtsrat E. T. A. Hoffmann, dessen Novellen und Erzählungen viel gelesen wurden, mit seinem Schauspielerfreund Ludwig Devrient im Weinkeller bei »Lutter & Wegner« manche Nacht durchzechte.

Industrialisierung und soziale Frage

In den zwanziger und dreißiger Jahren des 19. Jahrhunderts begann das Stadtbild sich im Zuge der Industrialisierung rapide zu verändern. Die Initiativen zu den Veränderungen gingen nicht nur von weiter blickenden Unternehmern aus, sondern auch von staatlicher Seite. Zu nennen sind einmal die von Peter Christian Wilhelm Beuth geleitete »Technische Deputation für Gewerbe« und das von ihm 1821 eingerichtete Gewerbeinstitut, zum anderen der 1834 gegründete Deutsche Zollverein, der für die Produkte der entstehenden Berliner Industrieunternehmen größere Absatzgebiete schuf.

Die Berliner Kattundruckereien, Seidenmanufakturen und Fertigungsstätten für Konfektionswaren erlebten einen ungeahnten Aufschwung. Kleider, Möbelbezüge und Tapeten wurden von Berlin in alle Welt exportiert. Allseitige Bewunderung galt insbesondere jedoch den Aktivitäten von Männern wie August Borsig, Friedrich Egells und Louis Schwartzkopf, die für den Fortschritt Berlins im Maschinen- und Lokomotivbau standen und mit deren Namen die Entwicklung Berlins zur Industriestadt verbunden ist.

Vor dem Oranienburger Tor gründete 1837 August Borsig, der als junger Mann aus Breslau nach Berlin gekommen war, eine Werkstatt, die sehr bald zu einem großen Industrieunternehmen heranwuchs. Begonnen hatte er mit 50 Arbeitern, 1847 waren es bereits 1200. In dem Unternehmen in der Chausseestrasse wurden zunächst Dampfmaschinen, seit 1841 Lokomotiven hergestellt. Die aus diesen Anfängen hervorgehende »Lokomotivund Maschinenfabrik A. Borsig« entwickelte sich zur größten europäischen Lokomotivfabrik und wurde Ausgangspunkt zahlreicher großindustrieller Aktivitäten (u. a. Berg-, Hütten und Halbzeugwerke) in Oberschlesien.

Die erste preußische Bahn, die auf der 26 Kilometer langen Strecke von Berlin nach Potsdam und zurück verkehrte, wurde am 29. Oktober 1838 eingeweiht. Auf der Potsdamer Strecke, der in den nächsten Jahren die Anhalter, Stettiner, Frankfurter und Hamburger Strecke folgten, fuhren täglich vier, später fünf Züge mit je elf Wagen in beide Richtungen. Unterbrochen wurde die Fahrt, die etwa 40 Minuten dauerte, durch Halt an den Bahnhöfen Steglitz, Zehlendorf, Machnower Heide und Kohlhasenbrück. Die Lokomotive erreichte eine Geschwindigkeit von zirka 35 Stundenkilometern.

Die Eisenbahn erfreute sich bei der Berliner Bevölkerung schnell allgemeiner Beliebtheit – trotz einiger düsterer Prophezeiungen. Würdenträger der Kirchen hatten gewarnt, die Eisenbahnen würde der natürlichen Fortbewegung, wie sie Gottes Wille sei, spotten. Auch Friedrich Wilhelm III. war von dem neuen Fortbewegungsmittel nicht sonderlich angetan. »Alles«, erklärte er in dem für ihn typischen Duktus, »soll Karriere gehen, Ruhe und Gemütlichkeit leidet aber darüber. Kann mir keine große Seligkeit davon versprechen, ein paar Stunden früher in Berlin oder Potsdam zu sein. Zeit wird's lehren.« Ganz anders dagegen der Kronprinz, der spätere Friedrich Wilhelm IV., der bei seiner ersten Eisenbahnfahrt nach Potsdam gesagt haben soll »Diesen Karren, der durch die Welt läuft, hält kein menschlicher Arm mehr auf.«

Ein Spiegel der aufblühenden Gewerbe- und Industrietätigkeit waren die Gewerbeausstellungen. Als am 15. August 1844 im Zeughaus eine von Beuth initiierte Ausstellung ihre Tore öffnete, stellten nicht weniger als 685 Berliner Fabrikanten ihre Waren im Gesamtgewicht von 4770 Zentnern und im Wert von 520 989 Talern aus. Während der zehnwöchigen Ausstellungsdauer wurden 236 997 Eintrittskarten zu 5 Silbergroschen verkauft. Es heißt, mehr als die Hälfte der Berliner Bevölkerung hätte die Gewerbeausstellung besucht.

Mit dem Aufschwung der Industrie und dem zunehmenden Wettbewerb, der zu zahlreichen wirtschaftlichen Zusammenbrüchen führte, verschärften sich in den vierziger Jahren die sozialen Probleme in Berlin. Bettina von Arnim, die sich in sozialen und frauenrechtlichen Fragen engagierte, wies den König auf die unhaltbaren sozialen Missstände hin, die durch Hungerlöhne, überlange Arbeitszeiten in den Fabriken und das Fehlen jeglicher sozialer Absicherung im Falle von Krankheit, Invalidität und Arbeitslosigkeit bestimmt waren. Der wohlgemeinte Appell blieb jedoch ohne Wirkung.

Der immer stärker werdende Unmut über die politischen und sozialen Zustände gipfelte am 26. April 1844 in einem Attentat auf Friedrich Wilhelm IV. und seine Gemahlin. Der Schuss, abgefeuert durch den ehemalige Storkower Bürgermeister Heinrich Ludwig Tschech, der den König für die Quelle allen Übels hielt und diesen beschuldigte, schlecht zu regieren, gegebene Zusagen nicht einzulösen und dem Volk die Konstitution vorzuenthalten, verletzte den König nur geringfügig. Die spottlustigen Berliner amüsierten sich über den Vorfall und dichteten zahlreiche kecke Lieder, die von den Gassenjungen gesungen und von Guckkästnern auf den Straßen rezitiert wurden: »Aber keiner war so frech, / Wie der Bürgermeister Tschech, / Denn er traf fast auf ein Haar / Unser teures Königspaar. / Ja, er traf die Landesmutter / Durch den Rock ins Unterfutter.«

Vormärz und Revolution

Selten war einem Thronwechsel mit so viel Erwartungen entgegengesehen worden wie dem von 1840. Man hatte große Hoffnungen in die Thronbesteigung Friedrich Wilhelm IV. gesetzt, von dem man annahm, er würde eine liberalere Grundhaltung als sein Vater an den Tag legen und sich für die Einlösung von dessen Verfassungsversprechen einsetzen. Zunächst schien sich denn auch alles zum Besseren zu wenden. Die Zensur wurde gemildert, der verhasste Justizminister und »Demagogen«-Verfolger von Kamptz seines Amtes enthoben und im Zuge einer vom König verfügten Amnestie erhielt Ernst Moritz Arndt sein Lehramt zurück, Fritz Reuter wurde aus der Haft und Turnvater Jahn aus der Polizeiaufsicht entlassen. Letzterem verlieh man sogar noch nachträglich das Eiserne Kreuz in Würdigung seiner patriotischen Verdienste.

Das Geistesleben der Stadt nahm unter Friedrich Wilhelm einen neuen Aufschwung. Die Gebrüder Grimm wurden in die Preußische Akademie der Wissenschaften berufen, Größen der Wissenschaft und Kunst wie Schelling, Rückert, Tieck und Cornelius nach Berlin geholt und Alexander von Humboldt zum Staatsrat ernannt. Es war eine Zeit prickelnder Erwartung. Zeitungen und Zeitschriften wie die »Vossische Zeitung«, der »Freimütige« und Glassbrenners »Neuer Guckkasten« nutzten die Möglichkeiten, vorsichtig Kritik an Missständen in Verwaltung und Politik zu üben.

Gleichzeitig setzten aber auch repressive Maßnahmen ein, die zu tun hatten mit der sprichwörtlichen Wankelmütigkeit des Königs. Auf der einen Seite hatte er durchaus Verständnis für die Forderungen der Massen, auf der anderen Seite fühlte er sich christlich-konservativen Überzeugungen verpflichtet. Nach seinem Regierungsantritt verfügte er nicht nur Erleichterungen, sondern berief auch eine Reihe pietistischer Gesinnungsfreunde aus der Kronprinzenzeit in führende Stellungen.

Im Volk löste das Verwunderung, aber auch Verärgerung aus. Man begann sich zu fragen, was der »Romantiker auf dem Thron«, wie er später genannt wurde, eigentlich vorhabe, ob er liberal oder pietistisch zu regieren gedenke.

Die anfängliche Begeisterung mit der man den Regierungswechsel begrüßt hatte, wich der Ernüchterung und wandelte sich schließlich in Enttäuschung, als sich zeigte, dass Friedrich Wilhelm nicht der Mann war, Reformen einzuleiten. So dachte er keinesfalls daran, dem Staat eine Verfassung zu geben. Spöttisch lautete denn auch eine Scherzfrage des im Revolutionsjahr 1848 gegründeten politisch-satirischen Wochenblattes »Kladderadatsch«: »Was ist der Unterschied zwischen der Zeit des Regierungsantritts Friedrich Wilhelms IV. und jetzt? Damals waren wir guter Hoffnung, und jetzt sind wir in anderen Umständen.«

Der Verfassungsstreit, die »Kartoffelrevolution«, wie der Protest gegen die prekäre Versorgungslage genannt wurde, der Kattundrucker-Streik des Jahres 1847 waren erste revolutionäre Anzeichen. Es genügte ein Funke, um das Pulverfass angestauter Konflikte zur Explosion zu bringen. Anfang 1848 kam es überall in der Stadt zu spontanen Versammlungen, bei denen die Teilnehmer Proteste gegen die herrschenden Missstände artikulierten. In den ersten Märztagen trafen sich »In den Zelten« im Tiergarten zahlreiche Unzufriedene, Bürger und Arbeiter, die offen über die Zustände diskutierten und sich fragten, ob es nicht vielleicht doch gelingen könnte, den König von der Notwendigkeit politischer und sozialer Reformen zu überzeugen.

Am 17. März beschloss eine Volksversammlung, dem König eine Liste mit Forderungen zu übergeben, die von der Zurückziehung des Militärs, über die Gewährung der Pressefreiheit, die Einberufung des Landtags bis hin zur Gründung einer bewaffneten Bürgerwehr reichten. Der König äußerte sich nicht generell ablehnend, sondern zeigte sich willens, auf einige der Forderungen

einzugehen. Als aber am 18. März die vor dem Schloss versammelte Menge Soldaten erblickte und plötzlich zwei Schüsse fielen, waren die Massen nicht mehr zu halten. In verschiedenen Stadtteilen wurden Barrikaden errichtet und es kam zu heftigen Straßenkämpfen, bei denen mehr als 200 Gefallene zu beklagen waren.

Der berühmt gewordene Aufruf des Königs »An meine lieben Berliner«, die Barrikaden zu räumen, verhallte ungehört. In den Mittagsstunden des 19. März erhielt das Militär den Befehl zum Rückzug. Der König, der den auf dem Schlosshof aufgebahrten »Märzgefallenen« die letzte Ehre erwies, genehmigte die Aufstellung einer bewaffneten Bürgerwehr, Presse und Versammlungsfreiheit. Am 20. März war die Stadt voller schwarz-rot-goldener Fahnen und Kokarden. Die Revolution schien auf der ganzen Linie gesiegt zu haben.

Die demokratischen Kräfte waren bemüht, die Bevölkerung mittels Zeitungen, Zeitschriften und Flugblättern zu dem Zweck zu mobilisieren, die »Früchte der Revolution« zu sichern. In Vereinen wie dem »Demokratischen Klub«, dem »Republikanischen Klub« oder dem »Konstitutionellen Klub« diskutierte man darüber, ob es gelingen könnte, den Staat künftig anders zu organisieren und die bestehenden gesellschaftlichen Probleme zu lösen. Immer wieder gab es Aufläufe und Gewaltakte. Als es am 14. Juni zum Sturm auf das Zeughaus kam, kippte die öffentliche Meinung. Angst vor um sich greifender Anarchie machte sich breit. Der König reagierte mit ungewohnt schroffen Worten: »Was not tut, ist die Zähmung Berlins.«

Die radikale Linke und das gemäßigte Bürgertum konnten sich nicht auf einen gemeinsamen Kurs einigen. Als die Radikalen in der preußischen Nationalversammlung im September des Revolutionsjahres die Abschaffung des Adels, das Verbot aller Orden und die Streichung des Zusatzes »von Gottes Gnaden« im Königstitel beschlossen, ging das den konservativ Gesinnten zu weit. Unter dem

Eindruck der zunehmend revolutionärer werdenden Ereignisse verfügte der neu ernannte Ministerpräsident Graf Brandenburg die Verlegung der Nationalversammlung in die Stadt Brandenburg und ordnete den Einmarsch der Truppen nach Berlin sowie die Auflösung der Bürgerwehr und die Verhängung des Belagerungszustandes an.

Als am 5. Dezember 1848 das Parlament aufgelöst wurde, empfanden kritischere Geister das als einen Akt, der einem Staatsstreich gleichkam. Daran änderte auch nichts, dass der König noch am gleichen Tag eine Verfassung oktroyierte, durch die Preußen zu einer konstitutionellen Monarchie wurde. Das zunächst zum Erstaunen der Bevölkerung gewährte allgemeine und gleiche Wahlrecht wurde jedoch bereits am 30. Mai 1849 durch das so genannte Dreiklassenwahlrecht ersetzt. Dieses Wahlrecht, das das wohlhabende Bürgertum und den besitzenden Adel begünstigte, sollte bis in den November 1918 hinein gelten.

Am Vorabend der Reichsgründung

Die konservative Wende von 1850 brachte nicht nur Männer wie den doktrinären Gerichtspräsidenten Ernst Ludwig von Gerlach und Hermann Wagener, den Chefredakteur der »Kreuzzeitung«, wie die »Neue Preußische Zeitung« genannt wurde, in Schlüsselstellungen, sondern war auch verknüpft mit der Einführung einer neuen Kommunalverfassung, in der das Selbstverwaltungsprinzip erhalten blieb, aber die Machtbefugnisse stärker auf die Exekutive verlagert wurden. Zwar sah die Kommunalverfassung vor, dass der Bürgermeister durch den Gemeinderat gewählt wurde. Die Bestätigung der Wahl lag nach wie vor bei der Krone, was deutlich macht, wie misstrauisch König und die ihn beratende »Kamarilla« dem Selbstverwaltungsprinzip gegenüberstanden.

Die mehrheitlich konservativ eingestellten Stadtverordneten wählten den früheren Oberbürgermeister Heinrich Wilhelm Krausnick, der durch die Märzrevolution aus dem Amt gedrängt worden war, sich jetzt aber wieder zur Verfügung stellte. Die Konservativen empfanden das als Sieg und jubelten, dass die Stadt nunmehr vom Liberalismus »befreit« sei. Die Demokraten wiederum waren davon überzeugt, die Reaktion habe begonnen und setze alles daran, die Revolution von 1848 »ungeschehen« zu machen.

Die eigentliche Macht lag in den fünfziger Jahren interessanterweise nicht beim wiedergewählten Bürgermeister, sondern beim Polizeipräsidenten, der mit einer ganzen Reihe von Kompetenzen ausgestattet war. In der Amtszeit Carl Ludwig von Hinckeldeys, der 1856 in einem Pistolenduell ums Leben kam, wurde die Berliner Polizei ausgebaut und ein perfekt funktionierendes Überwachungssystem geschaffen, das mittels Spitzeln und Agenten, Hausdurchsuchungen, Konfiszierungen privater Briefe und ähnlicher Maßnahmen dazu diente, die Bevölkerung zu kontrollieren und demokratische Regungen schon im Ansatz zu unterbinden.

Die Jahre der Reaktion, geprägt durch das System Hinckeldey, waren jedoch nicht nur Jahre der Unterdrückung, sondern auch eine Phase fortschreitender Stadtentwicklung. Manches wendete sich zum Besseren. So setzten sich in der Stadthygiene eine Reihe von Neuerungen durch. Angeordnet wurden zum Beispiel regelmäßige Rinnsteinspülungen und der Bau erster Wasserleitungen. Das am Stralauer Tor 1853 eröffnete Wasserwerk sicherte der Stadt einen Teil seiner benötigten Wasserlieferungen und die »Berlin Waterworks Comp.« lieferte zur Freude der Berliner Kundschaft ab 1856 vorgeklärtes und gereinigtes Spreewasser. Die von Hinckeldey ins Leben gerufene Berufsfeuerwehr entwickelte sich derart mustergültig, dass Fachleute selbst aus dem Ausland kamen, um ihre Einrichtungen zu studieren.

Das Berliner Stadtbild und die Wohnverhältnisse der Bevölkerung veränderten sich durch die von Hinckeldey erlassene Bauordnung von 1853.

In den sechziger Jahren entstanden in der Folge dieser Bauordnung vier bis sechsgeschossige Mietskasernen, Wohnblöcke von 120 bis 150 Metern Frontbreite und 75 Meter Tiefe, Gebäude also mit Kellerwohnungen, Hinterhäusern, Seitenflügeln und Hinterhöfen. Unter dieser Wohnungsbauentwicklung, die als eine der fatalsten Fehlentscheidungen der Berliner Kommunalpolitik bezeichnet worden ist, hatten noch die nachfolgenden Generationen zu leiden.

Die Linden, die Friedrichstraße, die Leipziger Straße verloren in den Jahrzehnten nach 1848 ihr biedermeierliches Aussehen. Es entstand ein architektonisches Stildurcheinander. Paläste, pompöse Fassaden und Straßenfluchten, die an Großstädte wie Paris erinnerten, bestimmten neben den Mietskasernen zunehmend das Stadtbild. 1861 wurde mit dem Neubau des Rathauses begonnen. 1863 wurde die Berliner Börse vollendet, 1865 der Grundstein zum Bau der Siegessäule auf dem Königsplatz gelegt. Der Humboldthain und der Treptower Park entstanden. Zwischen 1865 und 1868 wurde nach Friedrich Hitzigs Entwurf die städtische Markthalle am Schiffbauerdamm errichtet. Mit ihren gußeisernen Säulen, die eine Dachverglasung trugen, galt sie als »Verkörperung der neuen Technik-Architektur« (Günter Richter).

Am 5. September 1866 wurde die liberale Synagoge in der Oranienburger Strasse eingeweiht. Der Bau zählte wegen seiner Pracht, des raffinierten Beleuchtungssystems und der komplizierten Gewölbekonstruktion zu den berühmtesten jüdischen Kultbauten Deutschlands. Der Entwurf stammte von Eduard Knoblauch, Baudurchführung und Ausstattung waren von Friedrich August Stüler übernommen worden. Bei der Eröffnung waren neben dem Ministerpräsidenten, Otto von Bismarck, und dem Oberbürgermeister der Stadt zahlreiche Angehörige des Hofes anwesend, die dem Festgottesdienst beiwohnten, der von Orgel und Synagogenchor umrahmt war.

Auch der städtische Verkehr begann sich zu verändern. Waren es im Vormärz noch Pferde-Omnibusse, die das Straßenbild bestimmten, war man in den sechziger Jahren bemüht, den Linienverkehr auf die Schiene zu bringen. Ab 1865 fuhr die Pferdebahn von der Dorotheenstraße nach Charlottenburg. Allein auf dieser Linie zählte man 1870 rund eine Million Fahrgäste.

In den fünfziger und sechziger Jahren kam es im Zuge des Industrialisierungsprozesses zu einem ungeahnten Anstieg der Berliner Bevölkerungszahlen. Zählte man noch 1849 412154, waren es 1871 bereits 825937 Einwohner. Das bedeutete mehr als eine Verdoppelung der Stadtbevölkerung. Hinzu kam, dass die zunehmende Industrialisierung Auswirkungen auf Beruf, Alltag und Bewusstsein der Menschen hatte. 1871 arbeiteten bereits zwei Drittel der erwerbstätigen Bevölkerung im industriellen und gewerblichen Sektor, das restliche Drittel war in Dienstleistungsberufen, in Handel und Gewerbe tätig.

Berlin war auf dem Weg, eine Großstadt wie andere europäische Großstädte zu werden. Wie anderswo auch bestimmten diesen Prozess rücksichtslose Spekulation und Profitmacherei. Soziale Missstände waren die Folge. Das hatte mancherlei Skandale und Skandälchen zur Folge, konnte aber den immer schneller werdenden Veränderungsprozess nicht aufhalten. Die 1870 von David Kalisch, dem Mitbegründer des »Kladderadatsch« verfasste Posse »Berlin wird Weltstadt« ironisierte die Zustände, spiegelte aber gleichzeitig das Selbstbewusstsein einer Bevölkerung, die unter den Alltagsschwierigkeiten litt, aber dennoch stolz auf das in ihrer Stadt Erreichte war: »Ja, ja, ganz gewiß,/laßt die Hohngebärden./Ganz so wie Paris –/Weltstadt wird Berlin!«

Die Granitschale im Lust-
garten. *Gemälde von Johann
Erdmann Hummel, 1831.
Berlin, Staatliche Museen zu
Berlin–Preußischer Kulturbesitz, Nationalgalerie.*
Nach der Umgestaltung des
Berliner Lustgartens, einstmals Botanischer Park und
Küchengarten des Schlosses,
durch Peter Joseph Lenné
1831/32 wird die aus einem
750 Tonnen schweren Granit-
findling gemeißelte Schale
aus Fürstenwalde nach Berlin
gebracht, wo sie vor der Freitreppe des 1830 eröffneten,
von Schinkel erbauten Alten
Museums aufgestellt wird.
Mit ihrem Durchmesser von
sieben Metern gehört sie in
der ersten Hälfte des 19. Jahrhunderts zu den Haupt-
sehenswürdigkeiten Berlins
und wird als »Weltwunder
der Biedermeier-Zeit« be-
zeichnet.

Reiter der russischen Armee und preußische Landwehr auf dem Kreuzberg im Jahr 1813. *Zeitgenössische Zeichnung von Ludwig von Wolf.* Nach dem Vertrag von Tauroggen am 1. Januar 1813 rücken russische Truppen nach Berlin vor. Am 20. Februar dringen 150 Kosaken in die Stadt ein, Anfang März folgen weitere Truppenverbände, welche die Franzosen endgültig aus der Stadt vertreiben. Von der Berliner Bevölkerung werden sie als Befreier gefeiert.

ENTRÉE DES FRANÇAIS À BERLIN, LE 27 OCTOBRE 1806.

Nach der preußischen Niederlage von Jena und Auerstedt am 14. Oktober 1806 rücken die französischen Truppen nach Berlin vor, während König Friedrich Wilhelm III. und Königin Luise wie die meisten seiner Minister die Stadt verlassen. Am 25. Oktober treffen die Franzosen in Berlin ein, wo Napoleon zwei Tage später mit seinem Ritt durch das Brandenburger Tor die Unterwerfung Preußens demonstriert. *Kupferstich von Edme Bovinet nach einer Zeichnung von Edouard von Swebach.*

Ein Grenadier der franzö-
sischen Kaisergarde richtet
sein Gewehr auf eine Berliner
Waschfrau, im Hintergrund
das Denkmal des »Alten
Dessauers«, Leopold I. von
Anhalt-Dessau. *Aquarellierte
Kreidelithografie nach einer
Zeichnung von Johann Gottfried Schadow, 1806.* Nach
der französischen Besetzung
Berlins ist die Stadt von Trup-
penverbänden überfüllt, ein
Teil der Fußgarde biwakiert
im Lustgarten.

Karikatur auf die Rück-
führung der Quadriga zum
Brandenburger Tor nach der
Niederlage 1814. *Aquatinta-
stich von D. Berger, 1814.*

Alexander von Humboldt (1769–1859), Naturforscher und Geograf, in seinem Bibliothekszimmer in der Oranienburger Straße 67. *Lithografie nach einem Aquarell von Eduard Hildebrandt, 1856.*

Alexander von Humboldt in seiner Bibliothek.

Blick auf Schloss Tegel. *Stahlstich, um 1835.*

Wilhelm von Humboldt
(1767–1835) in seinem
Arbeitszimmer in Schloss
Tegel. *Bleistiftzeichnung von
Luise Henry, 1826.* Wilhelm
von Humboldt, auf den die
Bildungsreform in Preußen
1809/1810 maßgeblich zurückgeht, scheidet 1819 nach
Meinungsverschiedenheiten
mit Staatskanzler Karl August
Fürst von Hardenberg aus
dem Staatsdienst aus.

Die Friedrich-Wilhelm-Universität im ehemaligen Palais
des Prinzen Heinrich. *Radierung von Friedrich August
Schmidt, um 1820, nach
einer Zeichnung von Johann
Hubert Forst.*

»Fichte in Reih und Glied des
Berliner Landsturms 1813«.
*Lithografie nach einer Zeich-
nung von Carl Zimmermann,
1813.* Der Philosoph Johann
Gottlieb Fichte (1762–1814),
einer der Vordenker deut-
schen Nationalbewusstseins,
ließ sich 1801 in Berlin nieder.
Berühmt wurden Fichtes
»Reden an die deutsche Nation« im von den Franzosen
besetzten Berlin.

Rahel Varnhagen von Ense. *Punktierstich von C. E. Weber, 1817.* Rahel Varnhagen, am 19. Mai 1771 in der Spandauer Straße 26 als Rahel Levin geboren, eröffnet ihren ersten Salon in der Jägerstraße 54. Später trifft man sich in der Charlottenstraße 22 und schließlich in der Französischen Straße; regelmäßig zu Gast sind neben vielen anderen Ranke, Hegel und Fürst Pückler. Die Schauspielerin Karoline Bauer in ihren Erinnerungen: »Alexander von Humboldt, hoch und schlank, elegant und beweglich wie ein Franzose, tauchte oft – blitzartig – wie ein aufregendes Irrlicht an Rahels Teetisch auf ... sagte Rahel, Henriette Herz und Bettina im Fluge die niedlichsten Schmeicheleien, plätscherte wie ein Salon-Springbrunnen von Kölnischem Wasser die zierlichsten und pikantesten Hof- und Stadtneuigkeiten in das Tassenklirren hinein, plauderte mit Herrn von Varnhagen noch zwei Minuten in der Fensternische ... und war verschwunden.«

Henriette Herz (1764–1847) gehörte neben Rahel Varnhagen zu den berühmtesten Salonièren Berlins. *Gemälde von Anna Dorothea Therbusch, 1778. Berlin, Staatliche Museen zu Berlin–Preußischer Kulturbesitz, Nationalgalerie.*

Quartettabend bei Bettina von Arnim. *Aquarell von Carl Johann Arnold, Frankfurt a. M., Freies Deutsches Hochstift.* Bettina von Arnim, geborene Brentano, führt einen Salon, in dem namhafte Schriftsteller der Romantik, Wissenschaftler und liberale Politiker verkehren. »Meine Erinnerungen von der Gesellschaft in Berlin sind etwas verwirrt, ich habe meine Tage dort im Taumel zugebracht ... Aber ich fand bald andere Kreise, in denen der Reiz der Berliner Gesellligkeit, von dem ich so viel gehört hatte, und von dem ich bald mächtig angezogen wurde.« August Varnhagen von Ense, preußischer Diplomat und Schriftsteller, in »Der Salon der Frau von Varnhagen, Berlin, im März 1830«.

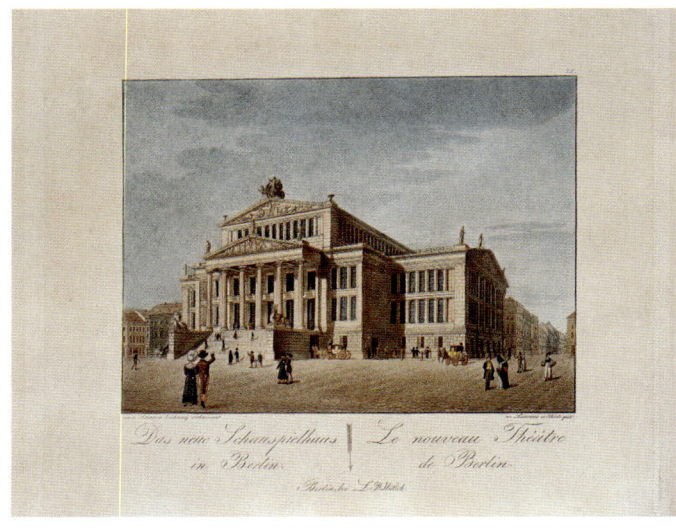

Das Königliche Schauspielhaus auf dem Gendarmen-
markt, nach Entwürfen von
Karl Friedrich Schinkel 1819–
1821 erbaut. *Aquatintaradie-
rung von Jules Laurens und
Thiele, um 1825.* Schinkels
Bau umfasst Theater, Kon-
zertsaal und Funktionsblock,
das wichtigste Anliegen des
Baumeisters ist es, »dass der
Charakter des Gebäudes sich
von außen vollkommen aus-
spreche und das Theater von
außen durchaus für ein Theater gehalten werden kann.«

Die Rotunde des Alten
Museums, nach Entwürfen
von Karl Friedrich Schinkel
1824–1828 erbaut. *Aquarellierte Radierung von Karl
Heinrich Beichling nach
einer Zeichnung von Carl
Emanuel Conrad, 1830.*

Karl Friedrich Schinkel (1781–1841), Architekt, Maler und Zeichner. *Marmorstatue von Christian Friedrich Tieck 1844–1855, Berlin. Staatliche Museen zu Berlin–Preußischer Kulturbesitz, Nationalgalerie.* »Das Nützliche und Notdürftige, so gut es an sich ist, wird widrig, wenn es ohne Anstand und Würde auftritt, und zu dieser hilft ihm bloß die Schönheit, welche eben deshalb ebenso wesentlich wird und immer gleichzeitig mit jenem Berücksichtigung verdient.« Karl Friedrich Schinkel, Maximen und Positionen, 1817.

Die Neue Wache. *Gemälde von Eduard Gaertner, 1833. Berlin, Staatliche Museen zu Berlin–Preußischer Kulturbesitz, Nationalgalerie.* Das Gebäude für die königlichen Wachmannschaften, von Schinkel 1817/18 im Stil eines römischen Kastells mit vorgesetztem Tempelportikus erbaut, sollte an den Sieg der preußischen Truppen über Napoleon in den Befreiungskriegen erinnern.

Borsigs Maschinenbau-Anstalt in Moabit, Ecke Alt Moabit 4/Kirchstraße, nach Entwürfen von Johann Heinrich Starck 1847–1849 erbaut. *Stahlstich von Joseph Maximilian Kolb nach einer Zeichnung von Johann Rabe, 1850.* August Borsigs »Lokomotiv- und Maschinenfabrik« entwickelte sich zur größten europäischen Lokomotivfabrik. In dem Fabrikgebäude an der Chausseestraße waren 1847 bereits 1200 Arbeiter beschäftigt, es folgte das Werk in Moabit.

Die Berlin-Potsdamer Eisenbahn. *Gemälde von Adolph von Menzel, 1847. Berlin, Staatliche Museen zu Berlin–Preußischer Kulturbesitz, Nationalgalerie.*

Verlegung der Röhren für die erste Gasanstalt Berlins. *Lithografie von Theodor Hosemann, 1826.* 1825 schließen das preußische Innenministerium und der Berliner Polizeipräsident einen Vertrag mit einer englischen Gas-Gesellschaft, der vorsieht, alle innerhalb der Ringmauern befindlichen Straßen und Plätze mit Gaslaternen zu erleuchten. Vor dem Halleschen Tor entsteht die »Englische Gasanstalt«, die ab 1826 Gas für die Beleuchtung der Stadt liefert. Laternenanzünder gehören bis weit in das 19. Jahrhundert zum Alltagsbild Berlins. Die ersten Glühlampen brennen 1879 in der Kaisergalerie in der Friedrichstraße, 1888 werden 196 elektrische Bogenlampen Unter den Linden installiert. Gaslaternen behaupten sich jedoch in Berlin bis weit ins 20. Jahrhundert.

Fahrplan der Berliner Eisenbahnen.

Von und nach Berlin.

Abgang nach Ankunft von	Anhaltsche Bahn: Halle-Leipzig-Cassel.	8 Mg., 12 Mitt., 10 Ab. 9½ Mg., 12½ Mitt., 9½ Ab.	**bis Kassel:** I. Kl. 14 Thlr. 17 Sgr., II. Kl. 9 Thlr. 7 Sgr. III. Kl. 6 Thlr. 27 Sgr
Abgang nach Ankunft von	Anhaltsche Bahn: Röderau-Leipz.-Dresden, Prag, Wien.	7 Mg., 10 Morg. 1¾ Mitt. 11¾ Morgens, 6 Abends, 8¾ Abends.	**bis Leipzig:** I. Kl. 6 Thlr., II. Kl. 4 Thlr., III. Kl. 3 Thl.; **bis Dresden:** I. Kl. 5½ Thlr., II. Kl. 3⅔ Thlr., III. Kl. 2⅓ Thlr.
Abgang nach Ankunft von	**Breslau**	8 Morgens, 11 Abends. 4½ „ 6¾ „	I. Kl. 11 Thlr. 2½ Sgr., II. Kl. 7 Thlr. 5 Sgr. III. Kl. 5 Thlr. 17½ Sgr.
Abgang nach Ankunft von	**Frankfurt a. O.**	8 Morg., 6 Abends, 11 Abends. 4½ „ 9¼ Vorm., 6¾ „	I. Kl. 2½ Thlr., II. Kl 1 Thlr. 18¾ Sgr., III. Kl. 1¼ Thlr.
Abgang nach Ankunft von	**Hamburg**	7½ Morgens, 6 Abends, 11 Abends. 10½ à ¾ Mg., 4 à 4¼ N., 8¾ à 9¼ Ab.	I. Kl. 7½ Thlr., II. Kl. 5⅔ Thlr., III. Kl. 4⅙ Thlr.
Abgang nach Ankunft von	**Magdeburg**	5, 7½ Morg. (Schnellz.) 12 Mitt. 10 Abds. 9½ Mg., 1¼ Mitt., 9¼ Ab. (Schllz.) 11¼ Ab.	I. Kl. 4⅔ Thlr., II. Kl. 3⅓ Thlr., III. Kl. 2⅓ Thlr.
	Billets für hin und zurück bis zum 3. Tage gültig: I. Kl. 8 Thlr., II. Kl. 5⅓ Thlr., III. Kl. 3⅓ Thlr.		
Abgang nach Ankunft von	**Potsdam** Local-Züge.	8, 10, 12, 2, 5, 7, 10½ Uhr. 8, 10, 12, 2, 5, 7, 8½ Uhr.	I. Kl. 24 Sgr., II. Kl. 17½ Sgr. III. Kl. 12 Sgr.
	Billets für hin und zurück sind bis zum 2. Tage gültig: I. Kl. 1⅓ Thlr., II. Kl. 1 Thlr., III. Kl. 20 Sgr.		
Abgang nach Ankunft von	**Posen**	6¼ Morgens, 10½ Abends. 5¾ „ 9¾ „	I. Kl. 10 Thlr., II. Kl. 7½ Thlr. III. Kl. 5 Thlr.
Abgang nach Ankunft von	**Stettin**	6¼ Morg., 12¼ Mitt., 5½ Nm., 10½ Abends (Schnllz.). 5¾ Morg. (Schnllz.), 9¾ Morg., 4 Nm., 9¼ Abends.	I. Kl. 4 Thlr., II. Kl. 3 Thlr. III. Kl. 2 Thlr.

Verlag von A. Hofmann & Comp. in Berlin, Hausvoigteiplatz 3.
Druck von Eduard Krause in Berlin, Lindenstr. 81.

Fahrplan der Berliner Eisenbahn aus dem Jahr 1853.

Blick vom Kreuzberg auf Berlin. *Gemälde von Johann Heinrich Hintze, 1829, Berlin, Stiftung Preußische Schlösser und Gärten Berlin-Brandenburg, Schinkel-Pavillon.*
1821 wird das von Karl Friedrich Schinkel entworfene »Nationaldenkmal zur Erinnerung an die Befreiungskriege«, ausgeführt von der Königlichen Eisengießerei, auf der höchsten Erhebung der Tempelhofer Berge aufgestellt. Das an der Spitze des 66 Meter hohen und 2500 Zentner schweren Monuments angebrachte Eiserne Kreuz gibt dem Berg seinen Namen.

Promenade Unter den Linden mit Blick zum Schloss. *Gemälde von Wilhelm Brücke, um 1850. Hechingen, Burg Hohenzollern.* »Ja, das sind die berühmten Linden, wovon Sie so viel gehört haben. Mich durchschauert's, wenn ich denke: An dieser Stelle hat vielleicht Lessing gestanden, unter diesen Bäumen war der Lieblingsspaziergang so vieler großer Männer, die in Berlin gelebt; hier ging der große Fritz, hier wandelte – Er!« Heinrich Heine 1822 über die von Kurfürst Friedrich Wilhelm 1647 mit den ersten Bäumen bepflanzte und von Friedrich II. zu Deutschlands erstem Boulevard umgestaltete Prachtstraße.

Blick in die Leipziger Straße nach Westen. *Lithografie nach einer Zeichnung von Leopold Zieleke, 1835.* Die Leipziger Straße entstand zu Beginn des 18. Jahrhunderts mit der Anlage der Friedrichstadt. Bei der Umgestaltung des Leipziger Platzes durch Peter Joseph Lenné von 1824–1828 wurde beiderseits der Straße aus den Rasenflächen je ein Halboval ausgespart, in dem Standbilder errichtet und Ruhebänke aufgestellt werden konnten.

Blick über die Schlossbrücke zum alten Dom. *Gemälde eines unbekannten Künstlers, Essen, Folkwang-Museum.*

Blick auf die Schlossbrücke. *Gemälde von Carl Daniel Freydanck, um 1840.* Bereits im 16. Jahrhundert überquerte an dieser Stelle die so genannte »Hundebrücke«, »darüber man die Jagdhunde führte«, die Spree, wie Heinhofer 1618 in seinem Reisebericht schreibt. 1822/23 errichtet Schinkel eine massive Brücke, deren acht Postamente 1853 und 1854 mit Marmorgruppen nach seinen Entwürfen geschmückt werden und die von nun an den Namen »Schlossbrücke« trägt.

Berliner Nachtwächter. *Feder-lithografie, um 1840.* 1843 gibt es in Berlin 160 Nacht-wächter und zehn Nacht-wachmeister. Jeder Nacht-wächter hat ein fest umrisse-nes Revier und ist mit Stun-denpfeife, zwei Signalhör-nern und einer »Feuermarke« ausgerüstet; zu seinen vor-dringlichsten Aufgaben ge-hört die frühzeitige Warnung bei Bränden. Das hohe Signal-horn meldet Feuer auf dem rechten, das tiefere Feuer auf dem linken Spreeufer.

Der Berliner Eckensteher Nante. *Federlithografie, um 1830.* Nante ist eine von Adolf Glaßbrenner erfundene Kunstfigur. Ein Berliner fragt Nante, »was die Glocke« sei. – »Nischt!« – »Wieso?« – »Nu, et is noch nich mal eens!«

Die Rutschbahn des Tivoli auf dem Kreuzberg. »Brendike, halte mir, ick werde schwime-lig«. *Federlithografie nach einer Zeichnung von Franz Burchard Dörbeck aus »Ber-liner Witze und Anekdoten«, um 1830.*

Ein Berliner Guckkästner im Tiergarten. *Kreidelithografie nach einer Zeichnung von Theodor Hosemann, 1850.*

Schausteller auf dem Stralauer Volksfest. *Kreidelithografie von Arnold Neumann, 1860.* Im Jahre 1574 soll Kurfürst Johann Georg den 24. August als das Ende der Schonzeit für Fische festgesetzt haben. An diesem Tag unternahmen die Fischer der Halbinsel Stralau drei Fischzüge: für den Magistrat, für den Pfarrer und für den Dorfältesten. Das sich anschließende Volksfest avancierte bald zum beliebtesten Volksfest Berlins, an dem alle Stände teilnahmen. »Alle Schiffe und Kähne Berlins, so viele deren das Gewässer belagern, alle Wagen und Pferde, welche die Residenz nur aufzubringen vermag, sind an diesem Tage mit Weib und Kind in dem buntesten Gemische bepackt. Gärten, Häuser und Anhöhen auf oder an dem Wege nach Stralau wimmeln von der neugierigen Menge, die selbst Regen und Sturm nicht daheim halten können.« *Berlinische Promenaden, angestellt von einem reisenden Engländer im Sommer 1798.*

No 1319.

Barrikade in der Neuen Königsstraße am 19. März 1848. *Kreidelithografie, 1848.* »Haufen flüchten durch die Königsstraße; Bürger kommen, aufgeregt bis zur rasenden Wut, knirschend, bleich, atemlos. Wut- und Rachegeschrei erhebt sich durch die Königsstraße, durch die ganze Stadt. Als ob sich die Erde öffnete, brauste es durch die Stadt; das Straßenpflaster wird aufgerissen, die Waffenläden werden geplündert, die Häuser erstürmt. 12 Barrikaden erhebten sich im Nu in der Königsstraße, aus Droschken, Omnibuswagen, aus Wollsäcken, aus Balken, tüchtige und musterhaft gebaute Barrikaden.« *Adolf Wolff, Berliner Revolutionschronik, 1851.*

Berlins Aufstand.
icade in der neuen Königs Strasse am 19. März 1848.

Blick in die Spandauer Straße
mit der Gerichtslaube und
dem 1866 abgerissenen Rat -
hausflügel. *Fotografie von
F. Albert Schwartz, 1856.*
Die Gerichtslaube wurde nach
der Fertigstellung des Roten
Rathauses abgetragen und
1871/72 unter Nutzung alter
Bauteile im Park von Babels-
berg als offener Pavillon
rekonstruiert.

Der Hackesche Markt mit
festen Verkaufsständen.
Fotografie, 1871.

Der Lustgarten mit dem Alten
Dom. *Daguerreotypie, um
1845.* Der technische Fortschritt verändert das Bild der
Stadt wie die Bilder, die von
ihr gemacht werden. Bei obi-
ger Daguerreotypie handelt
es sich um eine der ältesten
erhaltenen fotografischen
Aufnahmen Berlins.

Eine der ersten Plakatsäulen
von Ernst Litfaß (1816–1874)
in Berlin. *Fotografie, um 1860.*
Zettel, Bekanntmachungen
und Plakate hingen in Berlin
an Häusern, Mauern und Bäumen, bis der Buchdruckereibe-
sitzer Litfaß 1854 mit dem
Polizeidirektor von Hinckeldey einen Vertrag schloss,
der ihn berechtigte, in den
Straßen der Stadt Säulen
für den Plakatanschlag auf-
zustellen, die von da an
allein für Anschläge aller
Art genehmigt waren. Litfaß
begann mit 30 Säulen, bis
1868 waren es bereits 200.

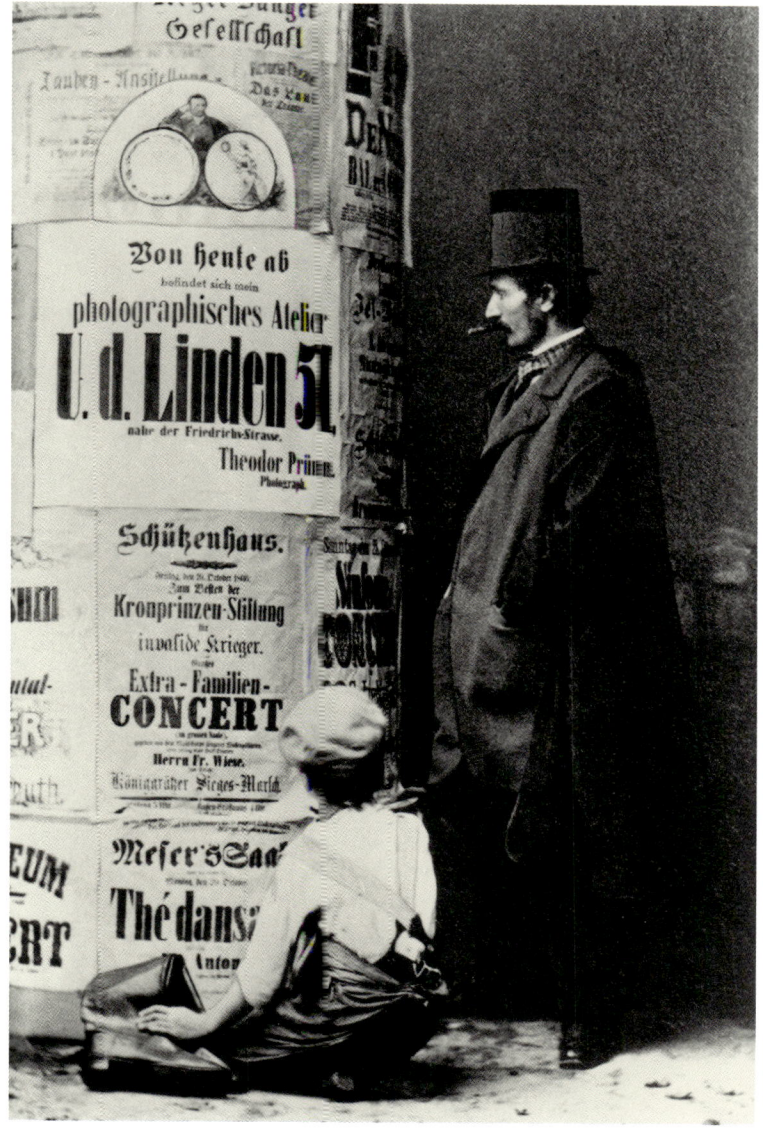

DIE KAISERSTADT

Das königlich-preußische Berlin *Laurenz Demps*

Kein Parlament, keine Regierung hatte es beschlossen, aber über Nacht wurde aus der königlich-preußischen Residenz die Hauptstadt des Deutschen Reiches. Wie sah diese Stadt aus?

Im äußeren Erscheinungsbild bot Berlin kaum das Bild einer Kaiserstadt, wie sie nun genannt wurde. Sie zeigte sich eher provinziell in Folge einer Stadtplanungspolitik, die im Wesentlichen vom Herrscherhaus ausgegangen war und sich auf die Ausprägung der Residenz in der Mitte der Stadt konzentriert hatte. Berlin war aber längst nicht mehr nur Residenz, die Stadt konnte auch ohne Hof leben und wäre dabei nicht in ihrer Existenz gefährdet gewesen. Die Jahre nach 1871 waren davon gekennzeichnet, das Gepräge der Residenz abzustreifen und zu einer der modernsten Kommunen Europas zu werden.

Die Politik der Behörden des Herrscherhauses zielte auf eine andere Vorstellung von Stadt. Eine besondere Stellung nahm dabei die Idee eines preußischen Arkadiens ein, das man aber nicht in Berlin, sondern in der Potsdamer Landschaft ansiedelte. Berlin hatte die erste Phase der Entwicklung zur Industriestadt hinter sich gebracht. Der Hof kümmerte sich nicht um den Bau von Miethäusern für die arbeitende Bevölkerung und zeigte auch keine Ansätze in diese Richtung der Stadtentwicklung, sieht man von sozialen und Stadterweiterungsprojekten wie dem Hobrechtplan von 1862 ab. Gerade dieser Plan zeigte die Konsequenzen dieser Politik, denn er regelte nicht den Ausbau der Industrie und der Verkehrsanlagen. Das entsprach nicht den Bedürfnissen einer Gemeinde, die sich zur Industriestadt entwickelt hatte.

Aufstand gegen die Obrigkeit

Berlin war Kaiserstadt geworden, es gab aber nur den Hof des Königs von Preußen. Die Bevölkerung war mit der Herstellung der deutschen Einheit, so spät sie auch kam, überwiegend zufrieden. Aber die Lösung eines Problems warf neue auf, vor allem für die Stadtgemeinde Berlin, die einst mittelalterliche Bürgerstadt gewesen, und mit Zwang zur Residenz wurde und durch die industrielle Entwicklung Einwohnergemeinde geworden war. Stadtgemeinde Berlin und preußisch-deutscher Staat standen, ob sie es wollten oder nicht, in ihren Interessen objektiv gegeneinander. Der Magistrat hatte der Stadt und seinen Einwohnern zu dienen, der preußisch-deutsche Staat dem Reich. Das war Konfliktstoff mit zugleich historischen Dimensionen und in die Zukunft reichenden Problemen.

Die antinomistische Setzung der Begriffe »Staat« und »Gesellschaft« kennzeichnete eine epochenspezifische Relation, die seit dem 18. Jahrhundert in Deutschland bis zur Revolution 1918/19 das politische Denken bestimmte (Horst Matzerath). Mit der Reform der Stadtverfassung hatte Freiherr von und zum Stein im Jahre 1808 beabsichtigt, diese strikte Antinomie von Staat und Gesellschaft aufzulockern und die Stärke des städtischen Bürgertums für die preußische Monarchie nutzbar zu machen. Somit hatte sich die kommunale Selbstverwaltung Berlins zu einem politischen Emanzipationsforum der auf staatlicher Ebene zunächst machtlos bleibenden gesellschaftlichen Kräfte entwickelt. In seinem Stadtregiment sah das liberale Bürgertum über Jahrzehnte hin ein Unterpfand seiner Opposition gegen den Obrigkeitsstaat. Der Gegensatz zwischen Zentralstaat und Städten wurde dadurch ebenso abgemildert wie durch die Tatsache, dass die städtischen Oberschichten auf die staatliche Gesetzgebung angewiesen waren.

In Berlin blieb das Verhältnis zwischen den beiden Faktoren dennoch angespannt, hatte die Stadt doch die besondere Funktion als »Haupt- und Residenzstadt«, d. h. Stadtterritorium und Stadtraum wurden weiterhin für die Zwecke der Regierenden genutzt.

Die preußische Regierung und das »Rote Rathaus« waren die beiden Pole, die in Widerstreit miteinander gerieten. Konservativer Politik auf der eine Seite standen bürgerliche Eliten, im linken Flügel des Liberalismus organisiert, auf der anderen Seite gegenüber. Der preußische König und deutsche Kaiser war bestrebt, über den Polizeipräsidenten großen Einfluss auf die städtische Politik zu behalten und sich so genügend Geltung in den Geschicken der Stadt zu bewahren.

Die kommunale Verwaltung befand sich in ständiger Auseinandersetzung mit staatlichen Behörden, so mit der Ministerial-, Militär- und Baukommission, der die fiskalischen Gebäude, Grünflächen und Wasserstraßen im Stadtbereich unterstanden. Jahrelang gab es Differenzen zwischen dem Fiskus und der Stadt wegen der Unterhaltung der Straßen und Brücken. Immer wieder überschnitten oder berührten sich staatliche und kommunale Verwaltung, Interessen und Wünsche. Kennzeichnend für das schwierige Verhältnis war die starke Stellung des Polizeipräsidenten. Er hatte die Polizeigewalt und besaß die Befugnisse eines Regierungspräsidenten. Als Vertreter der bürokratisch-konservativen Staatsgewalt natürlicher Gegner des Liberalismus der Selbstverwaltungsorgane, wirkte er als ein starker Rivale des Magistrats, mit dem er sich über Zuständigkeiten und seine Amtsführung stritt.

Als ein Beispiel sei auf die Verwaltung der Straßen der Stadt verwiesen, die sich seit 1442 im Besitz des Landesherrn befanden. Eine Königliche Kabinettsorder aus dem Jahre 1838 bestimmte, dass die vor dem 1. Januar 1837 innerhalb der Stadtmauer neu errichteten Straßen und Brücken weiterhin dem Fiskus gehören sollten und von ihm zu unterhalten seien. Alle nach diesem Zeitpunkt neu angelegten Straßen gingen in das Eigentum der Stadt über.

Nach langen Verhandlungen kam es im Dezember 1875 zum Vertragsabschluss zwischen der Stadtgemeinde und dem Fiskus. Der Fiskus trat gegen eine vom ihm zu zahlende jährliche Rente von 556 431, 22 Mark alle Straßen, Plätze und Brücken an die Stadt Berlin ab, die ihrerseits die Verpflichtung zur Unterhaltung und den Neubau übernahm. Der Staat behielt sich das Recht vor, die Rente jederzeit gegen Zahlung des zwanzigfachen Betrages abzulösen. Das geschah im Jahre 1882, und der Staat zahlte der Stadt Berlin 11 268 624 Mark. Jeder der Beteiligten war sich bewusst, dass die Rente bzw. der dann zur Auszahlung gekommene Betrag niemals ausreichen würde, um Straßen und Brücken dem wachsenden Verkehrsbedarf anzupassen. Aber die reich gewordene Gemeinde Berlin wollte auf das ihr zustehende Recht nicht verzichten, da sie wusste, dass vom preußischen Staat eine Veränderung der unhaltbaren Zustände nicht zu erwarten war. Der Staat hatte sich als nicht handlungsfähig gezeigt, grundlegende Verkehrsprobleme der Stadt zu lösen.

Kompetenzstreitigkeiten zwischen Staat und Stadt Berlin entbrannten auch an der Schulfrage. Der Stadt war mit Einführung der Steinschen Städteordnung das Recht zur Errichtung und Unterhaltung von Schulanstalten übertragen worden, wobei die Oberaufsicht dem Staat obliegen sollte. Um Einfluss auf die Entwicklung des städtischen Schulwesens zu nehmen, versuchte das Kultusministerium sich das Bestätigungsrecht für die städtische Schuldeputation einzuräumen, um politisch missliebige Personen fernzuhalten und die Ausbildung in den naturwissenschaftlichen Fächern, die die städtischen Behörden protegierten, zu unterdrücken.

Als »spektakulärste Form staatlicher Einwirkungsmöglichkeiten« auf die städtische Selbstverwaltung galt das Recht des Königs, die kommunalen Spitzenbeamten, den Oberbürgermeister, zu bestätigen. In der preußischen Haupt- und Residenzstadt wurde dieses Genehmigungsverfahren zur Kraftprobe zwischen König und städtischem Selbstbewusstsein; überliefert sind die dem Berliner Oberbürgermeister Martin Kirschner (Amtszeit 1899–1912), dem der König achtzehn Monate lang die Bestätigung vorenthielt, vom Volksmund zugeschriebenen Worte: »Ich kann warten!«

Der heute weitestgehend vergessene Kirchbaulaststreit am Ende des 19. Jahrhunderts zeigte die Konturen der Auseinandersetzung zwischen Stadt und Staat, dokumentierte zugleich aber auch, dass es um mehr als eine Auseinandersetzung zwischen Magistrat und kaiserlich-königlicher Macht ging. Dahinter stand die grundsätzliche Frage nach der Rolle der Kirche in der Gesellschaft, nach dem Verhältnis von Stadt und Kirche.

Die Stadt war fest entschlossen, sich nicht den kirchlichen Forderungen nach Finanzierung des Neubaus von Kirchen zu fügen, zog vor die Gerichte und bekam sowohl vom Kammergericht (1903) als auch vor dem Reichsgericht (1904) Recht. Der Streit hatte zahlreiche Folgen auch für den Ruf Berlins, das von nun an mit dem Odium der »Gottlosigkeit« zu leben hatte. Damit war die anstehende Trennung allgemein-öffentlicher und kirchlicher Belange, die im Zuge der Modernisierung für die gesamte deutsche Gesellschaft anstand, frühzeitig und punktuell für die Stadt Berlin gelöst. Die Voraussetzungen für die großartige Entwicklung der Stadt in der Weimarer Republik kündigten sich an.

Stadthygenie und Stadttechnik

August Bebel hielt sich 1867 als Abgeordneter des Norddeutschen Reichstages in Berlin auf und gab eine sehr drastische Schilderung der sanitären Verhältnisse in der Stadt: »Bedürfnisanstalten auf den Straßen oder Plätzen waren nicht vorhanden. Fremde und namentlich Frauen gerieten in Verzweiflung, bedurften sie einer solchen. In den Häusern waren diese Einrichtungen meist unglaublich primitiv. Eines Abends besuchte ich mit meiner Frau das Königliche Schauspielhaus. Ich war entsetzt, als ich in einem Zwischenakt in den Raum trat, der für die Befriedigung kleiner Bedürfnisse der Männer bestimmt war. Mitten in dem Raum stand ein Riesenbottich, längs den Wänden standen einige Pots de Chambre, von denen man den benutzten höchst eigenhändig in den großen Kommunebottich zu entleeren hatte. Es war recht gemütlich und demokratisch. Berlin als Großstadt ist wirklich erst nach 1870 aus dem Zustand der Barbarei in den der Zivilisation getreten.«

Dieser oftmals aus dem Zusammenhang herausgelöste und in die hohe Politik gehobene Satz beschreibt in der gebotenen Kürze den Hygienezustand Berlins. Hier war angesichts der größten Zusammenballung von Menschen im Deutschen Kaiserreich schnellste Abhilfe zu schaffen. Das wichtigste Unternehmen, das öffentliche Gesundheitspflege und ingenieurtechnische Leistungen zusammenfasste, war aber der Bau der Berliner Kanalisation. Im Ergebnis einer lang anhaltenden und von zahlreichen Schriften, Handbüchern und Artikeln in der Fachpresse sowie den Zeitungen begleiteten Diskussion entschloss sich die Stadt, dieses Vorhaben in Angriff zu nehmen. Für den gigantischen Bau sprach auch das Argument des »Sinkens der allgemeinen Mortalität«, das sowohl für die Begüterten als auch für die sozialen Unterschichten seine Wirkung hatte.

1872 entschied sich die Berliner Stadtverordnetenversammlung nach jahrelangen Debatten für

die Einführung einer Mischkanalisation, da – so
eine Presseveröffentlichung – die Stadt durch ihre
mangelhaften stadthygenischen Einrichtungen
unter den Hauptstädten der zivilisierten Welt als
die »schmutzigste und pestathmendste«, auch
»übelriechendste« galt.

Städtische Eigenverantwortung wurde gefordert und diese begann sich langsam zu entwickeln.
Es war der Arzt und Kommunalpolitiker Rudolf
Virchow, unter dessen Führung sich die liberale
Mehrheit in der Stadtverordnetenversammlung
durchsetzte und die Kanalisation und Abwasser-
beseitigung durch Berieselung von Feldern außerhalb der Stadt anordnete. Zwar gab es Wider-
stände von Seiten der Hausbesitzer, die die hohen
Kosten scheuten, aber sie konnten nichts aus-
richten.

Die Diskussion hatte 1861 begonnen und
wurde unter dem Titel »Reform des Latrinen-
wesens« geführt. Man studierte die Erfahrungen
u. a. in Hamburg, Paris, London. Mit der Leitung
dieser Arbeiten wurde der damals 32-jährige Stadtbaurat James Hobrecht betraut, der vor allem die
Stadterweiterung zu planen hatte, sich aber auch
den Fragen der Hygiene widmen musste, da es
eine entscheidende Frage war, mit welchen Mitteln
man das Leben der sich in der Stadt zusammen-
drängenden und ständig größer werdenden Menschenmassen »organisieren« konnte.

Die Idee von Hobrecht war richtungsweisend,
da er ein in sich geschlossenes System von Was-
serversorgung, Kanalisation und biologischer
Abwasserreinigung schuf. Es wurde auf die Ab-
leitung der Abwässer in die Flüsse verzichtet, vielmehr wurden sie auf Rieselfelder außerhalb der
Stadt gepumpt und dort zur Düngung des land-
wirtschaftlich genutzten Bodens verwendet.
Gefiltert und gereinigt konnten sie dann dem
Kreislauf des Wassers wieder zugeführt wurden.

Die Inbetriebnahme des Systems erfolgte
schrittweise in den Jahren zwischen 1876 bis 1907
und befreite die Stadtbewohner von der hygie-

nischen und ästhetischen Plage der stinkenden
Rinnsteine und Jauchegruben auf den Höfen.
Erinnert sei an das Couplet »Das ist die Berliner
Luft!«, das in dieser Zeit entstand. Berlin hatte um
1900 den Ruf, die reinlichste Großstadt der Welt
zu sein. Rudolf Virchow stellte rückblickend
selbstbewusst fest, dass dank seiner Tätigkeit als
Stadtverordneter Berlin »eine der reinlichsten und
schönsten, aber auch der gesündesten Großstädte«
geworden sei.

Wahlverhalten und Politik

Zu den Merkwürdigkeiten der Politik des Kaiserreiches zählten in Preußen und damit in Berlin die
unterschiedlichen Wahlgesetze. Es wählten nur
Männer und zwar für den Reichstag nach dem
allgemeinen, gleichen und geheimen Wahlrecht in
Wahlkreisen. Die Parlamente in Preußen wurden
nach dem Dreiklassenwahlrecht gewählt, d. h. die
gesamte männliche Bevölkerung war nach dem
Steuereinkommen eingeteilt in drei Gruppen,
wobei jede dieser Gruppen die gleiche Zahl von
Stimmen hatte. Damit sollte verhindert werden,
dass die politischen Gegner, die sich vor allem aus
der Arbeiterschaft und der polnischen Minderheit
in Preußen rekrutierten, über die Wahlen zu großen Einfluss auf die Politik erhielten.

Konnte dieses Konzept auf dem flachen Lande
erfolgreich umgesetzt werden, griff es nicht in den
industriellen Ballungsgebieten und insbesondere
in Berlin. Das Gesetz sah für Berlin die Bildung
von sechs Wahlkreisen für die Reichstagswahlen
vor. In der gesamten Zeit des Kaiserreiches gelang
es nicht, einen Kandidaten einer konservativen
oder staatstragenden Partei von Berlin aus in den
Reichstag zu entsenden. 1871 wurden sechs Abgeordnete der Fortschrittspartei aus Berlin in den
Reichstag gewählt. Und bei den letzten Wahlen
zum Reichstag im Jahre 1912 gelangten fünf Vertreter der Sozialdemokratie und ein Vertreter der

Fortschrittspartei von Berlin aus in den Reichstag, 75,3 Prozent der Wahlberechtigten wählten die Sozialdemokraten. Die überragende Persönlichkeit der Berliner Sozialdemokratie war Paul Singer, der zugleich ein Ehrenamt in der Berliner jüdischen Gemeinde innehatte.

Weniger erfolgreich waren die Sozialdemokraten bei den Wahlen zum preußischen Landtag. An diesen Wahlen beteiligte sich die Partei aus Widerstand gegen das ungerechte Wahlrecht erst seit 1903 und erreichte 1908 die ersten sieben Mandate. Die Berliner sandten 1913 neun der zehn Abgeordneten der Sozialdemokratie in den preußischen Landtag. Die Partei konnte 79,77 Prozent der abgegebenen Stimmen erreichen.

Wohnqualität und Urbanität

Im Jahre 1871 lebten auf dem Territorium der Stadt, die – grob gesagt – aus den späteren sechs Innenstadtbezirken (Mitte, Tiergarten, Wedding, Prenzlauer Berg, Friedrichshain und Kreuzberg) bestand, 826 815 Personen, im Jahre 1910 waren es 1 892 216. 1870 standen den Bewohnern der Stadt 168 541 Wohnungen zur Verfügung, davon lagen 14 292 im Keller. Mit Stand vom 15. Mai 1916 waren es 602 902 Wohnungen (einschließlich der für gewerbliche Zwecke genutzten).

Fast ein Drittel – 253 493 – waren Einzimmerwohnungen, 208 157 hatten zwei Zimmer. Sie lagen vor allem im Norden, Nord- und Südosten. Für den gehobenen Bedarf entstanden im Südwesten Villen, zuerst in der Potsdamer Straße und dann im »Kielgan-Viertel« (Tiergarten) sowie in der »Wilhelmshöhe« (Tempelhof), zuletzt im Grunewald und in Zehlendorf. Die Stadt weitete sich nach Südwesten aus.

Häuser mit prunkvollen Fassaden wurden gebaut, um ein Antlitz zu schaffen, das dem Anspruch der »Kaiserstadt« gerecht werden sollte. Zunächst zeigten sich in der Fassade Schmuck-

elemente der Antike, Ausdruck der weiter wirkenden Antikenrezeption, es folgten Formen der Renaissance und zuletzt des Barocks, der sich in der Nutzung der Elemente der Schlossfassaden von Berlin und Potsdam zeigte.

Durch die Dichte der Bebauung und die Enge in den Wohnungen »kochte« insbesondere im Sommer die Stadt, vor allem in den Arbeitervierteln Kreuzberg, Wedding, Friedrichshain, Prenzlauer Berg. Man schlief auf dem Balkon oder entfloh den Wohnungen, entweder in die Kneipe oder auf die Straße, und wartete auf Abkühlung. Die Männer standen in den Torwegen und warteten darauf, dass die Frauen die Kinder ins Bett brachten und genügend Luft »zum Schlafen« in die enge Bebauung zog.

Die Enge der Wohnungen trieb die Menschen auf die Straße, in die Ausflugslokale im Grünen und in die Kneipe bzw. zu Familienfeiern in deren Hinterzimmer. Große Ballsäle lockten mit Tanzvergnügungen. Der am 11. Juni 1911 auf dem Johannisthaler Flugplatz veranstaltete »Rundflug« zog 600 000 Schaulustige an. Zu den Schattenseiten des Wachstums der Stadt und ihrer Urbanität gehörte die Prostitution. Um 1880 standen etwa 1500 Frauen unter Aufsicht der Sittenpolizei, der Gelegenheitsprostitution waren weitere 12 000 Personen verdächtigt.

Die Gemeinden und Dörfer um Berlin kamen in den Sog der Urbanität der Stadt. Die Zahl ihrer Bewohner wuchs. Neue Städte wie Schöneberg (1898), Neukölln (1899), Wilmersdorf (1906) und Lichtenberg (1907) entstanden neben den mittelalterlichen Städten Berlin, Köpenick und Spandau sowie der barocken Stadt Charlottenburg und erhielten Stadtrecht. Ein Kranz »blühender Gemeinden« bestimmte den sich ausbildenden Großraum, der 1912 im Zweckverband Groß-Berlin zusammengeschlossen wurde. Dabei entwickelte sich Charlottenburg, im Streit mit Mühlheim an der Ruhr, zur reichsten Gemeinde Deutschlands.

Exerzierfeld der Moderne

Die sanitären und medizinischen Verhältnisse entsprachen in keiner Weise den Notwendigkeiten und Bedürfnissen größerer Ballungsgebiete. Erste Aktivitäten zur Überwindung der katastrophalen Verhältnisse gingen vom Staat aus, da die Behörden die Probleme bei der Gesundheitsvorsorge erkannten. Die staatlichen Institutionen aber richteten ihr Augenmerk stärker auf die Regelung der gesetzlichen Grundlagen als auf das Detail. Zunächst blieb jede Pflege von Kranken den Kirchen, Familien und Privatpersonen vorbehalten, die durch »milde Stiftungen« das Los von unheilbar Kranken zu mildern versuchten. Nach Epidemien entstanden kurzfristig städtische Versorgungsanstalten, die aber nach Abklingen der Seuchen sofort anderen Zwecken zugeführt wurden. Als erster Krankenhausbau Berlins entstand in den Jahren 1845–1847 das heutige Künstlerhaus Bethanien, das von Diakonissen betrieben wurde.

Der Kaufmann Jean Jacques Fasquel hinterließ 1864 der Stadtgemeinde Berlin testamentarisch einen hohen Geldbetrag, der zum Bau eines allgemeinen städtischen Krankenhauses genutzt werden sollte. Mit seiner Hilfe entstand in den Jahren 1869–1874 das Krankenhaus Friedrichshain, Ausgangspunkt für zahlreiche weitere städtische Gesundheitseinrichtungen. Die Stadt engagierte sich in hohem Maße und verfügte 1913 über 78 staatliche und städtische Krankenhäuser. Im Jahre 1900 war Berlin der Ort mit der höchsten Ärztedichte im Deutschen Reich.

Nach zahlreichen Beratungen in der ersten Hälfte des 19. Jahrhunderts wurde u. a. das Verbot des Verkaufs von Lebensmitteln unter freiem Himmel, der Ausbau eines Systems von Markthallen mit modernsten hygienischen Einrichtungen, der Ausbau der Wohnungs- und Gewerbehygiene, der Bau von öffentlichen Toiletten, die Straßenreinigung, die Einrichtung öffentlicher Badeeinrichtungen, die Lebensmittelhygiene usw. beschlossen.

Ebenfalls zum »Exerzierfeld der Moderne« (Boberg/Fichten/Gillen) gehörten der Aufbau stadttechnischer Einrichtungen wie der Gas-, Wasser- und Elektrizitätsversorgung, die Berlin in kürzester Frist zu einer der modernsten Städte der Welt machten. Eingeschlossen war auch die Pflasterung der Straßen und Bürgersteige. Die Notwendigkeit hierzu hatte man bereits im 17. Jahrhundert erkannt, und so wurden auf kurfürstliche, dann königliche Kosten sehr früh die Straßen gepflastert, im Wesentlichen jedoch mangelhaft und den Forderungen des 19. Jahrhunderts nicht entsprechend. Zunächst verwandte die Stadt Berlin die Einnahmen der Hundesteuer für diese Zwecke, und die Mitgliedschaft in der »Hundesteuerdeputation«, die die Mittel für die Pflasterung der Bürgersteige verteilte, galt als ein besonderes Ehrenamt. Doch waren diese Lösungen wenig komplex. Erst rechtliche und ingenieurtechnische Schritte schufen Lösungen von bleibender Dauer.

Wirtschaftlicher Aufschwung und städtisches Verkehrsnetz

Im Ergebnis der industriellen Revolution hatte Berlin bis 1875 den strukturellen Sprung von einer vorindustriellen, zum Teil noch agrarisch geprägten Landschaft zur Industrieregion vollzogen. 38,8 Prozent der Bevölkerung arbeiteten in der Wirtschaft, davon 0,8 Prozent im Agrarsektor, 50,7 Prozent im Gewerbesektor und wenig beachtet 48,5 im Sektor Handel und Dienstleistungen. Letzteres war vor allem der Tatsache geschuldet, dass Berlin Sitz der zentralen Verwaltung des Staates Preußen sowie der Verwaltung von Großbetrieben und Banken geworden war.

Als ein Indikator für die wirtschaftliche Entwicklung der Stadt kann der Transport von Gütern von und nach Berlin gesehen werden. 1 550 604

Tonnen gelangten 1870 mit der Bahn nach Berlin, die Stadt verließen ebenfalls per Bahn 612 851 Tonnen. Zum Vergleich sei auf das Jahr 1905 verwiesen. Nach Berlin wurden Güter im Umfang von 7 979 048 Tonnen transportiert, die Stadt verließen 1 026 303 Tonnen.

Durch die Zusammenballung von Industrien, z. B. von Borsig (Reinickendorf), Siemens (Spandau), Schwartzkopf (Wildau), die vormals alle in der Mitte der Stadt lagen, wurde Berlin zur größten Industriemetropole des Reiches. In der Stadt konzentrierte sich das verarbeitende Gewerbe, insbesondere die Elektro- und Metallindustrie. Hochmoderne Produktionsverfahren bestimmten das Profil. Berlin war ein herausragender Innovationsort geworden. Bisherige Finanzplätze wie Frankfurt am Main, Köln, München und Dresden wurden marginalisiert. Die Stadt war in der Wirtschaft, der Finanzwelt sowie in der Wissenschaft das Symbol des Aufholens der »verspäteten Nation« geworden.

Der Aufbau eines öffentlichen Personennahverkehrs war bei der hohen Zusammenballung von Menschen und der Dichte der Bebauung eine der Voraussetzungen, die Effektivität der wirtschaftlichen Leistungskraft zu erhalten und zu erhöhen. Erste Bemühungen gingen auch hier vom Staat aus, konnten auf Grund der hohen Kosten aber nur zum Teil von ihm getragen werden. Der Geldstrom der französischen Reparationszahlungen half Projekte, die seit langem beraten wurden, in die Praxis umzusetzen. Am 1. Januar 1872 konnte die neue Verbindungsbahn, die heutige Ringbahn, in Betrieb genommen werden. Am 6. Februar 1882 folgte die Stadtbahn, die die Verbindung zwischen dem heutigen Ostbahnhof und dem Bahnhof Charlottenburg herstellte. Damit konnte die Gesamtstadt umfahren und durchkreuzt werden.

Nun begann der Ausbau eines städtischen Verkehrsnetzes mit Omnibus, Straßenbahn und Untergrundbahn. Die Einführung der ersten Pferdestraßenbahn in Deutschland am 22. Juni 1865, die zwischen dem Brandenburger Tor und Charlottenburg verkehrte, zeigte die ersten städtischen Aktivitäten. Die Stadt Berlin war durch Zustimmung und Preisbildung an das Unternehmen gebunden. 1902 folgte die erste von der Stadtgemeinde Berlin betriebene U-Bahn zwischen Potsdamer Platz und Stralauer Tor.

1890 wurden auf dem Netz der staatlichen, städtischen und privaten Verkehrsträger Berlins 234 Mill. Personen befördert, 1890 waren es 546 Mill. und 1900 dann 1 115 Mill. Menschen.

Die Entwicklung zur Kultur- und Kunststadt

Ein Blick auf das Berlin der siebziger Jahre des 19. Jahrhunderts offenbart, dass dieser Stadt alle Voraussetzungen fehlten, eine Kunststadt zu sein. Es gab keine gewachsene Tradition des Sammelns von Kunst, keine überragende, weit in die Vergangenheit reichende Architekturtradition, keinen Zustrom von Künstlern. Schadow, Rauch, Krüger, Gaertner, Lenné u. a. m. waren, im Vergleich zu anderen deutschen Städten, eher die Ausnahme als die Regel. Das änderte sich langsam mit dem Wirken Adolph Menzels, der als unermüdlicher malender Chronist Hauptvertreter des sich entwickelnden Realismus wurde und die Berliner Kunstlandschaft entscheidend prägte.

Es fehlten Ausstellungsräume, eine gehobene Ausbildung an der Akademie, und die Museen hielten bei allem Umfang der Sammlung noch keinen Vergleich mit anderen Städten aus. Aber man war Reichshauptstadt geworden. Berlin hatte gehorcht und sich wie das alte Preußen »emporgehungert«. Geld floss nach Berlin, Geld wurde verdient. Der neue Reichtum – auch durch die Milliarden Kriegsentschädigung – wollte zur Geltung gebracht werden. Namentlich Theodor Fontane und andere warnten, aber man wollte prunken und zeigen, was man hatte. Die eigene, sparsam preußische Tradition galt als geschmacklich überholt. Im alten Berlin gab es eigentlich nur zwei bedeutende Kunstsammler: Louis Ravené und Joachim Heinrich Wagener, der 1861 seine Sammlung dem Staat als Vermächtnis hinterließ. Sie war der Grundstock der heutigen Nationalgalerie.

Stadt und Staat wollten nun den Ruhm der Kunststadt Berlin mehren, gaben Aufträge für Historien- und Schlachtengemälde sowie zahlreiche Denkmäler. Ein lärmender Kunstbetrieb entstand, der sowohl Glücksritter wie talentierte Künstler anzog. Um die Jahrhundertwende hatte sich der Wandel vollzogen, Künstler aller Richtungen schufen ein lebendiges und reiches Kunstleben. Ein Strom von Antiquitäten floss in diese reiche Stadt; Privatsammlungen entstanden. Eine der berühmtesten war die von Eduard Simon, der auch als bedeutender Mäzen der Königlichen Sammlungen hervortrat. Wilhelm von Bode, Generaldirektor der Königlichen Museen, wurde die überragende Persönlichkeit des Kunstbetriebes. Langsam ordnete sich die Kunstwelt und 1892 folgte der erste Skandal um die Ausstellung des norwegischen Künstlers Edvard Munch. Die vom »Verein Berliner Künstler« veranstaltete Ausstellung wurde von dessen Vorsitzenden, Anton von Werner, eigenmächtig geschlossen. Die Erregung war groß. Die jungen Künstler wandten sich von dem Verein ab und gründeten 1898 die Berliner Sezession, zu der Max Liebermann, Walter Leistikow, Franz Skarbina, Ludwig von Hofmann, Lesser Ury und andere gehörten.

Die mit Erbitterung geführten Kämpfe veränderten die Kunstlandschaft in Berlin. Ein Publikum, das leidenschaftlich Partei nahm, bildete sich heraus und gab sich nicht mehr mit dem zufrieden, was geboten wurde, sondern stellte Ansprüche, verlangte Stellungnahme. Das Künstlerische war durch die Verknüpfung mit dem Politischen und Gesellschaftlichen weitestgehend

öffentliche Angelegenheit geworden und prägte den Charakter der Stadt bis zum Jahre 1933 mit.

Ähnliches galt für die Literatur. Possen- und Unterhaltungstheater auf der einen Seite sowie die Rezeption des klassischen Theaters auf der anderen Seite bestimmten das Bild. Neue Theater entstanden. Besonders entscheidend wurde das Friedrich-Wilhelmstädtische Theater, das heutige Deutsche Theater. Die große Wende, auch für Berlin, kam mit der Schauspieltruppe des Herzogs von Meiningen, der Reformbewegung des deutschen Theaterlebens. Gegen das Niveau des Königlichen Schauspielhauses mit seinen eher konservativen Aufführungen setzten sie den Geist des Zusammenspiels des Ensembles. Die neuen, leuchtenden Namen am Berliner Theaterhimmel hießen Otto Brahm und Max Reinhardt am Deutschen Theater.

Die Volksbühnenbewegung entstand, die den erfolgreichen Versuch unternahm, die durch ihre wirtschaftliche Lage bisher vom Theaterbesuch ausgeschlossenen Schichten an diesen heranzuführen. Und ebenso änderten sich die Themen der Aufführungen. Unvergessen die Uraufführung »Die Weber« von Gerhart Hauptmann und die Wirkung dieses Stückes in der Öffentlichkeit, 1911 in der Freien Volksbühne uraufgeführt. Kunst und Kultur zeigten nach 1900 eine unerhörte Lebendigkeit; Ausdruck des in kurzer Zeit erreichten neuen Glanzes dieser Stadt.

Trotz vieler ungelöster Fragen im sozialen und politischen Bereich war die Stadt Berlin in der Wirtschaft, Stadttechnik und -hygiene zu einer der modernsten Städte Europas mutiert und hatte Standards erreicht, die sie mit London, Paris, Wien und Budapest zum Vorbild weiterer Entwicklungen in anderen Teilen der Welt werden ließ.

Doch 1914, mit dem Beginn des Ersten Weltkriegs, stürzte der Himmel über Berlin ein.

Blick vom Zeughaus über
die von Schinkel entworfene
Schlossbrücke zum Berliner
Stadtschloss mit dem ebenfalls von Schinkel unter
Mitarbeit Lennés 1830–1832
gestalteten Lustgarten. *Fotochrome, um 1905.*

SCHLOSSBRÜCKE.

Legitimationskarte des Reichstages aus dem Jahr 1880 für den Abgeordneten Eduard Lasker, Mitbegründer der Nationalliberalen Partei und langjähriges Mitglied des Preußischen Abgeordnetenhauses.

Die Bevollmächtigten des Bundesrats anlässlich der Verabschiedung des Reichsgesetzes über die Invaliditäts- und Altersversicherung am 22. Juni 1889. In der Mitte rechts Reichskanzler Otto von Bismarck. *Fotografie von Julius Braatz.*

Kaiser Wilhelm II. zu Besuch im Atelier des Architekten Paul Wallot kurz vor Fertigstellung des Reichstagsgebäudes 1894. Während er das Gebäude öffentlich lobte, bezeichnete der Kaiser gegenüber Vertrauten das Bauwerk als »Reichsaffenhaus« oder den »Höhepunkt der Geschmacklosigkeit«.

Paul Singer (1844-1911), sozialdemokratischer Politiker, Mitglied des Reichstages und Vorstandsmitglied der SPD. *Fotografie, um 1895.*

Das nach den Plänen Paul Wallots (1841–1912) in den Jahren 1884-1894 errichtete Reichstagsgebäude am Königsplatz. *Fotografie von Max Missmann, um 1905.*

Arbeitsabläufe in den
AEG-Werken, *Heliogravuren,
um 1900.*

»Das Eisenwalzwerk. Moderne Cyklopen«. *Gemälde von Adolph von Menzel, 1872–1875. Berlin, Staatliche Museen zu Berlin – Preußischer Kulturbesitz, Nationalgalerie.* Anton von Werner berichtet über die Entstehung des Gemäldes, dass Menzel mehrere Wochen in der Fabrik »Königshütte« verbracht hätte, um die Arbeitsabläufe bei der Eisengewinnung von Grund auf kennen zu lernen, die er dann künstlerisch verarbeitete.

Eingangstor des Borsigwerks in Tegel. *Fotografie, um 1910.* Die Produktion der Firma von August Borsig (1804–1854) wurde 1898 nach Tegel verlegt. Neben einem Stahlwerk, einer Kesselschmiede und Lokomotivwerkstätten verfügte die Fabrik über einen eigenen Hafen, ein eigenes Kraftwerk und eine eigene Wohnsiedlung für Arbeiter. (»Borsigwalde«).

Blick von der Greifswalder Brücke auf das Bahngelände des Güterbahnhofs Weißensee. *Gemälde von Franz Skarbina, 1895. Privatbesitz.* Der Menzelschüler Franz Skarbina (1849–1910) beginnt in den 1890er Jahren seine Serie von Berliner Motiven, zu denen auch »Blick von der Greifswalder Brücke« gehört. Skarbina wurde vorgeworfen, er stelle Berlin »zu pariserisch« dar, so dass das Typische der Stadt nicht mehr zu erkennen sei.

Berliner Dienstmädchen beim Einkauf auf dem Markt am Friedrich-Karl-Platz in Charlottenburg. *Fotografie von Heinrich Zille, 1900.* 1905 arbeiten ca. 148 000 weibliche Dienstboten in Berlin, als »Mädchen für alles«, Hausmädchen, Köchin oder Amme. »Die Bescheidenheit, ja Demuth, welche Dienstmädchen und Köchinnen in den slavischen und orientalischen Ländern auszeichnet, ist in Berlin ein ganz unbekannter Artikel. Die Achtung vor der Herrschaft kennt der Berliner Küchendragoner nicht«. Adolph Kohut, »Naturgeschichte der Berlinerin«, 1885.

Margarete Frist, die erste Schulrektorin in Berlin. *Fotografie, um 1912.*

Reformkleidfest in Berlin. *Fotografie, 1903.* Als »Reformkleidung« bezeichnet werden Frauenkleider, die auf geschnürte Mieder verzichten und den Körper nicht einengen. Auch in Sachen Reformkleidung war das Modezentrum Berlin en vogue.

Ammen im Tiergarten. *Foto, 1901.* »Die Berlinerin dient nicht. Die meisten Dienstmädchen sind Ortsfremde. Sie kommen von außerhalb der Stadt.« Oscar Stillich, »Die Lage der weiblichen Dienstboten in Berlin«, 1902.

Blick aus der Großbeeren-
straße zum Kreuzberg auf das
Pfarrhaus in der Kreuzberg-
straße 22 A. *Fotografie von
F. Albert Schwarz, 1887.*

»Berlin im Baufieber der
Gründerjahre«. *Gemälde von
Friedrich Kaiser, 1875.* Die
wachsende Bedeutung Berlins
als Hauptstadt des Kaiser-
reichs verändert das Bild der
Stadt nachhaltig. Auf Repräsentation ausgerichtete
Wohnhäuser und riesige
Fabrikbauten entstehen. Das
Wilhelminische Zeitalter
drückt der Stadt ihren Stempel auf.

Durchgang von der Fischerstraße zur Straße An der
Fischerbrücke, im Hinter-
grund die Baustelle des Stadt-
hauses. *Fotografie von Rudolf
Albert Schwartz, 1910.*
Die Höfe der Häuser in der
Fischerstraße reichten bis an
die Ufer der Spree, bevor um
1683 die Straße An der
Fischerbrücke entstand. Um
1900 ist das Viertel von engen
Wohnverhältnissen und
bedrückender sozialer Lage
gezeichnet.

Manteuffelstraße 64: Küche
und Schlafraum einer lungen-
kranken Frau, die tagsüber
dort auch mit ihren Kindern
Knallbonbons anfertigt. *Fotografie von Heinrich Lichte,
Berlin 1911.*

Am Krögel 1 – Durchgang
vom Molkenmarkt zur Spree
mit Blick in den Krögelhof.
*Fotografie von Rudolf Albert
Schwartz, 1907.*
Bereits im 16. Jahrhundert
wurde der Kanal von der
Spree zum Alten Markt, dem
späteren Molkenmarkt, zuge-
schüttet und durch eine
Straße ersetzt, an dem eines
der ältesten Viertel Berlins
entstand – der Krögel. In den
dreißiger Jahren des letzten
Jahrhunderts wird das Viertel
abgerissen.

Der Bahnhof Alexanderplatz um 1900. Nach der Reichsgründung erfolgt ein umfassender Umbau des Alexanderplatzes. An die Stelle der alten Gassen treten der Bahnhof, die Zentrale Markthalle und das Polizeipräsidium.

Hochbahnunglück am Bahnhof Gleisdreick am 26. September 1908.

Pferdeomnibus der Linie 28 der »Allgemeinen Berliner-Omnibus-Gesellschaft«. Mit der Gründung der Gesellschaft 1868 erhält Berlin einen regelmäßigen Omnibusverkehr. Nach der Einführung des elektrischen Betriebes im Jahr 1881 wird die Pferdebahn allmählich von der Straßenbahn verdrängt. Die letzte Pferdebahn fährt 1902 durch die Straßen der Stadt. *Fotografie, um 1900.*

Gleise der Linie 1 der Berliner Hoch- und Untergrundbahnstrecke zwischen Wittenbergplatz und Zoologischem Garten werden im Untergrund verlegt. *Fotografie vom 8. Juni 1901.*

Unter den Linden/Ecke Friedrichstraße. *Fotochrome, um 1900.* Die belebteste Kreuzung der »Kaiserstadt« mit dem »Dreigestirn der Cafés«: das Café Bauer, das Café Viktoria und das Café Kranzler. Das Verkehrsaufkommen an der Ecke Unter den Linden/Friedrichstraße nimmt um die Jahrhundertwende Besorgnis erregende Ausmaße an. Am 13. März 1891 ermitteln Beamte des königlichen Polizeipräsidiums hier innerhalb von 16 Stunden mehr als 13 000 Wagen und 120 006 Fußgänger.

Blick von der Beuthstraße
zum Spittelmarkt. *Fotografie,
1909.*

Alexanderplatz mit Dircksen-
straße, von der Königsstraße
aus gesehen, im Hintergrund
die Kirchturmspitze von St.
Georgen. *Fotografie, 1911.*

Vor dem Café Kranzler, Unter
den Linden 25. *Fotografie,
1912.* »Du kannst mir mal
for'n Sechser, weil wir uns
jrade kenn', bei Kranzler
um de Ecke nach Kuchen-
krümmel' renn'«.

Wettflug »Rund um Berlin«. Richard Schmidt auf einem Torpedo-Eindecker am Start in Johannisthal am 31. August 1912. Von Johannisthal, dem ersten deutschen Motorflug - platz und einer der modern- sten Flugplätze Europas, starten die Wettflüge »Rund um Berlin«, deren Strecke über Lindenberg, Schulzen- dorf, Spandau, Potsdam und Teltow führt und teilweise mehrmals hintereinander geflogen werden.

Flugversuch Otto Lilienthals in Berlin-Lichterfelde am 16. August 1894. *Fotografie von O. Anschütz.* Um bessere Flugweiten zu erzielen, lässt der Flugpionier im Frühsommer 1894 in Lichterfelde den so genannten Fliegerberg aufschütten. Zwei Jahre nach dieser Aufnahme, am 18. August 1896, kommt Lilienthal bei einem Flugversuch ums Leben.

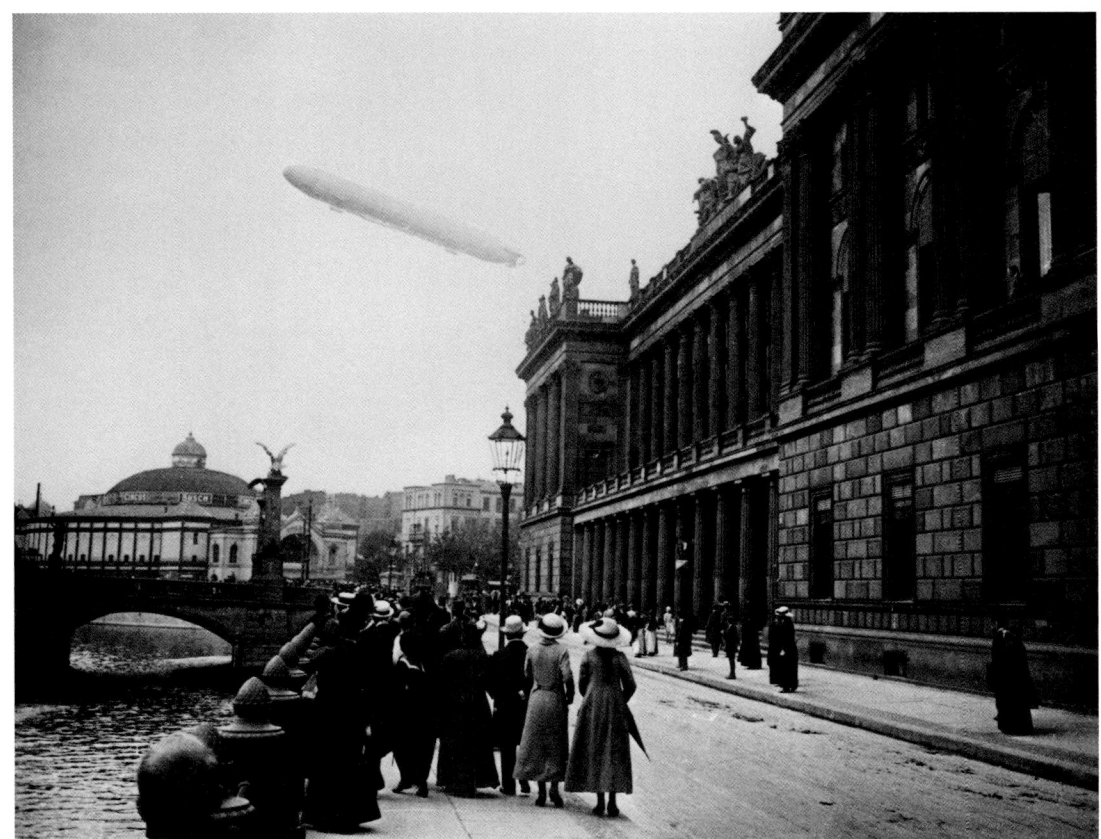

Wartehäuschen auf dem Flughafen Tempelhof. *Fotographie, 1923.*

Der Zeppelin »Hansa« LZ 13 überfliegt die Berliner Börse, links der Circus Busch neben dem Bahnhof Börse, heute Hackescher Markt. *Fotografie, 1913.*

Rudolf Virchow (1821–1902) in seinem Arbeitszimmer im Pathologischen Institut der Berliner Charité. *Fotografie,* *um 1900.* Virchow, Leiter des Pathologischen Instituts seit 1856, ist Förderer und Vorkämpfer der Hygiene und zudem ein engagierter Politiker. Nach der Revolution von 1848 hat er die Stadt für acht Jahre verlassen müssen. Virchow ist Begründer der Fortschrittspartei und setzt sich für einschneidende soziale Reformen ein.

Virchow hält am 12. Oktober 1901 eine Ansprache vor dem Auditorium der Berliner Universität anlässlich seines 80. Geburtstages.

Otto Hahn (1879–1968) und Lise Meitner (1878–1968), die erste Universitätsassistentin Preußens am Friedrich-Wilhelm-Institut in Berlin. *Fotografie, um 1910.*

»Kaffeegarten in Nikolskoje«. *Gemälde von Max Liebermann, 1916. Berlin, Staatliche Museen zu Berlin – Preußischer Kulturbesitz, Nationalgalerie.* Friedrich Wilhelm III. hatte 1819 für seine Tochter Charlotte und ihren Mann, den späteren Zaren Nikolaus I., ein Blockhaus im russischen Stil errichten lassen. Es erhielt den Namen »Nikolskoje«. Später wird es zu einem beliebten Ausflugslokal mit Blick über die Havel und die Pfaueninsel.

Rollschuhlaufen wird zum Berliner Volkssport. *Fotografie, um 1900.*

Gartenlokal »Zum alten As- kanier« in der Anhaltstraße nahe dem Anhalter Bahnhof. *Fotografie, 1911.*

Rechts: »Im Romanischen
Café«. *Gemälde von Willi
Jaeckel, 1912. Berlin, Bröhan-
Museum.* Im Romanischen
Café trifft sich die Berliner
Bohème: Maler, Dichter,
Musiker und Schriftsteller.
»Scheu und geängstigt hastet
der schlichte Bürger am Höl-
lenpfuhl vorbei. Der ehrbare
Kaufmann, der sparsame
Rentier, der mutige Offizier
(...) Bleicher Schauer rieselt
durch ihr normales Gebein,
durch ihr gesundes Blut. Tief
im Innern haben sie dämoni-
sche Gestalten sitzen sehen.«
Herwarth Walden, »*Der
Sumpf von Berlin.* ›*Spezial-
bericht*‹: *Café Größenwahn*«,
in: Der Sturm, Oktober 1911.

»Opernhausball«. *Gemälde
von Franz Skarbina, un-
datiert. Wuppertal, Von der
Heydt-Museum.*

Jury der Großen Berliner
Kunstausstellung 1890. *Deck-
farbenzeichnung von Hans
Herrmann, 1890.*

Kaiserwetter. Wilhelm II.
im Sommer 1909 mit seinem
Onkel König Eduard VII.
vor dem Brandenburger Tor.
*Fotografie von Otto Haeckel,
1909.*

Am 31. Juli 1914 wartet eine Menschenmenge vor dem Berliner Schloss auf die Entscheidung des Kaisers – um fünf Uhr erfolgt die Erklärung des »Zustands drohender Kriegsgefahr«.

Berliner Sonntagsvergnügen: Besichtigung von Schau- und Übungsschutzgräben. *Fotografie, um 1915.*

Der Krieg ist zu Ende. Nach der Ausrufung der Republik und der Abdankung des Kaisers ziehen die geschlagenen Truppen am 10. Dezember 1918 durch das Brandenburger Tor in die Stadt ein.

Versorgung der hungernden Bevölkerung durch einen städtischen Küchenwagen. Nachdem bereits 1915 die Rationierung von Lebensmitteln eingeführt wurde, verschärft sich die Notsituation im »Steckrübenwinter« 1916/17 dramatisch. *Fotografie, 1917.*

TANZ AUF DEM VULKAN

Die Jahre der Weimarer Republik *Elke-Vera Kotowski*

1918: Der Krieg ist verloren. Auf den Straßen Berlins, auf denen es vier Jahre zuvor in patriotischem Taumel hieß: »Nun ist sie da, die heilige Stunde«, war die Euphorie, mit der die Berliner seit dem 1. August 1914 die ausrückenden freiwilligen Regimenter bejubelt hatten, einer faden Ernüchterung gewichen. Der Kaiser war geflohen, die Republik ausgerufen worden. Als am 10. Dezember Friedrich Ebert, Chef der provisorischen Regierung, Unter den Linden die heimkehrenden Soldaten begrüßte, war die Nation gespalten und Berlin sollte in den nächsten Wochen und Monaten Ort gewaltiger Demonstrationen und gewalttätigster Straßenkämpfe werden. Beim Spartakusaufstand im Januar 1919, der sich rund um das Zeitungsviertel zwischen Koch-, Zimmer- und Jerusalemer Straße abspielte, kamen mehr als 150 Menschen ums Leben. Rosa Luxemburg und Karl Liebknecht, Begründer des Spartakusbundes, wurden von rechten Korps umgebracht. Während des Generalstreiks im März 1919 stieg die Zahl der Todesopfer auf über Eintausend.

Die Bürgerkriegszustände, die Berlin in der ersten Monaten der Republik erlebte, dauerten bis 1920 an, als – nach dem letzten missglückten Versuch der rechten Militärs, durch den Kapp-Putsch die Macht an sich zu reißen – in der Stadt endlich die Barrikadenkämpfe eingestellt wurden. Aufgrund der Unruhen, die in Berlin herrschten, wurde die Einberufung der Nationalversammlung nach Weimar verlegt, und somit war es die eher provinzielle Goethestadt, die der jungen Republik den Namen gab.

Berlin aber blieb Hauptstadt. Am 27. April 1920 wurde im Preußischen Landtag mit schwacher Mehrheit das »Gesetz über die Bildung einer neuen Stadtgemeinde Berlin« verabschiedet, das am 1. Oktober 1920 in Kraft trat. Aus den Städten Berlin, Charlottenburg, Köpenick, Lichtenberg, Neukölln, Schöneberg, Spandau und Wilmersdorf sowie aus 59 Landgemeinden und 27 Gutsbezirken wurde Groß-Berlin mit nunmehr annähernd vier Millionen Einwohnern. Damit rückte die Stadt an Havel und Spree nach New York und London zur drittgrößten Metropole – auf einem Areal von 880 Quadratkilometern – auf.

Gesellschaftlicher Umbruch

Groß-Berlin hätte gegensätzlicher nicht sein können. Durch die Eingemeindungen von Charlottenburg, Spandau und Wilmersdorf gehörten die Villengegenden im Grunewald und am Wannsee genauso zur Stadt wie die Mietskasernen und dunklen Hinterhöfe im Wedding oder am Prenzlauer Berg – festgehalten in den Bildern von Max Liebermann und den Milieustudien von Zille.

Die bis 1923 anhaltende Inflation führte zu einer kaum beschreibbaren Not und Verelendung weiter Bevölkerungskreise. In der Broschüre »Not in Berlin. Tatsachen und Zahlen« von 1923 heißt es: »Erschütternde Berichte des Jugendamtes und der Hauptsfürsorgestelle für Kriegsbeschädigte und Hinterbliebene beleuchten das Elend der Kinder – zahlreiche Kinder auch im zartesten Alter, nie einen Tropfen Milch – als Schulfrühstück trockenes Brot – schwere Psychosen der Mütter infolge der Entbehrungen – Kinder vielfach ohne Hemd und warme Kleidungsstücke zur Schule oder aus Mangel an Leib- und Unterwäsche ganz vom Schulbesuch zurückgehalten – in unbezogenen Betten oft 3–4 Kinder oder zusammen mit den Erwachsenen.« Die Zahl der registrierten Obdachlosen stieg von 13 000 im Jahr 1918 auf 782 000 im Jahr 1922.

Die miserablen Lebensbedingungen, unter denen ein Großteil der Berliner Bevölkerung bereits während der Kaiserzeit gelebt hatte, und die wachsende Wohnungsnot durch den starken Zuzug von Arbeitern und Angestellten setzte die Stadtverwaltung unter massiven Druck. Der 1921 zum Oberbürgermeister gewählte vormalige Stadtkämmerer Wilhelm Böß (DDP) und der Stadtbaurat Martin Wagner entwickelten Stadtplanungskonzepte, die dem Elend und der Not der Bevölkerung Rechnung tragen sollten. Es entstanden Großsiedlungen wie die von Bruno Taut entworfene »Hufeisensiedlung« in Britz oder »Siemensstadt« in Reinickendorf, an der die Architekten Otto Bartning, Walter Gropius, Hugo Häring und Hans Scharoun beteiligt waren. Experimentiert wurde auch – unter massivem Protest der ansässigen Villenbesitzer – mit avantgardistischen Wohnkonzepten im Grünen, die den Ansprüchen kollektiven Lebens und Wohnens gerecht werden sollten, wie beispielsweise die Waldsiedlung »Onkel-Toms-Hütte« in Zehlendorf. In den zwanziger Jahren entstanden zudem große Parkanlagen wie der Volkspark Rehberge, der unter Leitung der Gartenarchitekten Erwin Barth und Rudolf Germer auf einem Dünengelände angelegt wurde. Dort, an der nördlichen Grenze Charlottenburgs und des südlichen Wedding, wurden neben Gartenanlagen und Liegewiesen das Freibad Plötzensee, diverse Sportstätten, eine Freilichtbühne und Dauerkleingärten geschaffen.

Das pulsierende Leben der Metropole, Großstadtflair und die wachsende Automatisierung aller Lebensbereiche bestimmte zunehmend die Motivgebung der bildenden Künste und auch in der industriellen und handwerklichen Arbeitswelt regierte das Neue. Maschinelle und automatisierte Produktionsverfahren transformierten Handwerk in Akkordarbeit. Auch die Berufsstruktur veränderte sich radikal. Im Jahr 1925 waren in Berlin rund eine Million der Erwerbstätigen Arbeiter, aber auch bereits 500 000 in einem Angestelltenverhältnis tätig. Tippmamsells, Telefonistinnen und Verkäuferinnen, Buchhalter, Vertreter und Handlungsgehilfen bildeten in den zwanziger Jahren die neue Mittelschicht der Hauptstadt.

Siegfried Kracauer trat 1929 eine »kleine Expedition (nach Berlin an), die vielleicht abenteuerlicher als eine Filmreise nach Afrika ist. Denn indem sie die Angestellten aufsucht, führt sie zugleich ins Innere der modernen Großstadt.« Hier sei der wirtschaftliche Prozess, so Kracauer weiter, »der die Angestelltenmassen aus sich herausgesetzt hat, am weitesten gediehen; hier wird besonders auffällig die Gestalt des öffentlichen Lebens von den Bedürfnissen der Angestellten und denen bestimmt, die ihrerseits diese Bedürfnisse bestimmen möchten. Berlin ist heute die Stadt der ausgesprochenen Angestelltenkultur.« Kontors wandelten sich in Großraumbüros, der Einzelhandelsbetrieb im Kiez verlor seine Kundschaft an die großen Warenhäuser mit breitem Sortiment. Die damals entstehenden Kaufhäuser, wie die von Hermann Tietz (Hertie) oder Wertheim in der Leipziger Straße, waren wahrhaftige Konsumtempel, ganz zu schweigen vom »KaDeWe«, das 1912 von Adolf Jandorf eröffnet und 15 Jahre später von Tietz übernommen wurde. Eine ganz besondere Liaison aus architektonischer Avantgarde und konsumorientierter Raumplanung war das Kaufhaus Karstadt am Hermannplatz, das im Sommer 1929 eröffnet wurde: ein monumentaler Bau aus grauem Muschelkalk mit zwei 15 Meter hohen Turmaufbauten und einem Dachgarten, der die Kundschaft zur Rast einlud.

Stadt in Bewegung

Flexibilität und Geschwindigkeit wurden die Tugenden der Stunde. In den Jahren zwischen 1918 und 1929 weitete sich das öffentliche Berliner Nahverkehrsnetz von Stadt- und Untergrundbahn auf nahezu die doppelte Kapazität aus. Der damalige Verkehrsstadtrat Ernst Reuter erreichte den Zusammenschluss zwischen den privaten Verkehrsbetrieben von Straßenbahn-, Omnibus- und Schnellbahn-Gesellschaften zur städtischen Berliner Verkehrs-Gesellschaft BVG. Im Flugverkehr kam es zu einem Zusammenschluss der beiden konkurrierenden Luftfahrtunternehmen Aero-Lloyd und Junkers Luftverkehrs AG zur Deutschen Lufthansa mit Sitz in Tempelhof; auf dem Tempelhofer Feld begann 1924 auf dem ehemaligen Exerzierplatz der Ausbau des »Luftbahnhofs«. Stiegen 1924 knapp 1000 Maschinen in die Lüfte, so starteten und landeten 1928 bereits 20 800 Flugzeuge im stetig erweiterten Flughafen Tempelhof. Ende der zwanziger Jahre verfügte Berlin weltweit über einen der modernsten und größten Flughäfen und war ein europäischer Verkehrsknotenpunkt geworden. Im Schienenfernverkehr war Berlin bereits um die Jahrhundertwende Drehscheibe des Eisenbahnnetzes und Schnittpunkt im europäischen Ost-West- und Nord-Süd-Verkehr. Der Sommerfahrplan 1926 wies täglich allein 194 Fernzüge auf, die von den Kopfbahnhöfen Anhalter, Görlitzer, Lehrter, Potsdamer oder Stettiner Bahnhof abgingen. Die Stationen Schlesischer Bahnhof, Alexanderplatz, Friedrichstraße, Zoologischer Garten und Charlottenburg waren durch die Stadtbahn miteinander verbunden.

Wo stand die erste Verkehrsampel Europas? In Berlin, am Potsdamer Platz. Aufgestellt wurde der damals so genannte »Verkehrsturm« im Jahre 1924. Derartige Rot-Grün-Ampelanlagen waren nötig geworden, weil sich der Verkehr in Berlin, insbesondere an neuralgischen Punkten wie dem Potsdamer Platz, vervielfacht hatte. Die Polizisten, die bis dahin den Verkehr geregelt hatten, wurden nunmehr an großen Kreuzungen durch die mechanischen Anlagen abgelöst. Denn neben den Automobilen, deren Zahl allein in Berlin innerhalb von nur sieben Jahren von 17 000 (1922) auf 82 000 (1929) anstieg, waren noch immer Pferdefuhrwerke, aber auch Straßenbahnen, Doppeldeckerbusse sowie Zwei- und Dreiräder unterwegs. Von der Terrasse des »Café Josty« am Potsdamer Platz aus beobachteten die Gäste bei Kaffee und Kuchen das oftmals chaotische Schauspiel, das sich zwischen edlen Karossen (Adler, Horch, Maybach oder Mercedes), Kleintransportern (wie dem knallgrünen »Laubfrosch« oder dem Hanomag, der im Volksmund »Kommisbrot« hieß), Straßenbahnen, Doppeldeckerbussen, Droschken und Radfahrern abspielte. Fußgänger begaben sich auf zunehmend gefährlicher werdendes Terrain. 1925 wurden in Berlin 11 056 Verkehrsunfälle registriert, bei denen 162 Menschen ums Leben kamen. Ein Jahr später verdoppelte sich die Zahl der Unfälle auf 21 927 mit 144 Toten und 9 023 Verletzten.

Trotz Beulen, Blechschäden und dem sprunghaften Anstieg an Verletzten und Verkehrstoten – das Automobil und alles, was damit zusammenhing, war der »Renner« im Berlin der zwanziger Jahre. Autos lösten zunehmend den Pferdedroschkenverkehr ab, was dazu führte, dass eine ganze Berufssparte vom Aussterben bedroht war – die des Pferdedroschkenkutschers. Ein Vertreter dieser Zunft erlangte weit über Berlins Grenzen hinaus Ruhm. Der »Eiserne Justav« alias Gustav Hartmann fuhr 1928 mit seiner Droschke von Berlin nach Paris, um auf die Bedrohung seines Standes hinzuweisen. Da die Presse seine Reise täglich mit sensationell aufgemachten Berichten kommentierte, erlangte er die Aufmerksamkeit einer breiten Öffentlichkeit. Genutzt hat es den Droschkenkutschern allerdings wenig. Ob bei den Brauereien, bei der Meierei Bolle oder im privaten Personennahverkehr, die Pferdefuhrwerke wurden nach und nach durch PS-stärkere Transporter und Taxis abgelöst. Das Automobil galt auch dort als Symbol des Fortschritts.

Der Reiz der Geschwindigkeit erfasste immer mehr Berliner, als Fahrer und als Zuschauer. 1921 eröffnete die Automobil-Verkehrs- und Übergangsstraße, kurz AVUS genannt; bei den im Grunewald stattfindenden Rennen herrschte stets Volksfeststimmung.

Republikanisches Experimentierfeld

Berlin verfügte über eine einzigartige Presselandschaft, deren Verlagshäuser und Redaktionen sich zwischen Koch-, Zimmer- und Jerusalemer Straße konzentrierten. Zu Beginn der dreißiger Jahre hatte die Stadt 45 Morgenzeitungen, 14 Abendzeitungen und zwei Mittagszeitungen, darüber hinaus gab es eine Vielzahl von Zeitschriften wie die »Aktion«, die »Literarische Welt«, den »Sturm«, die »Weltbühne«. Im Wesentlichen teilten sich drei Verlagskonzerne das Monopol der Meinungsbildung: Mosse, Scherl und Ullstein. Die auflagenstärkste deutsche Zeitung war die im Ullstein-Verag erscheinende »Berliner Morgenpost« (1926: 600 000 Exemplare), gefolgt vom »Berliner Tageblatt« mit 300 000 Exemplaren, das unter dem Chefredakteur Theodor Wolff im Mosse-Verlag herausgegeben wurde. Das intellektuell anspruchsvollste Blatt stellte zweifellos die arrivierte »Vossische Zeitung« dar, die von Georg Bernhard geleitet wurde (55 000 Exemplare). Im August-Scherl-Verlag, der seit 1916 Alfred Hugenberg und anderen Ruhr-Industriellen gehörte, erschien der »Berliner Lokal-Anzeiger«. Neben den vielen Tages- und Boulevardzeitungen gab es zudem eine Reihe von Illustrierten. Die »Berliner Illustrirte Zeitung« war eines der größten Bilderblätter weltweit, in seinen Hochzeiten wurden 1,6 Millionen Exemplare pro Ausgabe verkauft.

Zeitunglesen hatte Konjunktur, besonders das Feuilleton nahm einen hohen Stellenwert ein.

Journalisten wie Alfred Kerr, Egon Erwin Kisch, Siegfried Kracauer, Joseph Roth, um nur einige wenige zu nennen, waren Virtuosen ihres Handwerks. Roth schrieb 1926: »Das Feuilleton ist für die Zeitung ebenso wichtig wie die Politik und für den Leser noch wichtiger. Die moderne Zeitung wird gerade von allen anderem, nur nicht von der Politik geformt werden. Die moderne Zeitung braucht den Reporter nötiger als den Leitartikler. (...) Mich liest man mit Interesse. Nicht die Berichte über das Parlament, nicht die Telegramme. (...) Ich mache keine witzigen Glossen. (...) Ich zeichne das Gesicht der Zeit.« Roth skizzierte in einzigartiger Weise Alltagsbeobachtungen und entwickelte daraus soziologische Studien. Die Palette seiner Themen spiegelte den kulturellen Kanon der Zeit, er schieb über Tanzlokale, Boxkämpfe und Kunstausstellungen, aber auch über Obdachlose, Ostjuden im Scheunenviertel und Kaschemmen der Halb- und Unterwelt. Journalismus war nicht länger eine Domäne der Männer, auch Frauen eroberten die Redaktionen, so u. a. Gabriele Tergit, die für das »Berliner Tageblatt« arbeitete, Erika Mann, die für verschiedene Blätter schrieb, oder Ruth Landshoff, Nichte des Verlegers Samuel Fischer.

Einen ganz besonderen Stellenwert bei den Lesern hatten Theaterkritiken. Es kam nicht selten vor, dass Ungeduldige an den Bahnhöfen auf die druckfrischen Nachtausgaben warteten, in denen bereits die Kritiken der Premiere des vergangenen Abends abgedruckt waren. Kurt Tucholsky, Maximilian Harden oder Alfred Kerr gehörten zu denen, die durch ihre Besprechungen neue Inszenierungen entweder in den Theaterhimmel hoben oder Regisseur und Hauptdarsteller vor den Augen der Leserschaft verrissen.

Die Berliner Theaterlandschaft der zwanziger Jahre war einzigartig. Die Hauptstadt besaß 55 Bühnen, die eine Vielzahl von unvergessenen Stars hervorbrachten. 1919 übernahm Leopold Jessner das von Schinkel erbaute ehemalige Königliche Schauspielhaus am Gendarmenmarkt. Er trat an, das von der SPD lang geforderte Konzept einer »Kunst für das Volk« zu verwirklichen. Allerdings verfolgten kaum Arbeiter die Aufführungen, denn die Eintrittspreise waren für viele unerschwinglich. Stattdessen fand sich ein vornehmlich bildungsbürgerliches Publikum ein, das 1919 Schillers »Wilhelm Tell« (gespielt von Albert Bassermann) und seinen Gegenspieler Geßler (alias Fritz Kortner) bejubelte.

Max Reinhardt arbeitete gar an drei Bühnen, am »Großen Schauspielhaus«, am »Deutschen Theater« und an den »Kammerspielen«. Während Jessner wegen seiner spartanischen Bühnenbilder eher umstritten war, legte Reinhardt Wert auf aufwendige Gestaltungen, die die Zuschauer in ein Traum- und Märchenreich entführen sollte. Bis 1931 hatte Reinhardt noch weitere Häuser übernommen, die »Komödie am Kurfürstendamm«, das »Berliner Theater« und das »Theater am Kurfürstendamm«; er inszenierte nicht nur an Berliner Bühnen, sondern auch in Wien, Paris, London, New York.

Den Gedanken, »Kunst für das Volk« zu schaffen, hatte Erwin Piscator, einst Schauspieler bei Max Reinhardt, am konsequentesten verfolgt. Zunächst zog er durch Kiez-Kneipen, mietete 1923 das »Central-Theater« und übernahm 1927 das Theater am Nollendorfplatz. Die erste Inszenierung dort war »Hoppla, wir leben« von Ernst Toller. Piscator verlangte ein radikal politisches Theater, sein Ziel war, das Publikum das Denken zu lehren. Toller lässt seinen Helden in »Hoppla, wir leben«, nach acht Jahren im Irrenhaus mit der Welt konfrontiert, am Ende des Stückes mit den Worten von der Bühne treten: »Es gibt nur eines – sich aufhängen oder die Welt verändern«. Politisches Theater, wie es auch von Bertolt Brecht verfochten wurde.

»Halt ein, dein Tänzer ist der Tod ...«

Derweil die Theater Bildungsbürger oder Arbeiter zu erbauen oder agitieren versuchten, schwoften Buchhalter und Verkäuferinnen im »Haus Vaterland« am Potsdamer Platz oder knutschten der Seifenvertreter und das Tippfräulein in einer der zahlreichen Mokkabars in der Friedrichstraße, in denen das Gedeck für 25 Pfennig die einzige Verzehrpflicht war und dafür ein kleines, mit dünnen Vorhängen abgetrenntes Séparée einen Hauch von Abgeschiedenheit und Ungezwungenheit suggerierte.

Berliner Honoratioren bevorzugten das Souper im Kempinski, und manchmal entschwand der eine oder andere in einer Wohnung in der Motzstraße, in der etwas geboten wurde, was es sonst noch nirgends gab: nacktes Fleisch, manchmal sogar zum Anfassen. Geschäftssinn ist gefragt, dachte sich 1919 der arbeitslose Oberstleutnant von Seeveloh und eröffnete einen Privatclub »nur für Herren«. Das Objekt der Begierde, das kapitalträchtig vermarktet wurde, war Cäcilie Schmidt, die wenig später als Celly de Rheydt Furore machen sollte. Schlepper wurden engagiert, wie Carl Zuckmeyer, der aus eigener Erfahrung berichtete: »Am besten waren Herren aus der Provinz, Kaufleute oder Agrarier, manchmal auch Reichstagsabgeordnete.« Das Vergnügen war für die Herren nicht ganz billig, der Eintritt kostete 20 Mark und 10 Mark der Wein. Für 30 Mark hätte man im vornehmen Kempinski sieben Flaschen von einem besseren Tropfen bekommen, aber dort gab es eben keine durchsichtigen Schleier.

Wenig später trat Cäcilie öffentlich auf. Seeveloh hatte den Berliner Revuekönig Rudolf Nelson überzeugen können, dass der Nackttanz des »Celly de Rheydt-Baletts« dem Sommerloch in seinem Theater Ecke Fasanenstraße/Kurfürstendamm entgegenwirken könnte. Nelson ging das Wagnis ein und die erste Nackttanztruppe der Republik wurde der Bühnenerfolg des Jahres 1921.

Viele Revuen nahmen den Nackttanz ins Programm, die Tillergirls wurden gar aus London importiert. »Die rasante Abwertung des Geldes führt zu einer ebenso rasanten Entwertung moralischer Werte«, heißt es in Hans Ostwalds »Sittengeschichte der Inflation«.

Unmoralisch schien nicht allein die Nacktheit, sondern auch die »obszönen« Bewegungen der neuen Tanzformen. Tänzerinnen wie Anita Berber, Valeska Gert oder Mary Wigman waren mit ihren einzigartigen Inszenierungen Pionierinnen des modernen Ausdruckstanzes. »Nicht ›Gefühle‹ tanzen wir! Sie sind schon viel zu fest umrissen, zu deutlich. Den Wandel und Wechsel seelischer Zustände tanzen wir, wie er sich in jedem einzelnen auf seine besondere Art vollzieht und in der Sprache des Tanzes zum Spiegel des Menschen, zum unmittelbaren Symbol allen lebendigen Seins wird.« (Mary Wigman)

Das lebendige Sein zeigte sich auch in den zahllosen Clubs und Nachtlokalen, in denen alle Genüsse dieser Welt gekostet werden konnten. Ob der süße Rausch der sexuellen Verführung, des Alkohols oder Kokains, in Berlin gab es von allem reichlich. Allein um die 150 Café- und Vergnügungshäuser beherbergten allabendlich die Schwulen- und Lesbenszene der Stadt. Das »Eldorado« in der Motzstraße oder die »Silhouette« (Geisberg-/Ecke Culmbachstraße) waren zwei der Berliner Homosexuellenlokale, in die auch viele Heteros einkehrten, denn es war schick, dort gesehen zu werden. Wer incognito bleiben wollte, ging in die »Weiße Maus«, ein Kabarett, in dem man, um unerkannt zu bleiben, eine weiße oder schwarze Maske tragen konnte.

Unerkannt bleiben wollte man hier keinesfalls: Das »Romanische Café« gegenüber der Gedächtniskirche war weder einladend noch gemütlich, »der Kaffee war schlecht, der Kuchen war alt, die Eier im Glase teuer«, so ein Zeitgenosse, aber hier traf sich alles, was in der kulturellen Szene einen Namen hatte oder haben wollte. »Romanisch«

hieß das Café, weil Kaiser Wilhelm die Kirche, die seinem Andenken galt, und zwei benachbarte Häuser im romanischen Stil hatte erbauen lassen. In dem recht geräumigen, auf zwei Säle verteilten gastronomischen Betrieb trafen sich alle – die Dadaisten wie die Expressionisten und Sezessionisten hatten ihre festen Tische; Regisseure, Schauspieler und Bühnenbildner trafen auf Drehbuchautoren und Literaten, Maler auf Kunsthändler. In einem der Säle, dem so genannten »Schwimmerbassin«, hielten vornehmlich die bereits Arrivierten Hof, während das »Nichtschwimmerbassin« der Laufkundschaft vorbehalten war. »Da saßen Schulreformer neben Schwarmgeistern, abseitige Liebespaare neben Neutönern, Genies neben Pumpgenies, Revolutionäre neben Taschendieben, Morphinisten neben Gesundheitsaposteln, Mäzene, die ihr Geld hingaben, neben jungen Mädchen, die sich hingaben.« Hans Sahl nannte das »Romanische Café« das »Obdachlosenasyl für die Unbehausten im Geiste«, denn für viele war es Arbeitsplatz, Wärme- und Lesestube. Hier gab es alle europäischen Zeitungen, die von den Gästen aufmerksam studiert wurden. Die Kellner drückten mal ein Auge zu, so dass ein Verweilen ohne Bestellung möglich war.

»Alle Wege führen nach Berlin zurück und ins Romanische«, heißt es bei Kurt Tucholsky. Dieses Café mit seinen Künstlern, Intellektuellen und Pazifisten stellte jenen Mikrokosmos der Weimarer Kultur dar, der von den Rechten nicht erst seit 1933 diffamiert und verfemt wurde.

»Stützen der Gesellschaft«

Viele der Stammgäste des »Romanischen Cafés« mussten nach 1933 aus Deutschland emigrieren, so auch der Berliner Künstler George Grosz. Als Dadaist im Bunde mit John Heartfield und Walter Mehring ist er ebenso unvergessen wie als malender Chronist vor allem der zwanziger Jahre. Neben den Werken von Otto Dix und Max Beckmann illustrieren seine Großstadtbilder eindrucksvoll die Jahre zwischen den Weltkriegen in Berlin; sie fangen das Chaos der apokalyptischen Metropole ein und spiegeln Dekadenz und Militarismus der Bourgeoisie wie auch das Elend der Straße. Hannah Arendt sah in »Grosz' Bildgeschichten nicht Satiren, sondern realistische Reportagen«. Seine Studien über »Deutsche Männer« (1921), »Haifische« oder »Die Besitzkröten« (beide 1920/21) porträtieren das Spießbürgertum und die ehrenwerte Gesellschaft von Industrie und Politik. Kurt Tucholsky fand in Grosz' Fratzen seine Sprache ins Bild gesetzt: »Ich weiß keinen, der das moderne Gesicht des Machthabenden so bis ins letzte Rotweinäderchen erfaßt hat.« Aber auch der Durchschnittsbürger als »Reinkarnation des deutschen Wesens« wird bei Grosz minutiös herauskristallisiert. »Wir kannten diese Typen; sie waren überall um uns«, bemerkte Hannah Arendt. Unwillkürlich tritt das 1926 entstandene Gemälde »Stützen der Gesellschaft« vor Augen: Stammtisch-Atmosphäre. Ein alter Herr im Vordergrund, mit Schmiss und Hakenkreuz geziert, der Schädel aufgesägt, die Gedanken freigelegt: ein Korpsbruder der schlagenden Verbindung, als ehemaliger Kavallerieoffizier ein unverbesserlicher »Ostlandreiter«; dahinter ein Journalist, dem damaligen Pressezar Alfred Hugenberg auffallend ähnlich. Der Bleistift ist gespitzt, der Nachttopf sitzt auf dem Kopf. Daneben der Parlamentarier mit deutschnationalem Fähnchen, der sich auf den Reichstag stützt und auf das Stillschweigen der Gewerkschaften hofft. Im Hintergrund ein versoffener Militärseelsorger mit schwarzem Stahlhelm, dem Symbol der Reichswehr, der hinter seinem Rücken Mord und Totschlag duldet und dessen Schwert blutgetränkt ist. Schließlich ein Richter, der die Augen vor der brennenden Stadt verschließt und sich vom Unrecht der Gesellschaft abwendet. Grosz' Allegorie auf den Zeitgeist der Weimarer Jahre hat bis heute nichts von seiner Faszinationskraft verloren.

»Kampf um Berlin«

Obwohl eine von Joseph Goebbels, seit 1926 »Gauleiter« an der Spree, prognostizierte schnelle »Eroberung des roten Berlin« misslang, zeichneten sich zu Beginn der dreißiger Jahre – wenn auch nicht in den klassischen Arbeitervierteln – enorme Stimmengewinne der NSDAP ab. Während bei den Reichstagswahlen am 6. November 1932 im Wedding weniger als 20 Prozent der Stimmen an die Nationalsozialisten gingen, gewannen sie in Steglitz, einem eher kleinbürgerlich geprägten Stadtteil, mehr als 40 Prozent. Noch deutlicher die Stimmung in den Hochschulen. Bereits bei den Studentenschaftswahlen im Wintersemester 1930/31 errang der Nationalsozialistische Deutsche Studentenbund 61,7 Prozent. Es kam zu jener Zeit bereits zu organisierten Überfällen auf kommunistische Studenten, jüdische Kommilitonen wurden verprügelt. Ziel der NSDAP war, durch Provokationen und Gewalttätigkeiten öffentlich auf sich aufmerksam zu machen, der paramilitärische Charakter ihrer Aktionsformen war dabei unverkennbar. Gabriele Tergit verwies im Dezember 1931 im »Berliner Tageblatt« auf den martialischen Sprachduktus der Nazis: »(...) das Angriffslokal, die ›Stellung‹, die ›gestürmt‹ wird oder ›verteidigt‹ werden muß, ist eine beliebige Kneipe. Vor (... ihren eigenen) Lokalen ›ziehen sie auf Wache‹. (...) Das Feld ist nicht der Schützengraben in Frankreich, sondern die Hedemannstraße (...)«. Dort, in Kreuzberg befand sich das »Gaubüro« der NSDAP.

Einen Vorgeschmack der heraufziehenden Tyrannis symbolisiert zweifellos der gezielte Überfall auf jüdische Passanten am 12. September 1931 am Kurfürstendamm. Datum und Ort waren gezielt gewählt, da es sich um Rosch ha-Schana, das jüdische Neujahrsfest, handelte und am Abend viele jüdische Berliner unterwegs waren, die zuvor in den beiden nahe gelegenen Synagogen in der Fasanenstraße und am Lehniner Platz einen der drei höchsten jüdischen Feiertage begingen. Plötzlich tauchten an die 2000 nationalsozialistische Sympathisanten auf, die mit dem Ruf »Juda verrecke! – Deutschland erwache!« auf Passanten einschlugen, die »wie Juden aussahen«. Als die Rädelsführer vor Gericht standen – und seitens der Richter nur milde gerügt wurden –, lautete der Kommentar eines gewissen Herrn Dr. Freisler: »Es ist bedauerlich, dass der eine oder andere Semit am Kurfürstendamm eine Ohrfeige bekommen hat. Aber was ist das schon gegen die Gewalttaten, die ständig an SA-Männern verübt werden?«

Roland Freisler, Anwalt eines der Beklagten, wurde wenige Jahre später einer der berüchtigsten Repräsentanten des Volksgerichtshofes. Seine Haltung zeugt von einer Stimmung, die sich schleichend, aber immer radikaler in der Weimarer Republik durchsetzte. Das gewalttätige Auftreten der Nazis wurde hoffähig. Es zwang die Demokratie in Deutschland in die Knie.

MG-Stellung der Volksmarine-
division im Berliner Schloss.
Fotografie von 1919. Im März
1919 kommt es nach der Ausrufung eines Generalstreiks
der Berliner Arbeiter und Sol-
datenräte erneut zum Auf-
stand. Die Räte werden unter-
stützt vom Spartakusbund
und von der Volksmarinedivi-
sion. Nach der Niederschla-
gung des Aufstands werden
24 Matrosen in der Französischen Straße 32 erschossen.

Papierschlacht. Vor der Wahl zur Nationalversammlung am 19. Januar 1919 sind die Straßen Berlins mit Flugschriften und Wahlplakaten übersät.

»Freie Bahn dem Tüchtigen« – Wahlkampffahrzeug der SPD für die Wahl zur Nationalversammlung am 19. Januar 1919. »Der Wahltag ist in Berlin ganz ruhig verlaufen, alles ist brav und ordentlich zugegangen, keine spartakistische Handgranate ist in ein Wahllokal hineingeplatzt.« *Berliner Tageblatt, 20. Januar 1919.*

Nach dem Spartakusaufstand und den Märzunruhen 1919 ist die Straße zur politischen Bühne geworden. Kundgebung von Kriegsbeschädigten auf dem Alexanderplatz am 27. April 1919.

Foxtrottschritte im Wannseesand. *Fotografie, 1925.* Die Fahrt ins Strandbad Wannsee ist zum preiswerten »Ostsee-Ersatz« geworden: für 60 Pfennig Fahrgeld und je 20 Pfennig für Eintritt und Kabinenbenutzung. 1926 zählt die Badeanstalt eine Millionen Besucher.

Schlittschuhläufer auf dem Grunewaldsee. *Fotografie von Friedrich Seidenstücker, um 1930.*

Eröffnungsrennen der Avus: Ein Horchwagen ist mit 120 Stundenkilometern in die Nordkurve eingefahren und umgestürzt. *Fotografie, 1921.*

Beim Steherrennen auf der Avus setzt Erich Metze zum Überholen des Franzosen Laquehai an. *Fotografie von Carl Weinrother, um 1925.* Im Juli 1913 wird der Bau einer »Automobil-, Verkehrs- und Uebungs-Straße« in Berlin beschlossen, der Kriegs- ausbruch 1914 bringt die Arbeiten jedoch zum Erliegen. Erst 1921 wird die Strecke als eine der »schnellsten Straßen der Welt« eröffnet. Auf ihr lassen sich Geschwindigkeiten bis zu 130 Stundenkilometern erreichen.

Im Berliner Admiralspalast posieren 1926 Revuegirls als Quadriga.

In Berlin schlagen die Begeisterungswellen hoch, als die »Schwarze Venus« Josephine Baker (1906–1975) mit ihrer Revue Negro dort gastiert. Als Kleidung bevorzugte sie Bananenblätter und sonst eigentlich nichts. *Fotostudie von Wolf Freiherr v. Gudenberg, 1922.*

Plakat für das Palais der Friedrichstadt nach einem Entwurf von Theo Matejko, 1920.

In einer Berliner Jazzkneipe. *Fotografie von Otto Umbehr (Umbo), 1930.* Vor allem in Berlin erfreut sich der Jazz nach dem Krieg größter Beliebtheit. »Echten«, von Amerikanern gespielten Jazz kann man allerdings auch hier erst von 1924 an live hören: »Wer fürchtet, sich lächerlich zu machen, kann nicht dazu tanzen. Der deutsche Oberschullehrer kann dazu nicht tanzen. Der preußische Reserveoffizier kann dazu nicht tanzen.« Hans Siemsen in der Weltbühne, 1921.

Kiosk am Potsdamer Platz.
Fotografie von Friedrich
Seidenstücker, 1932.

Mit Gewehren bewaffnete
Schutzpolizei im Einsatz
gegen Straßenunruhen in
Berlin-Neukölln. *Fotografie,*
Mai 1929.

Pfützenspringerin vor dem
Bahnhof Zoo. *Fotografie*
von Friedrich Seidenstücker,
um 1929.

Leipziger/Jerusalemer Straße, Blick nach Westen. *Fotografie von Hans G. Casparius, 1929.* Die Leipziger Straße, seit dem 19. Jahrhundert eine der wichtigsten Magistralen Berlins, ist seit 1896/97 geprägt durch den Bau des Warenhauses Wertheim, das mehrfach erweitert wird und sich mit einem kathedralenhaften Eingangsbau über 240 Meter entlang der Straße erstreckt. Der zeitgenössische Baedecker stellt das Bauwerk von Alfred Messel auf eine Stufe mit Wallots Reichstag und empfiehlt die Besichtigung. »Wie riesig dieser Raum ist, dafür nur einige ganz wenige Zahlen. Seine Bodenfläche mißt rund 700 Quadratmeter, seine Höhe 24 Meter! Man könnte bequem ein ganzes Berliner Mietshaus mit allem Zubehör in ihm aufstellen ...« *Paul Göhre, Das Warenhaus, 1907.*

Nach den Entwürfen des Architekten Heinrich Straumer wird das Funkeck am Funkturm, dem 1926 eröffneten Wahrzeichen Berlins, ausgeführt. *Fotografie vom 28. März 1928.*

Das Mosse-Haus, Sitz des Mosse-Verlags, in dem das »Berliner Tageblatt« erschien, Ecke Jerusalemer/Schützenstraße. *Fotografie, 1923.*

Verwaltungs- und Druckhaus des Scherl-Verlages, erbaut nach Plänen des Architekten Otto Kohtz, Ecke Koch-/Jerusalemerstraße. *Fotografie, um 1927.*

»Berliner Straßenszene«. *Gemälde von Nikolaus Braun, 1921. Berlin, Berlinische Galerie.* Nikolaus Braun (1900–1950) gehörte mit Otto Möller, dem Bildhauer Rudolf Belling und Arthur Segal der avantgardistischen, 1918 in Berlin gegründeten »Novembergruppe« an. Neben Ausstellungen organisierte die Gruppe Vorträge, Konzerte und Lesungen und beteiligte sich an der Großen Berliner Kunstausstellung.

Nollendorfplatz bei Nacht.
Gemälde von Lesser Ury,
1925. *Berlin, Staatliche
Museen zu Berlin –
Preußischer Kulturbesitz,
Nationalgalerie.* Lesser Ury
(1861–1931) zählt zu den
frühesten Vertretern
des Expressionismus in
Deutschland.

George Grosz (1893–1959)
in seinem Atelier am Hohen-
zollerndamm vor seinem
Gemälde »Stützen der Gesellschaft«. *Fotografie, 1926.*

Max Liebermann (1847–1935)
mit seinem Hund im Tier-
garten. *Fotografie, 1929.*

Käthe Kollwitz (1867–1945),
Grafikerin, Malerin und
Bildhauerin. *Fotografie des
Atelier Binz, um 1930.* Käthe
Kollwitz lebte 1891 bis 1943
in Berlin, sie wohnte mehr
als 50 Jahre mit ihrem Mann,
dem Armenarzt Karl Koll-
witz, in der früheren Weißen-
burger, heute Kollwitzstraße
im Prenzlauer Berg.

»Prager Straße«. *Gemälde
von Otto Dix, 1920. Stuttgart,
Galerie der Stadt.*

»Die Piscatorbühne«.
Karikatur von Karl Arnold für den Simplicissimus, Januar 1928.

Szenenfoto aus Frank Wedekinds »Frühlings Erwachen« mit Peter Lorre als Moritz und Lotte Lenya als Ilse in einer Inszenierung von Karl Heinz Martin 1929 im Volksbühne Theater am Bülowplatz.

Sitzung der Sektion für Dichtkunst der Preußischen Akademie der Künste. Von links nach rechts: Thomas Mann, Ricarda Huch, Bernhard Kellermann, Hermann Stehr, Alfred Mombert, Eduard Stucken, Walter von Molo. *Fotografie von Erich Salomon, 1929.*

Der Bildhauer Kurt Harald Isenstein modelliert den Kopf von Alfred Döblin. *Fotografie, Dezember 1930.* Mit dem 1929 erschienenen Roman »Berlin Alexanderplatz«, dem »ersten und einzig bedeutenden Großstadtroman der deutschen Literatur«, wird der in Friedrichshain geborene Nervenarzt Alfred Döblin (1878–1957) über Nacht berühmt. Bis 1933 werden 50 000 Exemplare verkauft, die Verfilmung mit Heinrich George als Franz Biberkopf gilt als Klassiker der Filmgeschichte.

10. Mai 1932: Carl von Ossietzky, Herausgeber der »Weltbühne«, tritt seine Haftstrafe in Tegel an. Von links nach rechts: Ossietzky, Lion Feuchtwanger, Alexander Roda Roda, Ernst Toller, dahinter Ludwig Renn. Verurteilt wurde Ossietzky wegen »Landesverrats« und »Verrat von militärischen Geheimnissen« in einem Artikel der »Weltbühne« zu jeweils 18 Monaten Gefängnis.

»Berlin – Sinfonie der Großstadt.« Montagefilm von Walter Ruttmann, 1927. Musik:
Hans Reichel und Rüdiger
Carl. *Fotocollage*. Als Walter
Ruttmann seinen Stummfilm
»Berlin – Sinfonie der Großstadt« am 23. September 1927
im Tauentzien-Palast zum
erstenmal der Öffentlichkeit
vorstellt, sorgt er für eine Sen-
sation. »Vom zartesten Pianis-
simo soll konsequent bis zum
Fortissimo gesteigert werden,«
beschreibt Ruttmann seinen
zwischen dokumentarischer
Authentizität und grafisch-
abstrakten Szenen angelegten,
knapp 70-minütigen Film von
Großstadt-Impressionen, und
so soll auch die Musik sein.
Thema des Films ist das kom-
plexe Gebilde der Großstadt,
die Stadt als Maschine, deren
Rhythmus die Menschen
bestimmt. Am Schneidetisch
wurde er nach musikalischen
Prinzipien mit der Satzfolge
Allegro, Andante, Menuett,
Allegro zusammengesetzt.

Eröffnung des Ufa-Filmtheaters Universum am Lehniner Platz am 15. September 1928. »Wirkliches Leben ist echt, einfach und wahr. Deshalb keine Pose, keine Rührmätzchen. Im Film nicht, nicht auf der Leinwand, nicht im Bau. Zeigt, was drinsteht, was dran ist, was draufgeht. – Bühnenhaus? – keine Spur! ... Bildleinwand – die Außenwelt. Filmbild – das bunte Leben, Tränen, Zirkus und Meermondschein. Wir Zuschauer – tausend, zweitausend Objektive, die aufsaugen und reflektieren ...« Erich Mendelsohn, Architekt des Filmtheaters, anlässlich der Einweihung.

Elisabeth Bergner (1897–1986), Bühnen- und Filmschau-spielerin, einer der gefeierten Stars Berlins, 1928/29.

Aufnahme von den Dreharbeiten zu dem Ufa-Film »Metropolis« unter der Regie von Fritz Lang in den Filmstudios Neubabelsberg. *Fotografie, 1926.*

Empfang in der Reichskanzlei in der Wilhelmstraße 77 anlässlich des Staatsbesuchs des französischen Ministerpräsidenten Pierre Laval im September 1931. Von rechts nach links Reichskanzler Heinrich Brüning, der französische Außenminister Aristide Briand, Philippe Berthelot, der französische Unterstaatssekretär im Außenministerium sowie der französische Kabinettschef Léger. *Fotografie von Erich Salomon, September 1931.*

Reichskanzler Heinrich Brüning (rechts) im Gespräch mit Hans Luther, dem Präsidenten der Deutschen Reichsbank. *Fotografie von Erich Salomon, September 1931.* Erich Salomon (1886 in Berlin geboren),

berühmt für seine Portraits und Momentaufnahmen von Politkern der Weimarer Republik, gilt als einer der Begründer des Fotojournalismus. Salomon wird 1944 in Auschwitz ermordet.

Die Reichstagsabgeordnete der KPD Clara Zetkin im Gespräch mit einer Besucherin in der Lobby des Reichstags, dem sie 1920-1933 angehörte. *Fotografie von Erich Salomon, 1930.*

Zuschauer während einer
Reichstagsdebatte auf der
Publikumstribüne. *Fotografie
von Erich Salomon, 1930.*

Sommer 1929: Außenminister
Gustav Stresemann verkün-
det im Sitzungssaal des
Reichstags die Annahme des
Young-Plans, mit dem die
deutschen Reparationszah-
lungen an die Sieger des
Ersten Weltkrieges neu geregelt werden.

Demonstration der KPD
am 1. Mai 1929 im traditionell
»roten« Arbeiterbezirk
Wedding.

Wahlhelfer mit Plakaten zur
Reichstagswahl in Berlin am
31. Juli 1932, aus der die Nationalsozialisten erfolgreich her-
vorgehen – 13,5 Millionen

Deutsche wählen die Partei
Hitlers, auch in Berlin erzielt
die NSDAP ihr bisher bestes
Ergebnis mit 28,6 Prozent der
Stimmen.

30. August 1932. Der Anfang
vom Ende der Weimarer
Republik: Neu gewählte
Abgeordnete der NSDAP
betreten den Reichstag.

NS-Anhänger demonstrieren
1932 vor dem Reichstag, ein
Jugendlicher wird festgenom-
men.

MYTHOS »GERMANIA«

Berlin im Nationalsozialismus *Michael Philipp*

Niemals zuvor erlebte die Stadt innerhalb einer
so kurzen Zeit derart gravierende Veränderungen
wie in den zwölf Jahren der nationalsozialistischen
Herrschaft, in denen Berlin die Hauptstadt des
»Dritten Reiches« war – eine rasante, fatale Entwicklung, an deren Ende die völlige »innere und
äußere Zerstörung der Stadt« (Reinhard Rürup)
stand. Die äußere Zerstörung, das war die Vernich-
tung weiter Stadtteile und des historischen Zentrums durch alliierte Bomben und die Aufteilung
des »Trümmerhaufens bei Potsdam«, wie Bertolt
Brecht 1945 Berlin bezeichnete, in vier Besat-
zungszonen; die innere Zerstörung war die Vertreibung weiter Teile des künstlerischen und intellektuellen Lebens und vor allem die Vertreibung
und Ermordung der Juden. Im Berlin der Jahre
1933–1945 wurde der Zweite Weltkrieg geplant,
geleitet und beendet, die Auslöschung des europäischen Judentums erdacht und koordiniert,
von Berlin gingen aber auch die entscheidenden
Widerstandsbemühungen aus.

Terror und »Gleichschaltung«

Bereits wenige Stunden nach Hitlers Machtantritt
zeigte sich ein charakteristisches Element der
nationalsozialistischen Herrschaft, das bis weit in
den Krieg hinein bestimmend blieb: die perfekte
propagandistische Inszenierung. Über den nächtli-
chen Siegesmarsch von Einheiten der SA und
SS am 30. Januar 1933 berichtete der französische
Botschafter André Francois-Poncet spürbar beein-
druckt: »In dichten Kolonnen, zwischen denen
Musikkapellen marschieren, die militärische Weisen spielen und mit dem dumpfen Wirbel ihrer
großen Trommeln dem Marsch den Rhythmus
geben, tauchen sie aus den Tiefen des Tiergartens
auf, ziehen sie unter der Siegesgöttin des Brandenburger Tores hindurch. Die Fackeln, die sie tragen,
bilden einen einzigen Feuerstrom, einen Strom,
dessen Wellen ununterbrochen aufeinander folgen, einen schwellenden Strom, der mit herrischer
Macht in das Herz der Hauptstadt vorstößt.«

Unmittelbar darauf gingen die Nationalsozialisten mit unglaublicher Brutalität gegen ihnen missliebige Gruppen und Personen vor. Die nach dem
Reichstagsbrand vom 28. März 1933 erlassene
»Notverordnung« gab den rechtlichen Deckmantel
für die schon vorher begonnenen willkürlichen
Verhaftungen. Zahlreiche Kommunisten, Sozialdemokraten und Juden wurden in »wilden« Konzentrationslagern oder in dem am 21. März 1933
in Oranienburg eingerichteten KZ inhaftiert und
zu Tode gefoltert. Allein in der »Köpenicker Blut-
woche« vom 21. bis 27. Juni 1933 wurden von
Angehörigen der SA-Standarte 15 in ihren »Sturm-
lokalen« und im Gefängnis des Amtsgerichts
Köpenick 91 Menschen ermordet.

Elsbeth Weichmann, deren Mann Herbert
Ministerialrat im SPD-geführten Preußischen
Staatsministerium war, berichtet in ihren Auf-
zeichnungen von »den täglichen Greuelmeldun-
gen und den vielen, von Verfolgungsangst getrie-
benen, verstörten Menschen, die wir trafen oder
die zu uns kamen. (...) Als Herbert berichtete,
daß er von einem entfernten Bekannten Unter
den Linden mit den freundlichen Worten ange-

sprochen wurde: ›Was, Sie sind noch nicht verhaftet?‹, war der Punkt erreicht, an dem bei uns der Mut zur Entscheidung siegte. Wir stahlen uns zu Fuß über das Riesengebirge in die Tschechoslowakei.«

Wie die Weichmanns flüchteten Tausende aus dem »Dritten Reich«, nicht nur linke Politiker, sondern auch Künstler und Intellektuelle, oftmals jüdischer Abstammung. Bereits im Jahre 1933 emigrierten die Schriftsteller Alfred Döblin, Lion Feuchtwanger, Heinrich Mann, Arnold Zweig und Alfred Kerr, die Theaterkünstler Max Reinhardt, Fritz Kortner und Elisabeth Bergner, die bildenden Künstler Georg Grosz und John Heartfield, die Wissenschaftler Walter Benjamin und Wilhelm Reich. Sie alle hatten in Berlin gelebt und gewirkt, hatten das geistige und kulturelle Leben der Stadt geprägt, hatten Berlin zu einer Metropole von internationalem Rang gemacht – davon konnte bereits im Frühjahr 1933 keine Rede mehr sein.

Mit dem Ausschluss der Juden aus dem Kulturleben, mit der »Säuberung« – so der nationalsozialistische Sprachgebrauch – der Preußischen Akademie der Künste, deren Ehrenpräsident Max Liebermann im Mai 1933 sein Amt niederlegte, und mit der von Propagandaminister Joseph Goebbels inszenierten Bücherverbrennung auf dem Opernplatz am 10. Mai setzten die Nationalsozialisten den totalitären Anspruch ihrer Ideologie rücksichtslos durch. Das galt auf kulturellem wie auf politischem Gebiet: Mit dem »Ermächtigungsgesetz« vom 23. März hatte sich der Reichstag, der jetzt gegenüber in der Krolloper tagte, selbst ausgeschaltet. Die KPD war bereits verboten, das Karl-Liebknecht-Haus am Bülow-Platz seit dem 8. März von SA besetzt und nach Horst Wessel benannt. Die Gewerkschaften wurden am 2. Mai aufgelöst, nachdem bei einer Massenkundgebung am 1. Mai auf dem Tempelhofer Feld Hitler den »Klassenkampf« für beendet erklärt hatte.

Zeitgleich mit ihrem Terror entfalteten die Nationalsozialisten eine ungeheure Propaganda, die viele »Volksgenossen« überwältigte und vereinnahmte. Hakenkreuzfahnen bestimmten das alltägliche Stadtbild, und geschickt wusste Goebbels verschiedene Anlässe zu nutzen, um den Eindruck von Macht und Größe zu erwecken. Ob der Preußische Ministerpräsident Hermann Göring am 10. April 1935 im Berliner Dom heiratete, ob die 700-Jahr-Feier der Stadt im August 1937 begangen wurde oder Mussolini bei seinem Staatsbesuch im September 1937 durch die Straßen gefahren wurde, Berlin war die Kulisse für Aufmärsche und Paraden, Fahnen und Fackeln. Höhepunkt der propagandistischen Selbstdarstellung des »Dritten Reiches« waren die Olympischen Spiele, die vom 1. bis 16. August 1936 in Berlin stattfanden. André Francois-Poncet empfand die Inszenierung als ein »großartiges Schauspiel«, das über die drohende Kriegsgefahr hinwegtäuschen konnte: »Man hat das Bild eines versöhnten Europa vor sich, das seine Streitigkeiten im Wettlauf, Hochsprung, Wurf und Stabwerfen austrägt. Zudem setzen herrliche Veranstaltungen die Ehrengäste, Diplomaten und die aus aller Welt herbeigeeilten berühmten Persönlichkeiten in Erstaunen und Bewunderung. (...) man fragt sich, wie diese Männer, die offensichtlich Vergnügen an diesen mondänen und raffinierten Festlichkeiten finden, gleichzeitig Anstifter der Judenverfolgungen und Folterungen in den Konzentrationslagern sein können.«

Berlin in der Zeit des Nationalsozialismus – das waren zumindest bis Kriegsbeginn nicht nur oder nicht vor allem Ausgrenzung und Zerstörung, Hitlerjugend und Winterhilfswerk, das waren auch die Berliner Philharmoniker unter dem Opportunisten Wilhelm Furtwängler, das Staatliche Schauspielhaus am Gendarmenmarkt unter dem nicht weniger karrierebewussten Gustav Gründgens und die Aufführungen vieler Filme mit Emil Jannings oder Ilse Werner in den über 200 Kinos der Stadt. Von den in den zwanziger Jahren berühmten Kabaretts hatte sich das »KadeKo« am

Lehniner Platz mit Paul Morgan und Max Adalbert erhalten, und im Staatlichen Schauspielhaus feierte man im November 1935 den 75. Geburtstag Gerhart Hauptmanns mit einer Aufführung seines Dramas »Michael Kramer«, an der Werner Krauss und Bernhard Minetti mitwirkten.

Zu dieser seltsamen Normalität, in der Verfolgung und Bedrohung ausgeblendet werden konnten, gehörte auch die Präsentation technischer Neuerungen, etwa die erste Fernsehsendung der Welt am 23. März 1935, die Ankündigung des »Volkswagens« auf der Internationalen Automobilausstellung in den Hallen am Kaiserdamm im Februar 1936 oder der erste Flug eines Hubschraubers, vorgeführt auf dem Tempelhofer Feld im November 1937. Das widersprüchliche Gesicht des Nationalsozialismus mit seiner Mischung aus Regression und Moderne zeigte sich gerade auch in der Hauptstadt des Reiches.

»Welthauptstadt Germania«

Als die Stadt Berlin am 21. April 1933 den Charlottenburger Reichskanzlerplatz, heute Theodor Heuss gewidmet, zum Adolf-Hitler-Platz machte, brach sie mit der Tradition, keine Straßen nach lebenden Personen zu benennen. Aber weder diese Auszeichnung noch die Verleihung der Ehrenbürgerwürde im November 1933 konnte Hitlers Sympathien für Berlin vermehren. Er, der Österreicher, hatte München zur »Stadt der Bewegung« ernannt, hielt in Nürnberg die »Reichsparteitage« ab und wollte seinen Alterssitz in Linz an der Donau nehmen.

Berlin war nicht die Stadt Hitlers, Berlin war die Stadt von Joseph Goebbels. Seit November 1926 war er »Gauleiter« der NSDAP von Berlin-Brandenburg, seit 1927 hatte er mit seinem Wochenblatt »Der Angriff« in der Stadt ununterbrochen Wahlkampf betrieben. Der »Marat des roten Berlins« genannt, amtierte Goebbels nach

dem Machtantritt der Nationalsozialisten nicht nur als Reichsminister für Volksaufklärung und Propaganda, sondern war als Gauleiter auch dafür zuständig, »für den Einklang der Gemeindeverwaltung mit der Partei zu sorgen«. Schon mit dieser in der neuen Stadtverfassung vom 1. Januar 1937 festgelegten Bestimmung hatte Goebbels weitestgehend die Macht in der Stadt, im Februar 1940 übernahm er offiziell auch das Amt des Stadtpräsidenten mit Weisungsbefugnis gegenüber dem Oberbürgermeister. Seine Machtfülle steigerte sich noch einmal, als er am 5. August 1944 auch »Reichsbevollmächtigter für den totalen Kriegseinsatz« und »Verteidigungskommissar« wurde. Nicht zuletzt in dieser Funktion hatte Goebbels die Stadt bis zum Ende total im Griff.

Berlin, wie es war, galt Hitler als eine Notwendigkeit, aber so, wie es war, sollte es nicht bleiben. Schon in »Mein Kampf« hatte er geklagt: »Wie wahrhaft jammervoll aber ist das Verhältnis zwischen Staats- und Privatbau heute geworden. Würde das Schicksal Roms Berlin treffen, so könnten die Nachkommen als gewaltigste Werke unserer Zeit dereinst die Warenhäuser einiger Juden und die Hotels einiger Gesellschaften als charakteristischen Ausdruck der Kultur unserer Tage bewundern. Man vergleiche doch das böse Mißverhältnis, das in einer Stadt wie selbst Berlin zwischen den Bauten des Reiches und denen der Finanz und des Handels herrscht.«

Als Reichskanzler und »Führer« hatte Hitler den Willen und die Macht »zur planvollen Gestaltung der Reichshauptstadt Berlin«. Zur Umsetzung seiner größenwahnsinnigen Vorstellungen ernannte er am 30. Januar 1937 Albert Speer zum Generalbauinspektor mit der Aufgabe, »in das Chaos der Berliner Bauentwicklung jene große Linie zu bringen, die dem Geist der nationalsozialistischen Bewegung und dem Wesen der deutschen Reichshauptstadt gerecht wird.« Diese »große Linie« – das sollte vor allem eine fünf Kilometer lange und ganze 120 Meter breite

Straße sein, vom Tempelhofer Feld im Süden bis zu einem projektierten Nordbahnhof, mit einer »Großen Halle« auf dem Spreebogen, unter deren 220 Meter hohen Kuppel 180 000 Menschen Platz finden sollten. Bis 1950 hätten die Bauarbeiten gedauert, dann, so Hitlers Vorstellungen, wäre Berlin die Welthauptstadt »Germania«.

Zur Verwirklichung dieser abstrusen Pläne kam es nicht; nur einzelne Großvorhaben wurden realisiert: 1936 das Olympiastadion und der Flughafen Tempelhof, mit seiner 1200 Meter langen Fassade der größte zusammenhängende Gebäudekomplex Europas. Unterdrückungswillen und Großmachtfantasien des »Dritten Reichs« sind noch an weiteren Orten im Stadtbild wahrnehmbar, etwa am ebenfalls 1936 eingeweihten Reichsluftfahrtministerium an der Wilhelm-/Leipzigerstraße, dem heutigen Bundesfinanzministerium mit 2000 Räumen. Über diesen monströsen Block hieß es 1938 in der Zeitschrift »Das Bauen im Neuen Reich«, er stelle »ganz klar das nationalsozialistische Wollen und Können der baulichen Verwahrlosung eines versunkenen Zeitalters entgegen. In einer solchen Umgebung werden die Bauten des neuen Reiches zu Fanalen.«

Widerstand

Am 14. November 1933 erklärte Oberbürgermeister Heinrich Sahm, seit 1931 im Amt und gerade erst in die NSDAP eingetreten, bei der Übergabe des Ehrenbürgerbriefs an Hitler, »daß die Reichshauptstadt in bedingungsloser Gefolgschaftstreue und eiserner Geschlossenheit sich hinter den Führer stellt.« Von einer geschlossenen Zustimmung zu Hitler konnte indes nicht die Rede sein – weder 1933 noch danach. Bei der letzten Reichstagswahl hatte die NSDAP 43,9 Prozent der Stimmen erhalten, mit dem Koalitionspartner DNVP kam sie auf 51,9 Prozent reichsweit, in Berlin waren es nur 34,6 bzw. 45,6 Prozent.

Von Anfang an hatte es gegen die Nationalsozialisten in Berlin Widerstand gegeben – das lag vor allem daran, dass in der Hauptstadt die logistischen Zentren des Reiches und beinahe aller Organisationen lagen. So kam denn auch der vereinzelte Widerstand aus allen politischen Lagern, von den Kommunisten bis zu den Konservativen, und aus allen Interessengruppen, von den Gewerkschaften bis zu den Kirchen. In Berlin gegründet wurden der Pfarrernotbund und die Bekennende Kirche, deren führende Vertreter der Dahlemer Pastor Martin Niemöller und der Theologe Dietrich Bonhoeffer waren. Hier konspirierten Wilhelm Canaris und Hans Oster im Amt Abwehr des Reichskriegsministeriums, hier operierte in den Jahren 1942–1944 die kommunistische Saefkow-Jacob-Gruppe, hier verübte die Gruppe um Herbert Baum am 18. Mai 1942 den Brandanschlag auf die Ausstellung »Das Sowjet-Paradies« im Lustgarten, und von hier, vom Sitz des Oberkommando der Wehrmacht in der heutigen Stauffenbergstraße, sollte nach dem Attentat auf Hitler vom 20. Juli 1944 der Umsturz realisiert werden.

So war Berlin »Hauptstadt des Widerstands« (Peter Steinbach), aber die Stadt war auch das Zentrum des Terrors. In Berlin lag mit dem Reichssicherheitshauptamt in der Prinz-Albrecht-Straße die Zentrale von Gestapo und Sicherheitsdienst der SS, nicht weit davon entfernt, in der Bellevuestraße am Potsdamer Platz, der Volksgerichtshof. Über 5200 Todesurteile fällte dieses Unterdrückungs- und Willkürinstrument, seit 1942 unter dem Vorsitz des »Blutrichters« Roland Freisler. Zahlreiche dieser Urteile wurden in der Strafanstalt Plötzensee, an der Nordgrenze Charlottenburgs zum Wedding, durch Fallbeil oder den Strick vollstreckt. In Plötzensee starben Julius Leber, Helmut James Graf von Moltke und Carl Friedrich Goerdeler. Andere politische Häftlinge in Berlin wurden ohne Todesurteil ermordet, etwa Albrecht Haushofer am 23. April 1945, als die Rote Armee bereits in Berlin kämpfte. In der Haftanstalt Lehrter Straße in Moabit hatte Haushofer die postum veröffentlichten Moabiter Sonette verfasst.

Judenverfolgung

Mit dem Wannsee verbinden die meisten sommerliche Badefreuden, aber seit dem 20. Januar 1942 steht dieser Name auch für den Mord an den europäischen Juden. An diesem Tag wurde auf der »Wannsee-Konferenz« die »Endlösung der Judenfrage« beschlossen: Deportation der Juden und Einrichtung von Lagern zur massenhaften Tötung. Damit realisierten die Nationalsozialisten die letzte Konsequenz ihrer antisemitischen Politik, die bereits unmittelbar nach ihrem Machtantritt eingesetzt hatte. Dem Ausschluss der Juden aus dem Kulturleben folgte die schrittweise Entrechtung und Enteignung. Eine der ersten Aktionen war der Boykott am 1. April 1933, bei dem vor Warenhäusern und Geschäften SA-Posten mit den Schildern »Deutsche, kauft nicht bei Juden!« standen.

Vorläufiger drastischer Höhepunkt der antijüdischen Maßnahmen war ein organisierter Pogrom in der Nacht vom 9. November, die so genannte »Reichskristallnacht«, bei der überall in Deutschland Synagogen geplündert und in Brand gesteckt, Tausende von Juden misshandelt und verhaftet wurden. Fast alle Synagogen Berlins wurden zerstört oder beschädigt, 12 000 Juden in Konzentrationslager verschleppt, vor allem in das im Juli 1936 eingerichtete KZ Sachsenhausen, nur 25 Kilometer vom Stadtzentrum entfernt. Am Morgen nach diesen Gewaltexzessen lief der damals 13-jährige W. Michael Blumenthal den Kurfürstendamm entlang zur Synagoge Fasanenstraße. In seinem Buch »Die unsichtbare Mauer« berichtet er: »Jedes jüdische Geschäft war demoliert worden, die Bürgersteige waren mit Glasscherben übersät, Geschäfte waren geplündert und einige in Brand gesteckt worden. Aus der Richtung der Synagoge sah man Rauchwolken aufsteigen.

Den Anblick, der mich dort erwartete, habe ich nie vergessen. Der schönste Tempel von Berlin war nur noch eine rauchende Ruine, Schutt lag auf der Straße, und die Feuerwehr sorgte bloß dafür, daß das Feuer nicht auf die benachbarten Gebäude übergriff. Eine große Menschenmenge stand hinter den Polizeiabsperrungen und schaute stumm zu. Der Anblick war sogar für ein Kind meines Alters unheimlich; ich hatte zum ersten Mal richtig Angst, machte kehrt und rannte nach Hause.«

Nach dem Novemberpogrom wurde die gesellschaftliche Ausgrenzung der Juden verstärkt. So erfolgte am 6. Dezember 1938 das Verbot des Besuchs von Theatern, Kinos, Kabaretts, Museen und Sportplätzen und der Erlass eines »Judenbanns« für das Regierungsviertel: Juden wurde verboten, Teile der Wilhelm-, Leipziger und der Voßstraße sowie Unter den Linden zu betreten.

Nach vielen weiteren Schikanierungen begannen im Oktober 1941 Deportationen in Ghettos in Lodz, Riga und anderen Städten, am 11. Juli 1942 ging der erste Transport nach Auschwitz aus Berlin ab. Die Juden hatten sich in der Synagoge Levetzowstraße in Tiergarten oder im ehemaligen jüdischen Altersheim in der Großen Hamburger Straße in Mitte einzufinden, von wo sie zu den Deportationsbahnhöfen Putlitzstraße oder Grunewald gebracht wurden. Die zunächst Verbleibenden waren zur Zwangsarbeit verpflichtet, im Februar 1943 jedoch wurden auch sie verhaftet. »Wir schaffen die Juden nun endgültig aus Berlin heraus«, notierte Goebbels am 2. März in sein Tagebuch. Eine Gruppe aber musste er ausnehmen: die in »Mischehen« lebenden Männer. Deren nichtjüdische Ehefrauen hatten gegen die Verhaftung ihrer Angehörigen in der Rosenstraße öffentlich protestiert – die einzige Demonstration gegen die Deportationen spielte sich in der Reichshauptstadt ab. So waren die meisten der etwa 8000 Juden, die sich bei Kriegsende in Berlin aufhielten, durch ihre Ehe geschützt, einige hatten im Untergrund, zum Teil versteckt in Kleingartenkolonien

oder dem jüdischen Friedhof Weißensee überleben können. Mehr als 160 000 Juden hatten 1933
in Berlin gelebt, davon konnten 90 000 emigrieren,
55 000 wurden deportiert und ermordet, etwa
7000 starben durch Selbstmord.

Bomben auf Berlin

Er wolle Meier heißen, wenn auch nur ein einziger
feindlicher Flieger Deutschland erreiche, hatte
Reichsluftmarschall Göring prahlerisch verkündet.
Die Namensänderung blieb aus, nicht aber die
alliierten Bomber. Nachdem die deutsche Luftwaffe London bombardiert hatte, setzte die britische Luftwaffe zu Vergeltungsschlägen an. Ein
erster Angriff auf Berlin in der Nacht vom 25. auf
den 26. August 1940 richtete nur wenig Schaden
in Pankow und Lichtenberg an, aber schon die
drei Nächte später erfolgte Attacke forderte erste
Opfer: Brand- und Sprengbomben, vor allem um
den Görlitzer Bahnhof in Kreuzberg niedergegan-
gen, töteten 12 Menschen.

In den folgenden Jahren kamen mitunter auch
1800 Kilogramm schwere Bomben zum Einsatz.
Ein solcher »Wohnblockknacker« brachte am
7./8. September 1941 am Pariser Platz ein Haus
zum Einsturz und tötete 100 Menschen. Im Winter 1943/44 ging die Royal Air Force zu Flächen-
bombardements über, an den bei der »Battle of
Berlin« geflogenen Großangriffen waren jeweils
800 und mehr Bomber beteiligt.

Bruno E. Werner schildert in seinem 1949
erschienenen Roman »Die Galeere« die Szenerie
um den Wittenbergplatz nach einem solchen
Angriff: »Das große Kaufhaus rauchte aus allen
Fenstern. Er machte einen Bogen und sah am Zoologischen Garten, daß das Eden-Hotel brannte.
Ganz Berlin schien auf den Beinen zu sein. Die
Menschen schoben in voller Breite des Fahr-
damms dahin, zwei graue gegeneinander wogende
Ströme. Georg versuchte, auf dem Trottoir zu
gehen, aber es war mit Möbeln und Koffern

verstopft, auf denen die Hausbewohner umher-
kletterten. Die zuweilen von oben herabstürzen-
den glimmenden Holzteile machten es nötig, sich
wieder in die Menschenmenge zu schieben. Er
stolperte über Wäsche und Lampenständer mit
Lichtschnüren, die in den Schmutz getreten
waren. Einmal merkte er, wie einzelne seitwärts
drängten, während andere über einen grauen Körper hinwegstiegen, der mitten auf der Fahrbahn
lag. Es war ein totes Krokodil, das anscheinend aus
dem zoologischen Garten ausgebrochen oder
durch den Luftdruck auf die Straße geschleudert
worden war. (...) Die Leute stiegen darüber hinweg,
ohne sich umzusehen. Sie waren alle in Eile.«

Am 15. Januar 1944 traf es die Wohnung von
Erich Kästner in der Charlottenburger Roscher-
straße: »Dreitausend Bücher, acht Anzüge, einige
Manuskripte, sämtliche Möbel, zwei Schreib-
maschinen, Erinnerungen in jeder Größe und
mancher Haarfarbe, die Koffer, die Hüte, die
Leitzordner, die knochenharte Dauerwurst in der
Speisekammer, die Zahnbürste, die Chrysanthe-
men in der Vase.« Kästner notierte: »Den Schlüssel
hab ich noch. Wohnung ohne Schlüssel ist ärger-
lich. Schlüssel ohne Wohnung ist geradezu albern.
Ich wollte die Dinger wegwerfen. In eine passende
Ruine. Und ich bring's nicht fertig! Mir wär's,
als würfe ich frisches Brot auf den Müll. Welch -
unsinnige Hemmung Schlüsseln gegenüber, die
wohnungslos geworden sind!«

Im August 1943 rief Goebbels zur Evakuierung
Berlins auf. Innerhalb von fünf Monaten verließen
mehr als eine Million Frauen, Kinder und Alte die
Stadt. Insgesamt kamen beim Luftkrieg in Berlin
etwa 50 000 Menschen ums Leben, nicht ein-
gerechnet eine unbekannte Zahl von Vermissten.
Fast alle Bezirke wurden zum Ziel von Bomben;
Moabit im November 1941, Dahlem und Tempel-
hof im Januar, Wilmersdorf und das Zentrum im
Februar 1943. Das Charlottenburger Schloss,
Rathaus und Gedächtniskirche sowie das gesamte
Hansaviertel wurden im November und Dezember

1943 zerstört, im Oktober 1944 die Spandauer Alt-stadt, das Zeitungsviertel und das Schloss, noch im April 1945 wurden die Gebäude auf der Museums-insel getroffen. 28,5 Quadratkilometer Stadtfläche wurden in Trümmer gelegt, 612 000 Wohnungen zerstört. Im Bezirk Mitte betrug die Verlustquote 70, in Friedenau, Schöneberg und Tiergarten 58 Prozent. Weniger Schäden erlitten kriegswich-tige Industrieanlagen in Berlin; davon waren bei Kriegsende noch rund 65 Prozent in Betrieb.

Der »totale Krieg«

Die Bomben trugen erst spät dazu bei, die Bevölke-rung zu demoralisieren, selbst die Niederlage der 6. Armee in Stalingrad Ende Januar 1943 tat dem Durchhaltewillen keinen Abbruch. Obwohl damit bereits die Kriegswende eingetreten war, fand Goebbels am 18. Februar 1943 bei einer seiner berüchtigsten Hetzreden im Sportpalast auf die Frage nach dem Willen zum »Totalen Krieg« begeisterte Zustimmung: »Ich frage euch: Seid ihr entschlossen, dem Führer in der Erkämpfung des Sieges durch dick und dünn und unter Aufnahme auch der schwersten persönlichen Belastungen zu folgen? (...) Ich frage euch: Wollt ihr den totalen Krieg? Wollt ihr ihn, wenn nötig, totaler und radi-kaler, als wir ihn uns heute überhaupt vorstellen können?«

Das Vorstellungsvermögen der Berliner wurde allerdings durch den schon sehr bald stärker werdenden Bombenkrieg und seine kaum vorstell-baren Ausmaße strapaziert; bis die Truppen der Alliierten die Stadt erreichten, sollten indes noch zwei Jahre vergehen, in denen trotz des chroni-schen Ausnahmezustandes mit Verdunklung, Bombardierung und Zerstörung eine Alltäglich-keit herrschte. Erst am 10. August 1944 wurde in einem Erlass über den »Stil des öffentlichen Lebens« erklärt, er sei »nunmehr grundsätzlich den Erfordernissen des totalen Krieges anzu-

passen«. Zum 1. September schlossen alle Theater, Varietés, Kabaretts und Schauspielschulen, nur in Ausnahmefällen wurden noch Veranstaltungen durchgeführt. So erklangen bei einem Konzert im bereits beschädigten Schauspielhaus noch Arien aus der »Zauberflöte«. Das war am 21. April 1945, als schon einzelne Granaten sowjetischer Artillerie das Stadtzentrum erreichten.

Seit Ende Januar war der Angriff erwartet wor-den. Den rund 1,6 Millionen sowjetischen Kämp-fern standen etwa 90 000 Verteidiger gegenüber: 45 000 Soldaten und SS-Männer, 5 000 Angehö-rige der Hitlerjugend und des Arbeitsdienstes und 40 000 zum »Volkssturm« Aufgebotene. Am 23. April erklärte Goebbels: »Die Stadt Berlin wird bis zum letzten verteidigt. Kämpft mit fanatischer Verbissenheit um Eure Frauen, Kinder und Müt-ter! Wir werden bestehen. (...) Seid trotzig und kühn. Seid wendig und listenreich. Euer Gauleiter ist bei euch.«

Am 25. April meldete der Wehrmachtsbericht: »In der Schlacht um Berlin wird um jeden Fuß-breit Boden gerungen. Im Süden drangen die Sowjets bis in die Linie Babelsberg-Zehlendorf-Neukölln vor. Im östlichen und nördlichen Stadt-gebiet dauern heftige Straßenkämpfe an.« Wäh-rend die letzte U-Bahnlinie, zwischen Wittenberg-platz und Ruhleben, an diesem Tag ihren Betrieb einstellte, verkehrte die S-Bahn zum Teil weiter-hin. Man könne jetzt, so die Berliner mit Galgen-humor, bequem mit der S-Bahn von der Ost- an die Westfront fahren.

Am 28. April hieß es im Wehrmachtsbericht: »In den inneren Verteidigungsring ist der Feind von Norden her in Charlottenburg und von Süden her über das Tempelhofer Feld eingebrochen. Am Halleschen Tor, am Schlesischen Bahnhof und am Alexander-Platz hat der Kampf um den Stadt-kern begonnen.« Und am 29. April: »Tag und Nacht tobte der fanatische Häuserkampf um den Stadtkern von Berlin. Die tapfere Besatzung ver-teidigte sich in schwerem Ringen gegen die unaufhörlich angreifenden bolschewistischen Massen. Trotzdem konnte ein weiteres Vordringen des Feindes in einzelnen Stadtteilen nicht verhindert werden. Rittlings der Potsdamer Straße und am Belle-Alliance-Platz sind heftige Straßenkämpfe im Gange.« Einen Tag später, als »das heroische Ringen um das Zentrum der Reichshauptstadt« noch immer »mit unverminderter Heftigkeit« anhielt, beging Hitler im Bunker der Reichskanzlei in der Wilhelmstraße Selbstmord. Goebbels tat es ihm wenig später gleich; am selben Tag hissten sowjetische Soldaten die rote Fahne auf dem Reichstag. Am 2. Mai konnte Stalin verkünden: »Berlin, die Hauptstadt Deutschlands, das Zentrum des deutschen Imperialismus« ist von der Roten Armee vollständig besetzt.

Am Abend des Machtantritts Adolf Hitlers, dem 30. Januar 1933, inszeniert Joseph Goebbels einen triumphalen Aufmarsch nationalsozialistischer Formationen durch das Brandenburger Tor und die Wilhelmstraße. Da die zu dunkel gewordenen Originalaufnahmen nicht für Propagandazwecke zu verwerten sind, wird hierfür eine Szene aus dem 1933 gedrehten Film »Hans Westmar« genutzt, einer NS-Märtyrersaga über den SA-Mann Horst Wessel, für die der Fackelzug nach - gestellt wurde. *Filmfotografie, Sommer 1933.*

1. Januar 1934: Hitler grüßt seine Anhänger vom Fenster der alten Reichskanzlei in der Wilhelmstraße 77.

Blick in den ausgebrannten Plenarsaal des Reichstags. *Fotografie, 28. Februar 1933.* Den Brand des Reichstagsgebäudes in der Nacht zum 28. Februar 1933 nimmt die NS-Regierung zum Anlass, weit reichende politische Grundrechte außer Kraft zu setzen. Die Verfolgung politischer Gegner wird weiter verschärft.

Mit der nach dem Reichstagsbrand erlassenen »Notverordnung« werden Verhaftungen politischer Gegner legitimiert. Misshandlungen von Festgenommenen durch die SA sind an der Tagesordnung. *Fotografie, 1933.*

Berlin ist heute sein Eintopfgericht

Öffentliches Eintopfessen vor
der Gedächtniskirche 1935.

Die Straße Unter den Linden
während des Staatsbesuchs
von Italiens Regierungschef
Benito Mussolini im September 1937. *Fotografie von Herbert Kraft.* Der fünftägige Aufenthalt Mussolinis gibt Anlass
zu verschiedenen propagandistischen Inszenierungen
wie Truppenparaden und
einer Massenkundgebung
auf dem Maifeld des »Reichssportfeldes«, wo der »Duce«
vor Hunderttausenden eine
Rede in deutscher Sprache
hält.

Hakenkreuzfahne vor der Kaiser-Wilhelm-Gedächtniskirche. *Fotografie von Joe Heydecker, 1939.*

Kundgebung auf dem Wilhelmplatz. Jungvolk auf dem Denkmal des Grafen von Seydlitz vor der Reichskanzlei in der Wilhelmstraße. *Fotografie von Carl Weinrother, undatiert.*

Zuschauer bei der Wehrmachtsparade anlässlich Hitlers Geburtstag vor dem Kaffeehaus Schön, Unter den Linden 20. »Führers Geburtstag« ist fester Bestandteil des nationalsozialistischen Feiertagskalenders, er wird in Berlin mit Militärparaden, einer Parteifeier sowie der Vereidigung von Funktionären der NSDAP begangen. *Fotografie von Arthur Grimm, 20. April 1936.*

Am 1. April 1933 ruft die NSDAP zum Boykott jüdischer Geschäfte, Ärzte und Anwälte auf. Passanten lesen die Bekanntmachung an einer Litfasssäule gegenüber dem Kaufhaus Tietz, Ecke Alexander-/Prenzlauer Straße.

SA-Posten vor einem Beklei-
dungsgeschäft am Kurfür-
stendamm. *Fotografie von
Hans Schaller, 1. April 1933*

Auswandererberatung im
Palästina-Amt der Jüdischen
Gemeinde. *Fotografie von
Abraham Pisarek, um 1936.*
Nach der »Kristallnacht«
erfolgt die endgültige Aus-
schaltung der Juden aus den
noch verbliebenen Positionen
in Wirtschaft und Finanz-
wesen. Dennoch wählt nur
etwa jeder Vierte der 500 000
Juden in Deutschland den
schwierigen und kostspieli-
gen Weg der Auswanderung.

»Reichskristallnacht«: Die
Synagoge in der Fasanen-
straße brennt. *Fotografie von
Herbert Hoffmann, 10. No-
vember 1938.* Der Anschlag
des polnischen Juden
Herschel Grynspan auf den
deutschen Botschaftsbeamten
Ernst vom Rath in Paris dient
den Nationalsozialisten als
Vorwand, in der Nacht vom
9. zum 10. November 1939 in
ganz Deutschland ein Pogrom
zu inszenieren. Auch die Synagoge in der Fasanenstraße
79/80 in Charlottenburg wird
zerstört. »Bis 1938, bis zur
Kristallnacht, gab es in Berlin
noch jüdische Geschäfte, und
man konnte von der S-Bahn
aus, zwischen den Bahnhöfen
Charlottenburg und Savigny-
platz, die große Synagoge
unversehrt stehen sehen.
Sie wurde in der Kristallnacht
niedergebrannt und war so
eigentlich die erste von vielen
Ruinen, die die Nationalsozialisten Berlin hinterlassen
sollten«, erinnert sich der
Journalist Wolfgang Ebert .

»Ehrensaal« im Reichsluftfahrtministerium. *Fotografie,
um 1938.* Nach Plänen des
Architekten Ernst Sagebiel,
der auch den Flughafen Tempelhof erbaut hat, entsteht
1935/36 das neue Reichsluftfahrtministerium mit 2000
Arbeitszimmern und diver-
sen Sitzungsräumen.

Blick auf das Reichsluftfahrtministerium in der Wilhelm-
straße/Ecke Leipziger Straße.
*Fotografie von Carl Wein-
rother, 1937.*

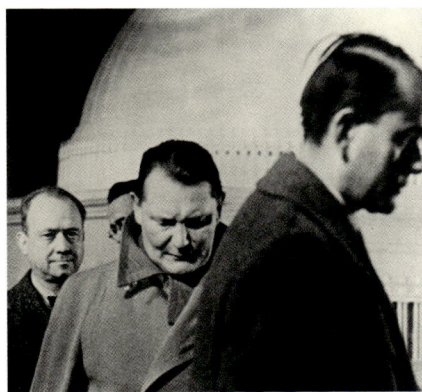

Hermann Göring und Albert
Speer in der Akademie der
Künste nach einer Besich-
tigung neuer Modellbauten
für die »Welthauptstadt«,
5. Mai 1941.

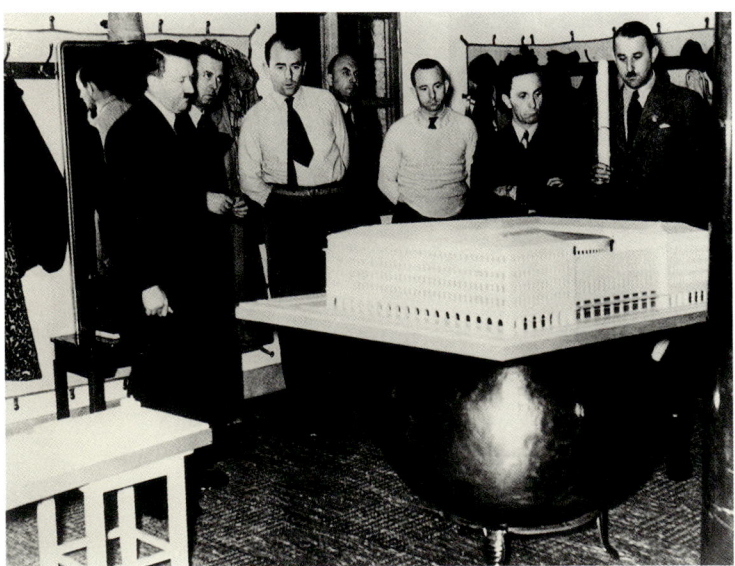

In der Garderobe des Berg-
hofes am Obersalzberg lässt
sich Hitler von Albert Speer
das Modell für das geplante
»Haus des Fremdenverkehrs«
an der Potsdamer Brücke
erläutern. *Fotografie von
Heinrich Hoffmann, 1937.*

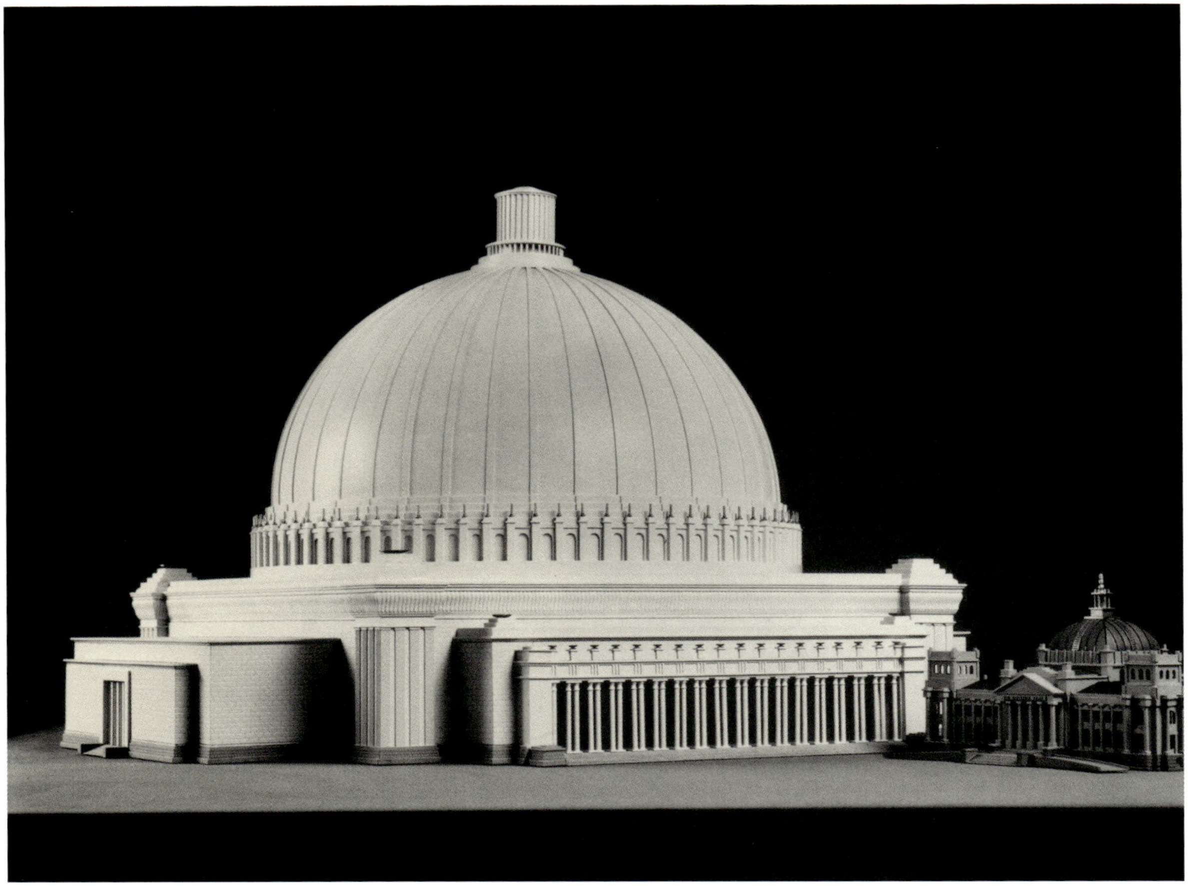

»Welthauptstadt Germania«:
Modell der von Albert Speer
entworfenen »Großen Halle«,
die 180 000 Menschen Platz
bieten soll. Das Reichstagsgebäude rechts im Bild veran-
schaulicht die Dimension der
geplanten nationalsozialistischen Bauten. *Modelle, Lan-
desarchiv Berlin.*

Bücherverbrennung auf dem Opernplatz. Studenten, SA und SS beteiligen sich an der Aktion »wider den undeutschen Geist«. *Fotografie von Heinrich Hoffmann, 10. Mai 1933.* »Die Studenten bilden Ketten, und von Hand zu Hand werden Bücherstöße weitergereicht wie Wasser-eimer. Der dem Scheiterhaufen am nächsten Stehende liest langsam und feierlich die Titel der Werke und die Namen ihrer Autoren vor ... An diesem Tag, in dieser Stunde werden einige zwanzigtausend Bände vernichtet. Im Namen der Reinheit der deutschen Rasse und des deutschen Gedankengutes werden den Flammen überliefert: »Das Kapital« von Karl Marx, »Im Westen nichts Neues« von Remarque, die Schriften von Heinrich Mann, Sigmund Freud, Erich Kästner, Karl Kautsky und Kurt Tucholsky ... Eine Kleinigkeit haben die Organisatoren nicht bedacht: Es ist nicht einfach, Bücher zum Brennen zu bringen. Die Einbände fangen nicht so leicht Feuer. Die Studenten können noch so viele brennende Fackeln auf den Haufen werfen, die Bücher wollen nicht brennen. Als wollten sie den jungen Henkern eine letzte Chance geben, vor der Untat zurückzuweichen. Goebbels steht dabei und wartet darauf, das Wort zu ergreifen. ... Es kommen die Wagen der Feuerwehr, die eiligst gerufen worden ist. Nicht um zu löschen, sondern um anzuzünden.« Stéphane Roussel, Die Hügel von Berlin. Erinnerungen, 1985.

Verleihung der nationalen Film- und Buchpreise durch den Präsidenten der Reichskulturkammer, Propagandaminister Joseph Goebbels, am 1. Mai 1937 im Deutschen Opernhaus. In und unmittelbar neben der »Führerloge« in der ersten Reihe von links nach rechts: der Minister für kirchliche Angelegenheiten Hans Kerrl, Wissenschaftsminister Bernhard Rust, Reichsleiter Max Amann, Arbeitsfrontleiter Robert Ley, Goebbels, Hitler, Reichskriegsminister Werner von Blomberg, Staatssekretär im Propagandaministerium Walther Funk, Innenminister Wilhelm Frick, Reichsführer SS Heinrich Himmler.

Vereidigung der Kinobesitzer auf Adolf Hitler, August 1933.

Trotz Bombenkrieg: der nationalsozialistische Kulturbetrieb geht weiter. Bei Verdunklung wird Theaterbesuchern per Hinweisschild der Weg gewiesen. *Fotografie von Arthur Grimm, um 1943.*

Blick über die Zuschauerränge während des Fußball-Länderkampfes Deutschland – England im Olympiastadion. *Fotografie von Arthur Grimm, August 1936.* Das Olympiastadion ist die zentrale Sportstätte des von Werner March entworfenen »Reichssportfeldes«, auf dem 1936 die Olympischen Spiele ausgetragen werden. Hitler nimmt wiederholt persönlich zu den Planungen Stellung. Im »Amtlichen Bericht zur Olympiade 1936« heißt es unter der Überschrift »Der Reichskanzler entscheidet«: »Als auf seine Frage, welche Volksmenge das Stadion mit der Arena aufnehmen könne, die Zahl von 120 000 bis 130 000 genannt wurde, erklärte er dies für ganz unzureichend. Er ließ sich von Architekt March eine Terrainskizze geben und zeichnete in der westlichen Verlängerung des Stadions einen Platz auf, der ihm groß genug für Versammlungen, Feste und Aufmärsche erschien.«

Siegerehrung der Speerwer-
ferinnen am 2. August 1936:
Gold für Tilly Fleischer,
Silber für Luise Krüger, beide
Deutschland, Bronze für
M. Kwasniewska aus Polen.
Im Vordergrund Theodor
Lewald, Präsident des
Olympischen Organisations-
komitees.

Am 1. August 1936 erklärt
Hitler die XI. Olympischen
Spiele für eröffnet. »Mit dem
Glockenschlag 4 Uhr betritt
der Führer die Treppe am
Marathontor ... Die Hundert-
tausend haben sich von ihren
Plätzen erhoben. Adolf Hitler,
von dem eine Welt weiß und

die ihn nun sieht, schreitet
unter tosenden Heilrufen die
breite Freitreppe hinab, über
die Aschenbahn zur Führerloge, wo ihn Rudolph Heß mit
der Reichsregierung erwartet.
Der Himmel hellt sich auf!«
Werner Siebarth, Chronik der
Hauptstadt Berlin, 1936/37.

Othilie Fleischer im Wettbewerb. Propagandaminister
Goebbels notiert am Tag ihres
Sieges in seinem Tagebuch:
»Diese Olympiade ist ein
ganz großer Durchbruch.
Phantastische Presse im In-
und Ausland. Am Sonntag
allein macht Deutschland 3
Goldmedaillen. Ergebnis des
wiedererwachten nationalen
Ehrgeizes. Ich freue mich so
darüber. Man kann wieder
stolz auf Deutschland sein.«

Jesse Owens ist der erfolg-
reichste Athlet der Spiele.
Aller völkischen Propaganda
zum Trotz begeistert er das
Publikum mit seinen Siegen
im 100- und 200-Meter-Lauf,
mit der 4 x 100 Meter-Staffel
und im Weitsprung.

Massenveranstaltung im Sportpalast am 6. Juni 1943, am Mikrofon Joseph Goebbels. »Um 4 Uhr findet die Sportpalastversammlung statt. Die Stimmung ist nicht der zu vergleichen, die in der Versammlung vom 18. Februar herrschte. Das ist auf die veränderte Lage und auf die gänzlich andere Zusammensetzung der Versammlung zurückzuführen. Während am 18. Februar in der Hauptsache die Partei vertreten war, sind jetzt in der Hauptsache die Berliner Rüstungsarbeiter vertreten. Trotzdem kann man die im Sportpalast herrschende Stimmung als außerordentlich gut bezeichnen. ... Dann folgt meine Rede. Sie wirkt am meisten durch ihre Realistik. Ich beschäftige mich in dieser Rede mit allen Fragen, die das deutsche Volk beschäftigen, und erziele damit einen sehr großen Effekt.« Joseph Goebbels, Tagebucheintrag vom 6. Juni 1943.

Schießübungen von Kindern auf dem Hof einer Berliner Polizeikaserne am »Tag der deutschen Polizei«. *Fotografie von Carl Weinrother, 15. Februar 1943.* Noch stehen große Teile der Bevölkerung hinter der nationalsozialistischen Kriegspolitik. Drei Tage, nachdem diese Aufnahme entstand, hält Joseph Goebbels im Sportpalast seine Rede vom »totalen Krieg«.

Hitler legt am »Helden-
gedenktag« in der Neuen
Wache Unter den Linden
einen Kranz nieder, rechts
neben ihm Hermann Göring,
dahinter Heinrich Himmler.
21. März 1943. Der Helden-
gedenktag, eine Umdeutung
des Volkstrauertages, wird
mit einer Militärparade und
anschließendem Staatsakt
in der Staatsoper begangen.

Hitler begrüßt im Anschluss
an die Feierlichkeiten in
der Neuen Wache verwundete
Soldaten. *Fotografie von
Heinrich Hoffmann, 1943.*

Goebbels begrüßt nach seiner
berüchtigten Kundgebung im
Sportpalast verwundete Soldaten und Krankenschwes-
tern. *Fotografie, Februar 1943.*

Wehrmachtssoldaten marschieren zu einem Räumeinsatz über den von Bomben zerstörten Prager Platz. Links im Bild: Zwangsarbeiter räumen Schutt von der Straße. *Fotografie von Karl-Arthur Petraschk, März 1943.*

Sicherungs- und Bergungskräfte nach dem schwersten Luftangriff auf Berlin zwischen zehn und elf Uhr am 3. Februar 1945, der mehr als 2500 Todesopfer fordert und die Bezirke Kreuzberg, Mitte, Friedrichshain und Wedding in Schutt und Asche sinken lässt.

Im Luftschutzraum der Deutschen Oper Unter den Linden. *Fotografie von Lisl Hubmann, 1943.* »Drinnen in den schweren Bombenbunkern ruft die Geborgenheit an sich eine Art Alltagsstimmung hervor. – Leises Geschwätz und Gesumm überall; die Madames sitzen herum und reden über die Essenspreise, drei Backfische auf der Bank kichern und lachen, stecken die Köpfe zusammen und betrachten sich die Bilder von Filmschauspielern ... Man merkt wenig von irgendeiner Trauer oder einem tragischen Gefühl über Berlins Schicksal.« Theo Findahl, Berliner Korrespondent einer norwegischen Tageszeitung in »Letzter Akt – Berlin 1939–45«, 1946.

Nach den ersten Bombenangriffen auf die Stadt wird zögerlich mit dem Bau von bombensicheren Großbunkern begonnen, darunter der spektakuläre des riesigen, grün gestrichenen Flakturms am Zoo, der mehr als 20 000 Menschen Schutz bietet. *Fotografie von Arthur Grimm, Februar/März 1943.*

Wehrmachtssoldaten bei Aufräumarbeiten in Alt-Moabit nach einem Luftangriff. Obwohl der Krieg nicht mehr zu gewinnen ist, ruft Hitler am 25. September 1944 zur Bildung des Volkssturms auf: »... zur Verstärkung der aktiven Kräfte unserer Wehrmacht und insbesondere zur Führung eines unerbittlichen Kampfes überall dort, wo der Feind den deutschen Boden betreten will.« *Fotografie von Hilmar Pabel, 1944/45.*

Am 16. April 1945 beginnt der sowjetische Vormarsch auf die Reichshauptstadt, neun Tage später ist Berlin eingeschlossen. Am 2. Mai hissen Soldaten der Roten Armee die Fahne mit Hammer und Sichel auf dem eroberten Reichstagsgebäude. Für den Fotografen wird die Szene noch einmal nachgestellt. *Kolorierte Fotografie von Jewgeni Chaldej, Mai 1945.*

Nach den schweren Luftangriffen auf Berlin Anfang 1943 beginnt nach dem Aufruf Goebbels' am 1. August die Evakuierung von »Frauen, Kindern, Rentner usw. ... in weniger gefährdete Gebiete.« Auf die Bahnhöfe und Kartenstellen setzt ein Massenansturm ein, der bis zum Ende des Krieges anhält, wie hier auf dem Anhalter Bahnhof. *Fotografie von Arthur Grimm, Februar 1945.*

Sowjetische Soldaten schie-
ßen Siegessalut auf dem
Reichstagsgebäude. Nach-
gestellte Szene aus dem sow -
jetischen Dokumentarfilm
»Kampf um Berlin« von 1945.

VIERZIG GETRENNTE JAHRE

Berlin-West/Berlin-Ost *Martin Sabrow*

Die Nachkriegszeit begann in Berlin am 2. Mai 1945, als das Geräusch rasselnder Panzerketten, pfeifender Stalinorgeln und hämmernder Maschinengewehrgarben erloschen war und ein bedrohliches Schweigen sich über das Ruinenmeer senkte. Die Nachkriegszeit endete in Berlin am 9. November 1989, als sich im Osten der Stadt wachsende Menschenmengen auf die innerstädtischen Grenzübergänge zubewegten und der Fernsehmoderator Hans-Joachim Friedrichs in den Bonner »Tagesthemen« mit unterkühlter Erregung die Nachricht verkündete, dass die Berliner Mauer offen sei. Zwischen beiden Daten liegen knapp fünfundvierzig Jahre und das wechselhafte Schicksal einer Stadt, die tot war und wiedergeboren wurde, die sich vom Nabel der Welt zur Narbe der Weltteilung verwandelt und von der Ausnahmesituation der Frontstadt zur Alltagsnormalität einer geteilten Stadt gefunden hatte, um schließlich mit dem Ende des Ost–West-Konflikts wieder eins zu werden.

Die erloschene Stadt

Jedem Anfang wohnt ein Zauber inne, heißt es bei Hermann Hesse. Dass sich diese Hoffnung auch für Berlin bewahrheiten würde, schien nach dem Ende des »Dritten Reiches« allerdings unvorstellbar. Als die »Schlacht um Berlin« zu Ende war, bildete Berlin das größte zusammenhängende Ruinengebiet Europas. Ein Drittel des Straßennetzes war nicht mehr befahrbar, ein ebenso großer Prozentsatz der Wohnungen nicht mehr bewohnbar, U- und S-Bahn-Verkehr vollständig lahmgelegt. Von 100 000 elektrischen und Gaslaternen in den Berliner Straßen brannte nicht eine mehr, von den 166 größeren Brücken im einstigen »Venedig des Nordens« standen noch 44, von den insgesamt 153 000 Kraftfahrzeugen fuhren noch 115. Von 33 000 Krankenhausbetten waren 24 000 unbenutzbar, von den einstmals 400 Kinos noch 20 spielbereit, von 416 Turnhallen 38 erhalten, von den 12 000 Gaststätten 9 500 vernichtet.

Für »unbeschreiblich« hielt der amerikanische Nachrichtenkorrespondent William L. Shirer nicht nur die äußere, sondern auch die innere Verfassung der erloschenen Stadt: »Wie soll man Worte finden, um das Bild einer bis zur Unkenntlichkeit zerstörten großen Hauptstadt wahrheitsgetreu und genau zu schildern? Das Bild einer einstmals mächtigen Nation, die aufgehört hat zu existieren? Das Bild eines Eroberervolkes, das sich noch vor fünf Jahren (...) auf so brutale Weise arrogant aufführte und von seiner Mission als Herrenrasse blind überzeugt war – und das man nun in den Ruinen herumstochern sieht, gebrochen, betäubt, zitternd; hungrige menschliche Wesen ohne Willen, Lebenszweck oder Ziel, reduziert auf animalische Funktionen wie Nahrungs- oder Obdachsuche, um den nächsten Tag lebendig zu erleben?«

Berlin war nicht befreit, sondern zum Zwecke der Besetzung erobert worden, wie die Alliierten unterstrichen. Mit den sowjetischen Truppen hatten Siegerwillkür, Vergewaltigung und Plünderung Einzug in die Stadt gehalten, und wie Hohn mutete in den ersten Wochen nach der Einnahme Berlins an, dass nach dem Befehl Nr. 1 des Stadtkommandanten Bersarin vom 27. April 1945 »Angehörigen der Roten Armee (...) die eigenmächtige (...) Entnahme von Gütern und Werten und Haussuchungen bei den Stadteinwohnern verboten« waren.

Am 30. April, dem Tag, als im Bunker der Reichskanzlei Adolf Hitler Selbstmord beging, landete auf dem sowjetischen Militärflugplatz Calau, 70 Kilometer vor Frankfurt/Oder, aus Moskau kommend die erste von drei Abteilungen deutscher Kommunisten, die unter dem Namen »Gruppe Ulbricht« bekannt geworden sind. Ulbricht selbst erinnerte sich später, alles sei schon in Moskau geplant gewesen, »einschließlich der Organisierung der Verwaltungen bis zu den Fragen der Organisierung des kulturellen Lebens. Wir hatten auch eine Liste von Hitlergegnern, von denen wir annahmen, dass sie sich in Berlin aufhielten. Es waren Namen von kommunistischen und sozialdemokratischen Reichstagsabgeordneten sowie anderen Hitlergegnern aus bürgerlichen Kreisen.« Nach der Erinnerung von Wolfgang Leonhard waren seit Januar 1945 regelmäßige Instruktionsreferate für etwa 150 ausgesuchte Emigranten in Moskau gehalten worden, die auf der Einschätzung beruhten, dass Deutschland für lange Zeit besetzt sein und es weder Parteizulassungen noch Wahlen geben würde. Unter diesen Umständen sei es Aufgabe der Kommunisten, die Besatzungsbehörden in der Verwaltungsarbeit zu unterstützen und eine antifaschistische Massenorganisation zu schaffen, sobald dies wieder möglich wäre. »Jeden Tag«, so Leonhard, »fuhren wir nun frühmorgens in die verschiedenen Berliner Bezirke – zunächst zumeist in die westlichen –, und spät abends fanden dann in Bruchmühle unsere Sitzungen statt. Jeder von uns gab seinen Bericht, und Ulbricht erläuterte die neuen Anweisungen. Auf einer dieser Begegnungen gab der spätere Parteiführer die Direktive aus: Es muß demokratisch aussehen, aber wir müssen alles in der Hand haben.«

Mit der tatkräftigen Hilfe der Moskauer Remigranten gelang es der Sowjetischen Militäradministration (SMAD), nach einer Phase der unkontrollierten Willkürherrschaft bis Mitte Mai die Versorgung der Stadt zu sichern und ihre Verwaltung in Gang zu bringen. Am 17. Mai 1945 konnte der neu ernannte, parteilose Oberbürgermeister Arthur Werner die Zusammensetzung des Magistrats von Berlin bekannt geben, von dessen sechzehn Mitgliedern neun dem kommunistischen Lager zuzurechnen waren. Zu neuem Leben erweckt wurden auch die Verwaltungen der zwanzig Berliner Bezirke, und auch hier waren es getreu der Devise Ulbrichts kommunistische Funktionäre, die sich entweder den Posten des Bezirksbürgermeisters bzw. – in den »bürgerlichen Bezirken« – seines Stellvertreters sicherten, immer aber das Personaldezernat und fast überall auch die Kontrolle über den Aufbau der Polizei.

Im Juli und August rückten dann die anderen Alliierten in die Stadt ein, wobei die Amerikaner Kreuzberg, Schöneberg, Neukölln und Tempelhof sowie Steglitz und Zehlendorf übernahmen, während Tiergarten, Charlottenburg, Wilmersdorf und Spandau an England, Wedding und Reinickendorf an Frankreich fielen. Ihre Herrschaft übten sie gemeinschaftlich über die Alliierte Kommandantur in Berlin-Dahlem aus, in der die vier Stadtkommandanten unter monatlich wechselndem Vorsitz zusammentrafen und bis zum Ende des Jahres 1945 über 300 Befehle und Anordnungen erließen.

Die Berliner nahmen diese Entwicklungen mehr oder weniger gleichgültig hin. Überleben hieß die Devise der Menschen, die wieder aus den Kellern kamen, in denen sie die Wochen des Kampfes um Berlin und seine Einnahme zu überstehen versucht hatten. Es war die Stunde der Frauen. Sie vor allem nahmen das Heft in die Hand und organisierten die Rückkehr zu einem Alltag in Trümmern, während die überlebenden Männer in Kriegsgefangenschaft waren oder sich versteckt hielten. »Trümmerfrauen« räumten den

Schutt beiseite, machten die Straßen passierbar und klopften Ziegelsteine für den Wiederaufbau frei; Frauen standen an den wenigen funktionierenden Straßenpumpen an, um Wasser zu beschaffen; sie gingen auf »Hamsterfahrt«, um im Umland Lebensmittel zu ergattern und Brennholz aufzutreiben; sie waren es, die auf dem Schwarzmarkt Geschäfte zu machen versuchten, um ihre Familien mit dem Nötigsten zu versorgen.

Das Projekt Überleben wurde von einer atomisierten Gesellschaft organisiert. Allein nur durch die Stadt zu gelangen, war in den Wochen nach der Kapitulation fast unmöglich. Wer es trotzdem versuchte, stand nicht nur vor verschütteten Straßen und gesprengten Brücken, sondern lief Gefahr, von der abendlichen Ausgangssperre überrascht oder kurzerhand festgesetzt und in ein Aufräumkommando gesteckt zu werden. Gewiss: Wer auf der Terrasse eines rasch wieder geöffneten Straßencafés auf dem Kurfürstendamm in die Sonne blinzelte, konnte sich in diesem Frühsommer für einen Augenblick dem Eindruck hingeben, als habe der Takt der Weltstadt nur kurz ausgesetzt und sei der Schrecken des Krieges nur ein ferner Spuk. Doch die Wirklichkeit des Jahres 1945 zeigt sich in anderen Bildern: aneinander gekauerte Flüchtlinge auf dem Dach eines Eisenbahnwaggons; Passanten, die an Holzkreuzen am Straßenrand vorbeihasten; Menschen, die mit Kinderwagen und Hamstersäcken durch die Straßen ziehen; Hausfrauen, die mit ihren Lebensmittelkarten nach Esswaren anstehen, und immer wieder Ruinen, Ruinen, Ruinen.

Die Frontstadt

Wann war das unwirkliche Gefühl der Stunde Null verschwunden, mit dem fassungslose Beobachter durch die vernichtete Hauptstadt wanderten, »als ginge man zum Kolosseum in Rom«? Wann hörte Berlin auf, eine Stadt voller Vergangenheit, aber

ohne Zukunft zu sein? Mentalitätsveränderungen vollziehen sich nicht über Nacht, aber wenn es eine Stunde gab, die Freund und Feind, Vergangenheit und Zukunft neu definierte, dann brach sie an mit der Rede, die der Berliner Oberbürgermeister Ernst Reuter am 9. September 1948 beim ausgebrannten Reichstag vor Hunderttausenden versammelter Berliner hielt. »Heute ist der Tag, wo das Volk von Berlin seine Stimme erhebt. (...) Ihr Völker der Welt! Ihr Völker in Amerika, in England, Frankreich und Italien! Schaut auf diese Stadt und erkennt, daß ihr diese Stadt und dieses Volk nicht preisgeben dürft, nicht preisgeben könnt!« Als der beschwörende Appell verklungen war, hatte die Stadt im Westen zu einer neuen Bindungskraft und zu einem neuen Wir-Gefühl gefunden. Aber die Ordnung, in der der Übergang vom individuellen Überleben zum kollektiven Wiederaufbau sich abspielte, war eine geteilte Ordnung und die Identität, die sie schuf, eine gespaltene Identität.

In den zurückliegenden drei Jahren war die Siegerkoalition auseinandergebrochen und hatte sich die Entente der Großen Drei in lauerndes Misstrauen und offene Feindseligkeit verwandelt. Berlin war zur Nahtstelle des Kalten Krieges geworden. Schon wenige Monate nach Kriegsende bedeutete die Idee einer gemeinsamen alliierten Stadtverwaltung nur noch einen weltpolitischen Anachronismus, der mit dem Beginn der Berliner Blockade im Sommer 1948 endgültig beerdigt wurde. Die dürre Mitteilung der sowjetisch lizenzierten »Täglichen Rundschau« vom 24. Juni 1948, dass technische Störungen eine Unterbrechung des Eisenbahnverkehrs zwischen Helmstedt und Berlin verursacht hätten, traf eine polarisierte Stadt mit separierten Sektoren.

In voller Schärfe hatte sich die Konfrontation zum ersten Mal bei der Zwangsfusion von KPD und SPD im Frühjahr 1946 abgezeichnet. In den Westsektoren sprachen sich die SPD-Mitglieder mit überwältigender Mehrheit gegen die Vereinigung aus, die die KPD-Führung in Abstimmung mit Moskau seit den Wahlniederlagen in Ungarn und Österreich vorangetrieben hatte. Angesichts der Machtverhältnisse vermochte ihr Protest die am 21. April 1946 mit einem feierlichen Händedruck zwischen Wilhelm Pieck und Otto Grotewohl im Berliner Admiralspalast besiegelte Verschmelzung der beiden Arbeiterparteien nicht aufzuhalten, aber er führte zu der kuriosen Situation, dass bei den Groß-Berliner Wahlen im Oktober 1946 neben der SED und den »bürgerlichen« Parteien CDU und LDPD auch die SPD antreten konnte. Sie errang mit 48,7 Prozent der Stimmen einen überwältigenden Erfolg, während die SED mit nur 19,8 Prozent noch hinter der CDU auf dem dritten Platz landete. Der neue Magistrat unter Bürgermeister Otto Ostrowski war westlich dominiert, aber das Rote Rathaus, in dem er arbeitete, lag im sowjetischen Sektor. Nach der SPD gerieten auch CDU und LDPD unter sowjetischen Druck und spalteten sich in einen westlichen und einen östlichen Flügel. Im Juli 1947 konnte der neu gewählte Oberbürgermeister Ernst Reuter infolge eines sowjetischen Vetos sein Amt nicht antreten, und bei den Beratungen über eine Verfassung für Berlin wurde keine Einigung erzielt. Betriebsbeschlagnahmungen und Enteignungen setzten im sowjetischen Sektor die Sozialisierung in Gang. Immer mehr Rohstoffe und Versorgungsgüter aus der sowjetischen Besatzungszone gelangten nur nach Ost-Berlin und trennten die West-Sektoren zunehmend von ihrem Hinterland, was wiederum dazu führte, dass West-Berlin durch die britische und amerikanische Besatzungsmacht in die Versorgung der westlichen Zonen einbezogen wurde.

1948 wurde aus dem lauernden Einvernehmen der Kalte Krieg. Die Hundertjahrfeier der deutschen Revolution von 1848 präsentierte im März des Jahres bereits ein gespaltenes Berlin. Im Osten wetterte Wilhelm Pieck bei einer Denkmalenthüllung in Friedrichshain gegen die Spaltungspolitik

des Westens, im Westen versprach Ernst Reuter vor dem Reichstag, dass die Flut des Kommunismus sich am eisernen Willen der Berliner brechen werde. Wenige Monate später, im Juni 1948, führte der Kampf um die Währungshoheit zum Auszug des sowjetischen Vertreters aus der Alliierten Kommandantur und zum Beginn der Berliner Blockade, die binnen kurzer Zeit zu einem Mythos werden sollte. 462 Tage lang gelangten über eine Luftbrücke täglich mehr als 4 000 Tonnen Brennstoff und Versorgungsgüter in eine zu Wasser und zu Lande eingeschlossene Stadt. Insgesamt 277 064 Flüge, bald im 90-Sekunden-Takt, sicherten fast ein volles Jahr lang das wirtschaftliche Überleben einer Halbstadt, die plötzlich wieder im Blickpunkt der Weltöffentlichkeit stand. Mit der Blockade wollte die UdSSR ganz Berlin in die SBZ inkorporieren und erreichte im Gegenteil, dass die West-Mächte sich ganz an West-Berlin banden. Die SED-Führung verlagerte den Kampf um die Herrschaft in Berlin auf die basisdemokratische Ebene und sprengte mit Hilfe kommunistischer Demonstranten im August und September 1948 Magistrat und Stadtverordnetenversammlung, so dass Berlin von nun an auch zwei Stadtverwaltungen besaß. Beide suchten sich in den kommenden Monaten ihre demokratische Legitimation zu schaffen – im Osten durch eine außerordentliche Stadtverordnetenversammlung im Admiralspalast, im Westen durch eine Wahl ohne SED-Beteiligung, aus der Ernst Reuter als überragender Sieger hervorging. Am Ende der Konfrontation stand ein Unentschieden: Als die Sowjets im Mai 1949 die Blockade beendeten, hatten sie ihren Einfluss auf die Westsektoren verloren, aber ihre Alleinherrschaft in Ost-Berlin gesichert.

Berlin war fortan Frontstadt. Der erste Bus, der nach dem Ende der Blockade von Berlin nach Hannover fuhr, trug ein Schild mit der Aufschrift »Hurra, wir leben noch«. In der Blockade formten sich die Freund- und Feindbilder, die die kommenden Jahrzehnte der geteilten Stadt in einem seit

1949 auch formell in zwei Staaten geteilten Land prägen sollten. »Nein zu einer Einheit in Kette; Ja zu Frieden und Freiheit«, lautete die Parole zur Feier des 1. Mai 1950 in West-Berlin, das sich als »Insel der Freiheit« verstand. Einen Vorposten besonderer Art bildete die Stadt fortan auch im Kalten Krieg der Geheimdienste, die hier Erkenntnisse über die jeweilige Gegenseite zu beschaffen suchten. Eine der ehrgeizigsten CIA-Operationen war der Bau des Berliner Tunnels, mit dessen Hilfe die USA 1955 die sowjetische Militärkommunikation in Ostmitteleuropa anzapfte – nicht ahnend, dass der KGB das Leck in der eigenen Leitung genau kannte und zur gezielten Unterschiebung von Falschmeldungen nutzte.

Der Wiederaufbau wurde zu einem Wettbewerb der Systeme, und das geteilte Berlin war der Boden, auf dem dieser Kampf ausgetragen wurde: »Berlin muß ein Schaufenster der Freiheit, aber auch ein Schaufenster des wirtschaftlichen Wohlstands werden«, dekretierte Ernst Reuter 1949; »Ein neues, schönes Berlin entsteht«, überschrieb Oberbürgermeister Friedrich Ebert seinen Rechenschaftsbericht zum dreijährigen Bestehen des Ost-Berliner Magistrats 1951. Zug um Zug fielen der Neugestaltung in beiden Stadthälften zahlreiche Überreste des historischen Berlin zum Opfer, die den Krieg überdauert hatten. In Ost-Berlin erließ die Regierung 1950 »Die sechzehn Grundsätze des Städtebaus«, die das »Antlitz der Stadt« politisch definierten und »von Plätzen, Hauptstraßen und den beherrschenden Gebäuden im Zentrum« bestimmt wissen wollten: »Auf den Plätzen im Stadtzentrum finden die politischen Demonstrationen, die Aufmärsche und die Volksfeiern an Festtagen statt.« In der Folge wurden das Stadtschloss gesprengt und die Stalinallee im Zeichen des sowjetischen Monumentalismus als Prachtmagistrale der »sozialistischen Hauptstadt der DDR« gebaut. Im Westen hingegen verschwanden der Anhalter und der Lehrter Bahnhof, Schinkels Prinz-Albrecht-Palais und zahllose andere Ge-

bäude, die der Vision einer autogerechten Stadt im Wege standen. Sie wurden ersetzt durch eine Stadtplanung der funktionalen Moderne, die ihren ersten Triumph auf der »Interbau« von 1957 feierte. Zum Manifest des neuen Bauens in West-Berlin wurde die Neugestaltung des den Bombenangriffen zum Opfer gefallenen Hansaviertels. Hier sollte gezeigt werden, »was wir unter modernem Städtebau und anständigem Wohnen verstehen, im Gegensatz zu dem falschen Prunk der Stalinallee«, verlautbarte der West-Berliner Senator für Bau- und Wohnungswesen Karl Mahler 1956.

Doppelidentitäten wurden ungern gelitten, obschon bis zum Mauerbau 1961 Zehntausende von Berlinern täglich zwischen den beiden Stadthälften pendelten, weil sie hüben wohnten und drüben arbeiteten. »Herr Schimpf und Frau Schande« hießen die beiden kostümierten Spottfiguren, die die West-Berliner Bäckerinnung 1951 durch die Straßen tragen ließ, um die Einkaufstouristen anzuprangern, die ihre im Westen verdienten D-Mark in Ost-Berlin ausgaben. Die beiden Namen waren aus einem Wettbewerb hervorgegangen, den der Berliner Senat veranstaltet hatte, um Kampagnen wie »Westberliner kauft in Westberlin« und »Arbeit, Freiheit, Brot und Lohn, nur durch Westberliner Produktion« um ein zugkräftiges Motto zu bereichern. Ständigen Besuch von SED-Agitatoren musste wiederum ein Grenzgänger anderer Art hinnehmen, nämlich der Sozialdemokrat Kurt Neubauer, der als Vertreter Berlins im Bundestag saß, aber bis 1961 im Osten der Stadt wohnte.

Berlin im Kalten Krieg blieb eine Stadt der Krisen. In Ost-Berlin brach am 16./17. Juni 1953 ein Arbeiteraufstand aus, der als Rebellion gegen die Erhöhung der Arbeitsnormen begann und sich in kürzester Zeit in eine Revolte gegen das SED-Regime verwandelt hatte, bis sowjetische Panzer den Machthabern zur Hilfe kamen und den Volksprotest erstickten. Um Berlin ging es in der Konfrontation der beiden Supermächte, die die Welt zwischen 1958 und 1961 an den Rand eines Atomkrieges zu bringen drohte, nachdem der sowjetische Parteichef Chruschtschow den Westmächten ein Ultimatum gestellt hatte: Entweder würde West-Berlin innerhalb von sechs Monaten entmilitarisiert und in eine »selbständige politische Einheit« verwandelt, oder die Sowjetunion würde mit der DDR einen separaten Friedensvertrag abschließen und ihr die volle Souveränität zu Wasser, zu Lande und in der Luft übertragen. Die darin eingeschlossene Drohung einer neuen Blockade verpuffte angesichts der Standfestigkeit des amerikanischen Präsidenten, der den ungehinderten Zugang nach Berlin und die Anwesenheit westlicher Truppen in Berlin sowie die Freiheit der Bevölkerung West-Berlins, ihr eigenes politisches System zu wählen, zu den berühmten »three essentials« der westlichen Position erklärte. Aber dieser Schutz bezog sich nicht mehr auf die Bewegungsfreiheit zwischen den Sektoren, und am Ende dieser zweiten Berlin-Krise stand die totale Trennung der Stadt in zwei unabhängige Hälften. Dennoch: Der Anfang August 1961 auf einem Treffen der Warschauer-Pakt-Staaten gefasste Beschluss zum Bau der Berliner Mauer im August 1961 war ein Kompromiss zwischen den weiter gehenden Wünschen Ulbrichts, der eine vollständige Einmauerung West-Berlins oder alternativ die Sperrung der Luftwege angestrebt hatte, und der Haltung Chruschtschows, der die Machtinteressen des von der offenen Systemkonkurrenz und der wachsenden Flüchtlingswelle gezeichneten SED-Regimes schützen und gleichzeitig eine weltpolitische Eskalation vermeiden wollte.

Die Bevölkerung verfolgte die Abriegelung ihrer Stadt mit ohnmächtiger Verbitterung. West-Berliner Polizei musste die Stacheldrahtbarrieren – deren Errichtung auf sowjetische Anweisung als viertägige »Testphase« dem eigentlichen Mauerbau voranging – vor den eigenen Bürgern schützen, die zur Sektorengrenze eilten, um ihrer Wut

Luft zu machen und zu beobachten, wie Gebäude im Grenzgebiet evakuiert, Fenster vernagelt wurden und Flüchtende in letzter Sekunde in die Freiheit zu springen versuchten. »Papierne Proteste stoppen keine Tanks« und »Passivität ist Verrat an Berlin«, hieß es auf den Transparenten, als sich am 16. August eine Viertelmillion West-Berliner vor dem Schöneberger Rathaus zu einer Protestkundgebung zusammenfanden. Der Mauerbau war ein Schock – mehr für die Berliner als für die Alliierten, die die Trennung der Stadthälften mit spürbarer Gelassenheit als Fixierung des Status quo interpretierten. Als Kennedy erfuhr, dass der Stacheldrahtverhau durch eine Mauer aus Stein ersetzt würde, sagte er: »Das ist das Ende der Berlin-Krise. Nun verfällt die andere Seite in Panik – nicht wir. Wir tun jetzt nichts, denn da ist nichts zu tun außer Krieg. Jetzt ist alles vorbei – sie werden Berlin nicht mehr überrennen.«

Der Rest war Symbolpolitik. Am 19. August traf US-Vizepräsident Johnson mit dem Luftbrücken-Organisator General Lucius D. Clay zu einem Zwei-Tage-Besuch in Berlin ein. Ganz West-Berlin stand am folgenden Tag am Straßenrand, um eine 1500 Mann starke amerikanische Panzereinheit zu begrüßen, die der amerikanische Präsident in vollem Bewusstsein des damit verbundenen Risikos von Süddeutschland aus nach Berlin in Marsch gesetzt hatte. Der DGB rief zum Boykott der – in östlicher Regie betriebenen – S-Bahn auf, damit die DDR den trennenden Stacheldraht zwischen Ost und West nicht mit Westgeld-Einnahmen finanzieren könne; der Intendant des Schiller-Theaters verschob die Premiere eines Stückes von Bertolt Brecht auf unbestimmte Zeit, und der RIAS ließ Ulbricht wieder und wieder den Satz wiederholen, den er am 15. Juni 1961 gegenüber einer Korrespondentin der »Frankfurter Rundschau« gebraucht hatte: »Niemand hat die Absicht, eine Mauer zu errichten.«

In Ost-Berlin dagegen wuchs der politische Druck auf eine Bevölkerung, die nun nicht mehr mit Flucht reagieren konnte. Angehörige der FDJ drehten die Fernsehantennen auf den Dächern nach Osten, und das ZK-Sekretariat erklärte, dass ab sofort der organisierte Empfang von West-Sendern und die Verbreitung westlicher Nachrichten in der Bevölkerung strafrechtlich zu verfolgen seien. Als schließlich auch der Berlin distanziert gegenüberstehende und deswegen bei den Berlinern unpopuläre Bundeskanzler Adenauer der geteilten Stadt in der zweiten Augusthälfte einen Besuch abstattete, wurde er am Brandenburger Tor von einem Ost-Berliner Lautsprecherwagen empfangen, der die Kanzlervisite mit dem Schlager »Da sprach der alte Häuptling der Indianer, wild ist der Westen, schwer ist der Beruf« begleitete und so die Ohnmacht des Westens verspottete. In West-Berlin war man nicht gewillt, dies tatenlos hinzunehmen. Reaktion und Gegenreaktion führten zu einem veritablen Lautsprecherkrieg, in dem sich auf Lastwagen montierte und hydraulisch hochfahrbare Lautsprecher gegenüberstanden, um ihre Propaganda von Ost nach West und von West nach Ost zu tragen.

Die Doppelstadt

Wer die aufgepeitschte Frontstadtatmosphäre jener Jahre miterlebte, hätte sich schwerlich vorstellen können, dass auch die Mauer eines Tages Alltag und die Teilung gelebte Normalität sein würde. Dass ausgerechnet ihr Organisator, Erich Honecker, einmal Ulbricht von der Macht verdrängen und dass unter seiner Ägide mit dem Grundlagenvertrag und dem Transitabkommen die Voraussetzung für eine Entspannung an der Nahtstelle des Kalten Krieges geschaffen werden sollte, stand noch in den Sternen, als 1963 die Chefs der beiden Supermächte Berlin besuchten. Fast eine halbe Million Berliner drängte sich vor dem Schöneberger Rathaus, als US-Präsident John F. Kennedy in einer rhetorischen Meisterleis-

tung kämpferische Entschlossenheit mit politischer Beruhigung verband: »Alle freien Menschen, wo immer sie leben mögen, sind Bürger von Berlin, und daher bin ich als freier Mann stolz, sagen zu dürfen: ›Ich bin ein Berliner.‹«

Auf die »sogenannte Berliner Mauer« nahm eine knappe Woche später auch Chruschtschow von östlicher Seite Bezug. Er würdigte sie als »antifaschistischen Schutzwall« und legitime Grenze, die die Beziehungen zwischen beiden deutschen Staaten normalisieren würde. Seine Äußerungen wurden im anderen Berlin mit Empörung aufgenommen, aber sie sollten sich in gewisser Weise bewahrheiten. 1963 und 1964 kam es zu kurzzeitigen Passierscheinabkommen, und eine Dreiviertelmillion West-Berliner besuchte an den Weihnachtstagen 1963 zum ersten Mal seit zwei Jahren wieder Verwandte im Ostteil der Stadt. Aber erst das Vier-Mächte-Abkommen von 1971, das die Beseitigung der Spannungen um Berlin zum Ziel erklärte und dabei ausdrücklich die Verbesserung der Verbindungswege von und nach Berlin erwähnte, schuf die Grundlage für ein geregeltes Nebeneinander der feindlichen Stadthälften, die sich in den Folgejahren ungeachtet der institutionalisierten Begegnungsmöglichkeiten immer weiter auseinanderlebten. Schon die vom Protest gegen den Vietnam-Krieg ausgelöste Studentenrevolte in der zweiten Hälfte der sechziger Jahre hatte sich allein in West-Berlin abgespielt, und ebenso verhielt es sich in späterer Zeit mit der Ökologiebewegung und der Hausbesetzungswelle.

Die Stadt lernte sich in der Teilung einzurichten. Ostdeutsche Stadtpläne wiesen »Wb« als eine grauschattierte Fläche am Rande von »Berlin. Hauptstadt der DDR« aus; umgekehrt wurde Ost-Berlin für seine Nachbarn im Westteil seit den Berlin-Regelungen von 1971/72 allmählich zu einem Ausflugsziel mit dem Hauch des Exotischen, das in den achtziger Jahren jährlich zwei Millionen West-Berliner ansteuerten, um die befremdliche Andersartigkeit der anderen Metropole vor ihrer Haustür zu erfahren. Die eingeschlossene Halbstadt kompensierte ihre Ausnahmesituation, in dem sie eine urbane Qualität besonderen Charakters entwickelte. Berlin-Zulagen und Abschreibungsvorteile erhöhten ihre wirtschaftliche Attraktivität; der politische Sonderstatus, die historische Aura zwischen Reichstag und Romanischem Café und ein eigenes Lebensgefühl bis hin zur »Freizeit in räumlicher Isolation« verliehen ihr einen zwischen Trotz und Morbidität changierenden Reiz.

Auch Ost-Berlin genoss in der DDR einen Sonderstatus als sozialistische Weltmetropole, und wer sich in Dialekt oder Habitus als Berliner zu erkennen gab, konnte in der übrigen DDR auf eine Mischung aus Neid gegenüber dem Großstädter und Empörung gegenüber der Bevorzugung rechnen, der sich die »Hauptstadt« vom Wohnungsbau bis zur Warenversorgung erfreuen konnte. Mit der Mauer zu leben, wurde in Ost-Berlin nicht anders zur Devise als in West-Berlin. Der Schriftsteller Günter de Bruyn schrieb: »Man mußte vergessen, daß die häufig besuchte Ackerstraße (...) noch eine Fortsetzung nach Norden hatte (...), und wenn man unter dem Straßenpflaster in Fünf-Minuten-Abständen die U-Bahnen von Westen nach Westen rasseln hörte, mußte man irgendwann einmal aufhören zu denken: Ach, wer doch da mitfahren könnte, nach Tegel oder Neukölln. Um eingesperrt überhaupt leben zu können, mußte man so zu leben versuchen, als gäbe es die Absperrung nicht.«

Am Ende der achtziger Jahren bot das doppelte Berlin ein Musterbeispiel friedlicher Koexistenz. Die Mauer, dank perfektionierter Sperranlagen mittlerweile praktisch unüberwindbar, war sozusagen eingewachsen – im Westen zur fröhlich-bunten Maltafel zweckentfremdet, im Osten dank ihres dezent grauen Anstrichs unauffällig verborgen. Man hatte sich einzurichten gelernt, und kein Mauertoter löste in den achtziger Jahren noch so viel zornige Trauer aus wie der 1962 im Stacheldraht verblutete Flüchtling Peter Fechter. Immer noch pflegten West-Berliner summarisch von »Westdeutschland« zu reden, wenn sie nach Kiel oder Konstanz reisten. Aber auch der Transitverkehr hatte seinen Schrecken verloren – und seinen abenteuerlichen Reiz, seitdem die Autobahn nach Hamburg die alte Streckenführung über die Fernverkehrsstraße 5 nach Lauenburg ersetzt hatte, die mit ihren zahllosen Ortsdurchfahrten, Eisenbahnübergängen und versteckten Polizeikontrollen einem Hindernisparcours voller Unwägbarkeiten geglichen hatte. Vorbei auch war die Zeit, in der die Verkehrsplaner hüben und drüben den Tag der Wiedervereinigung in ihre Planungen einbezogen; nun galt umgekehrt die Teilung als Grundvoraussetzung einer zukunftsorientierten Stadt- und Verkehrsplanung, wie sie in West-Berlin die Internationale Bauausstellung 1987 vorstellte. Längst gestattete auf der anderen Seite die SED-Führung ihrer Bevölkerung wieder das Westfernsehen und war der zeitweilige oder dauerhafte Übertritt vorwiegend oppositioneller Künstler und Schriftsteller von Ost- nach West-Berlin Normalität geworden, konnten Senat (West) und Magistrat (Ost) über den Tausch von Grundstücksflächen oder über die Bergung von Verunglückten an der innerstädtischen Grenze sachlich verhandeln. Gegen Ende der achtziger Jahre trafen sich sogar die beiden Stadtoberhäupter zum Gedankenaustausch.

Dann aber kam der Herbst 1989. Jeder hatte die wirtschaftliche, ökologische und politische Krise der DDR herannahen gespürt, doch niemand sah ihren Zusammenbruch voraus. Berlin war unvorbereitet, als am Abend des 9. November 1989 Günter Schabowski als Pressesprecher der »Wende«-Regierung beiläufig das Inkrafttreten einer neuen Reiseregelung für DDR-Bürger »im Prinzip ab sofort« bekannt gab, die auch für Berlin gelten sollte. Nur Stunden später stauten sich unübersehbare Menschen- und Autoschlangen in Ost-Berlin vor den innerstädtischen Grenzübergängen. Als sich um elf Uhr abends an der Bornholmer Straße der Schlagbaum hob, war die Nachkriegszeit in Berlin zu Ende gegangen.

Vor dem zerstörten Reichstagsgebäude in Berlin – ein
britischer Militärpolizist
beobachtet von einem Panzer-
fahrzeug aus eine Kundge-
bung. *Fotografie von Carl
Weinrother, Mai 1950.*

Am 5. Juni 1945 verkünden
die Alliierten die Bildung
eines Kontrollrates zur Über-
wachung und Regierung
Deutschlands. Die Ober-
befehlshaber der Besatzungs-
armeen, Bernard L. Montgo-
mery, Dwight D. Eisenhower,
Georgi K. Schukow und Jean
de Lattre de Tassigny, stellen
sich der Presse.

Das Gebäude des Alliierten
Kontrollrats im ehemaligen
Kammergericht in der
Schöneberger Elßholzstraße.

Eine Angehörige der Roten Armee regelt 1945 den Verkehr auf der Ebertstraße, im Hintergrund links der Reichstag.

Mai 1945: Sowjetische Soldaten hinterlassen ihre Namenszüge im zerstörten Reichstag. Ein Teil der Inschriften wurde beim Umbau des Gebäudes in den 1990er Jahren freigelegt und erhalten.

Der englische Premierminister Winston S. Churchill, im Jeep auf dem Beifahrersitz, besichtigt am 16. Juli 1945, vor der Potsdamer Konferenz, das zerstörte Berlin. Links im Bild der Reichstag.

Auf Weisung des britischen
Stadtkommandanten wird
im August 1948 an der Sekto-
rengrenze auf dem Potsdamer
Platz ein Sperrzaun errichtet.
Zuvor war es bei einer
Schwarzmarkt-Razzia
zu Übergriffen sowjetischer
Soldaten auf britischem Terri-
torium gekommen.

»Schaut auf diese Stadt!«
Am 24. Juni 1948 beginnt die
Blockade der Westsektoren
Berlins durch die Sowjets.
Ernst Reuter richtet am
9. September auf dem Platz
der Republik vor einer un-
überschaubaren Menschen-
menge seinen Appell an die
Weltöffentlichkeit: » Ihr Völker der Welt! ... erkennt, daß
ihr diese Stadt und dieses
Volk nicht preisgeben dürft
und nicht preisgeben könnt!«
Fotografie von Jochen Moll,
9. September 1948.

Vor der Wechselstube
Berolina in Neukölln,
Dezember 1948.

Dreisprachiges Grenzschild zum Amerikanischen Sektor an der zerstörten Nürnberger Straße. *Fotografie von Carl Weinrother, 1945.*

Schaffnerwechsel an der Grenze vom britischen zum sowjetischen Sektor. *Fotografie von Jochen Moll, März 1949.*

Zwei junge Berliner am Bahnhof Zoo mit Care-Paketen aus den USA. *Fotografie von Benno Wundshammer, Mai 1949.*

Ruinen an der Corneliusbrücke. *Fotografie von H. Friedly, 1951.* Die Stadt präsentiert sich dem Betrachter noch lange Jahre vor allem in zwei Zuständen: in der Vertikalen, den in die Höhe ragenden Ruinen, und in der Horizontalen, den durch die Zerstörung entstandenen Freiflächen.

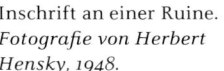

Inschrift an einer Ruine. *Fotografie von Herbert Hensky, 1948.*

Vor der Gedächtniskirche. *Fotografie von Hilmar Pabel, 1947.*

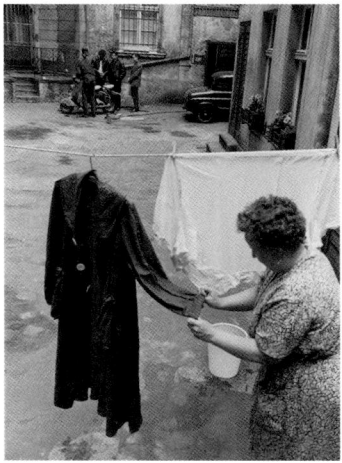

Hinterhof in Kreuzberg. *Fotografie von Will McBride, 1956.*

An einer Wasserpumpe in Alt-Moabit. Die Fassaden zeigen noch deutliche Spuren des Krieges. *Fotografie von Will McBride, 1957.*

Warteschlange vor einem Zigarettenkiosk in der Schönhauser Allee. *Fotografie von Herbert Hensky, Oktober 1947.*

FDJ-Mitglieder auf dem Marsch zum Schlesischen Bahnhof, von wo sie zu den zweiten Weltfestspielen der Jugend und Studenten nach Budapest aufbrechen. *Fotografie von Herbert Hensky, 12. August 1949.*

Mai-Demonstration am Lustgarten vor der Fassade des zerstörten Stadtschlosses. *Fotografie von Herbert Hensky, 1. Mai 1950.* »Das Zentrum, unsere Hauptstadt, der Lustgarten und das Gebiet der jetzigen Schloßruine, müssen zu dem großen Demonstrationsplatz werden, auf dem der Kampfeswille und Aufbauwille unseres Volkes Ausdruck finden können.« Walter Ulbricht, Juli 1950. Im September 1950 wird mit der Sprengung des Schlosses begonnen.

Lebensmittelgeschäft »Konsum« in Ost-Berlin. Auf der Tafel neben der Ladentür sind die erhältlichen Waren aufgeführt, darunter Zwiebeln und Kartoffeln. *Fotografie von Jochen Moll, 1948.*

Zweiter Parteitag der SED in der Deutschen Staatsoper.Im April 1946 hat hier der Vereinigungsparteitag von SPD und KPD stattgefunden. Über dem Eingang das Emblem der SED. *Fotografie von Herbert Hensky, Sommer 1947.*

Blick vom Turm des Roten Rathauses auf die Ruinen an der Königstraße. *Fotografie von Herbert Hensky, September 1946.* »Wenn ich zum Fenster hinausblicke, starren mich auf der anderen Straßenseite die leeren Löcher und zerbrochenen Fassaden der ausgebrannten Häuser an: ein Anblick, der dem Rückwanderer in den ersten zwei Wochen das Herz stillstehen lässt, an den er sich aber bald wie alle anderen so sehr gewöhnt, dass sein Auge darüber hinweggeht, als wäre alles in bester Ordnung. Was will man machen, wenn die Zerstörung das Normale, die Unversehrtheit das Anormale ist?« Wolfgang Langhoff, Regisseur und Schauspieler, aus dem Exil nach Berlin zurückgekehrt, ab 1946 Intendant am Deutschen Theater.

Boykottaufruf zur Kommu-
nalwahl am 5. Dezember 1948.
Plakat, 1948.
Nach der Verlegung der Stadtverordnetenversammlung in
den Westteil und der Bildung
einer »Außerordentlichen
Stadtverordnetenversamm-
lung« im Ostsektor erfolgt am
5. Dezember 1948 die Wahl
eines eigenen Magistrats im
Westteil der Stadt, die von
der SED und dem »Demokra-
tischen Block« als »imperialis-
tische Spalterwahl« abgelehnt
und boykottiert wird.

Wahlkampf im Prenzlauer
Berg bei den ersten freien
Wahlen am 20. Oktober 1946.
*Fotografie von Herbert
Hensky, 19. Oktober 1946.*
Die SED erhält nur 19 Prozent
der Stimmen, die SPD 49 Pro-
zent und stellt den Oberbür-
germeister, Otto Ostrowski.

Der am 30. November 1948 von der »Außerordentlichen Stadtversammlung« per Akklamation zum Oberbürgermeister von Ost-Berlin bestimmte Friedrich Ebert, Sohn des gleichnamigen Reichspräsidenten, spricht anlässlich einer Straßenumbenennung. *Fotografie von K. Kindermann, 1950.*

Alltag in den Straßen Ost-Berlins: Es grüßen Bürgermeister Friedrich Ebert, Staatspräsident Wilhelm Pieck, Ministerpräsident Otto Grothewohl und Walter Ulbricht, Generalsekretär der SED. *Fotografie von Jochen Moll, 1951.*

Juni 1953: An der Sektorengrenze Bernauer Straße stehen sich West-Berliner Polizei
und Ost-Berliner Betriebs-
kampfgruppen gegenüber.

17. Juni 1953. Verwundete
Demonstranten werden von
der West-Berliner Polizei
geborgen. Nach offiziellen
Angaben der DDR kommen
bei den Unruhen 23 Men-
schen ums Leben. Westliche
Berichterstatter sprechen
von Dutzenden erschossenen
Aufständischen. Vier Volks-
polizisten werden von
Demonstranten erschlagen,
41 sowjetische Soldaten
wegen Befehlsverweigerung
standrechtlich erschossen.

Am 17. Juni 1953 um 13 Uhr
verhängt der sowjetische
Stadtkommandant den Aus-
nahmezustand. Die Panzer
vom Typ T 34 werden, wie
hier am Brandenburger Tor,
mit Steinen beworfen. *Fotografie von Benno Wundshammer, 17. Juni 1953.*

Am 17. Juni 1953 legen im Ostteil der Stadt Tausende die Arbeit nieder. Aus dem Protest gegen die Erhöhung der Arbeitsnormen wird schnell eine Demonstration gegen die Ulbricht-Regierung. Die Menschenmenge zieht von der Stalinallee in die Innenstadt, am Brandenburger Tor wird die rote Fahne eingeholt. Um die Mittagszeit fallen hier die ersten Schüsse. *Fotografie von Benno Wundshammer, 17. Juni 1953.*

Demonstranten am Potsdamer Platz suchen Deckung. *Fotografie von Benno Wundshammer, 17. Juni 1953.*

Anwohner beobachten in der Bernauer Straße fassungslos die Errichtung der Mauer. *Fotografie von Klaus Lehnartz, August 1961.*

»Niemand hat die Absicht, eine Mauer zu errichten.« 13. August 1961: Mitglieder einer Betriebskampfgruppe auf dem Weg zum Einsatz. *Fotografie von Gerhard Kiesling.*

Konfrontation in der Friedrichstraße: Ein amerikanischer Panzer ist am Checkpoint Charlie aufgefahren, um der Forderung nach unkontrolliertem Grenzübertritt amerikanischer Militärangehöriger Ausdruck zu verleihen. Die Sowjets postieren Panzer auf der gegenüberliegenden Seite des Übergangs. Nach 48 Stunden ziehen sich die Sowjets auf Befehl Chruschtschows wieder zurück. *Fotografie von Klaus Lehnartz, 27. Oktober 1961.*

Ab 1963 wird, wie hier in der Bernauer Straße, die ursprüngliche Steinmauer durch eine Betonmauer ersetzt. *Fotografie von Klaus Lehnartz, Juli 1963.*

Absurdität der geteilten Stadt: die Häuser der Kreuzberger Sebastianstraße befinden sich noch in West-, der Fußweg davor gehört bereits zu Ost-Berlin. *Fotografie von Klaus Lehnartz, undatiert.*

Serielle Anfertigung von
Porträts des Staatsratsvor-
sitzenden Walter Ulbricht in
Schloss Niederschönhausen.
*Fotografie von Jochen Moll,
August 1964.*

Der Erste Sekretär des ZK
der KPdSU, Nikita Chruschtschow, zu Besuch in Berlin,
(»Hauptstadt der DDR«),
hier im Gespräch mit Walter
Ulbricht. *Fotografie von
Herbert Fiebig, August 1957.*

»Der Tag wird kommen, an dem das Brandenburger Tor nicht mehr an der Grenze liegt. Bis jener Tag kommt, bitten, rufen, fordern wir: Macht das Tor auf! Macht Schluss mit der widernatürlichen Spaltung.« Willy Brandt, seit 1957 Regierender Bürgermeister, verkauft Brandenburer-Tor-Abzeichen anlässlich der Aktion »Macht das Tor auf« des Kuratoriums Unteilbares Deutschland am 16. Juni 1959.

»Ich bin ein Berliner!« Der Besuch des US-Präsidenten John F. Kennedy im Juni 1963 wird zu einem Triumphzug, mehr als eine Millionen Menschen bereiten ihm einen begeisterten Empfang. Mit dem Regierenden Bürgermeister Willy Brandt besichtigt er das Brandenburger Tor, das von DDR-Grenztruppen mit Stoffbahnen verhängt worden ist, um dem Präsidenten den Blick nach Osten zu versperren. *Fotografie von Will McBride, 26. Juni 1963.*

Walter Groß in der Rudolf-Nelson-Revue »Berlin-W Weh« im Theater am Kurfürstendamm. *Fotografie von Benno Wundshammer, Mai 1949.*

»Der Insulaner verliert die Ruhe nich/der Insulaner liebt keen Jetue nich!/Der Insulaner hofft unbeirrt/dass seine Insel wieder'n schönes Festland wird!« »Der Insulaner«: Titelseite der ersten Ausgabe vom 1. September 1948, herausgegeben von Günter Neumann.

In der »Komödie« wird Schillers »Kabale und Liebe« gespielt. *Fotografie von S. Richter, 1945.*

Bertolt Brecht (1898–1956), Dramaturg, Schriftsteller, Regisseur, mit dem Komponisten Paul Dessau (1894–1979) am Klavier. *Fotografie von Willy Saeger, 1951.*

Auftritt des Alexandrow-Ensembles der Sowjetarmee auf dem Berliner Gendarmenmarkt. Blick vom Dach des Schauspielhauses auf das Ensemble. *Fotografie von Jochen Moll, 18. August 1948.*

Umbenennung der Karlstraße im Ostteil der Stadt in Max Reinhardt-Straße. *Fotografie von Willy Saeger, 16. Juni 1946.*

»Unser die Straße, unser der Sieg!« Im Dezember 1949 beginnen im kriegszerstörten Ost-Berlin die Arbeiten an der Stalinallee genannten »sozialistischen Prachtstraße«. *Fotografie von Jochen Moll, 1952.*

Walter Ulbricht bei der Grundsteinlegung für die Stalinallee. *Fotografie von Jochen Moll, 1952.*

Richtfest am Strausberger Platz: Junge Pioniere begrüßen die eintreffenden Teilnehmer des Richtfestes. *Fotografie von Herbert Hensky, 27. September 1952.*

Spaziergang in der Stalinallee. Im Hintergrund das noch
im Bau befindliche »Haus
des Kindes«, rechts die Sport-
halle. *Fotografie von Herbert
Hensky, April 1953.*

Eine Mieterin bezieht ihre
neue Wohnung in der Stalin-
allee. Zwei Männer in der
Uniform des »Dienst für
Deutschland« helfen ihr.
*Fotografie von Gerhard
Kiesling, 1952.*

Einzug der ersten Mieter
in neu erbaute Wohnblocks
an der Stalinallee. *Fotografie
von Herbert Hensky, 7. Januar
1953.*

Bei der Eröffnung der Internationalen Bauausstellung im neu erbauten Hansaviertel: Regierender Bürgermeister Otto Suhr (2. v. l.), Bundespräsident Theodor Heuss (2. v. r.) und Bausenator Rolf Schwedler (r.). *Fotografie von Klaus Lehnartz, 6. Juli 1957.* Der West-Berliner Senat beschließt, die Internationale Bauausstellung 1957 mit dem Projekt »Wiederaufbau des Hansaviertels« zu koppeln. Die Bauausstellung soll nicht nur West-Berlins Zugehörigkeit zum Westen demonstrieren, sondern durch die Berufung namhafter Architekten aus dem Ausland auch eine Geste der Versöhnung und des demokratischen Neuanfangs sein.

Sozialer Wohnungsbau in
Britz. *Fotografie von Friedrich Seidenstücker, 1953.*

Übersichtstafel vor dem
Bahnhof Zoo zu Projekten
des Sozialen Wohnungsbaus
in West-Berlin. *Fotografie von
Friedrich Seidenstücker, 1952.*

Richtfest beim Wiederaufbau
von Schloss Bellevue, dem
Berliner Amtssitz des Bundes-
präsidenten. *Fotografie von
Hans Schaller, 10. November
1954.*

Neue Bauten am Kurfürsten-
damm/Ecke Rankestraße.
*Fotografie von Friedrich
Seidenstücker, um 1955.*

Transparent am Studentenwohnheim Siegmundshof. *Fotografie von Klaus Lehnartz, 8. Juni 1967.* Am Abend des 2. Juni 1967 wird der 26-jährige Student Benno Ohnesorg nach der Demonstration gegen den Besuch des Schah Reza Pahlevi in einem Hinterhof des Hauses Krumme Straße 66/67 durch den Schuss aus der Dienstpistole eines Polizisten getötet.

Demonstration vor dem Amtsgericht Moabit am ersten Tag des Prozesses gegen den Kommunarden Fritz Teufel wegen Landfriedensbruch während der Anti-Schah-Demonstration am 2. Juni 1967. Rudi Dutschke (Mitte) und Gaston Salvatore (links), durchbrechen die Absperrung. *Fotografie von Klaus Lehnartz, 27. November 1967.*

Umgestürzte Auslieferungsfahrzeuge in der Kochstraße nach der Aktion der Außerparlamentarischen Opposition (APO) gegen den Sprin-ger-Verlag als Reaktion auf das Attentat auf Rudi Dutschke am 11. April 1968. *Fotografie von Günter Zint, 14. April 1968.*

Eröffnungsfeier beim Deutschlandtreffen der Jugend zu Pfingsten 1964 im Walter-Ulbricht-Stadion, dem späteren Stadion der Weltjugend. *Fotografie von Horst E. Schulze, 16. Mai 1964.*

Demonstration anlässlich des Deutschlandtreffens der Jugend zu Pfingsten 1964 auf dem Marx-Engels-Platz, dem heutigen Schlossplatz. *Fotografie von Horst E. Schulze, 17. Mai 1964.*

Kundgebung zum 20. Jahrestag der Gründung der DDR. *Fotografie von Klaus Lehnartz, 7. Oktober 1969.*

Demonstration von Haus-
besetzern in West-Berlin.
Fotografie von Jochen Moll,
Dezember 1980.

Hauswand im Prenzlauer Berg. *Fotografie von Volker Döring, Oktober 1989.*

Straßenszenerie im Bezirk Kreuzberg. *Fotografie von Jochen Moll, 1979.*

»Polizei und Senat sind ein Gangstersyndikat«: Besetztes Haus in Kreuzberg. Aus Protest gegen den Leerstand von mindestens 10 000 Wohnungen in West-Berlin und gegen den Abriss von Häusern mit bezahlbaren Altbauwohnungen formiert sich 1980 die Hausbesetzerbewegung. *Fotografie von Jochen Moll, Dezember 1980.*

Bei einem Rockkonzert in der Radrennbahn Berlin-Weißensee. *Fotografie von Volker Döring, August 1988.*

Auf der Mauer vor dem Brandenburger Tor. *Fotografie von Klaus Lehnartz, 10. November 1989.*

»THE SIX IS THE MESSAGE«

Berlin in Bewegung *Joachim Schlör*

Bahnhof Friedrichstraße. An diesem Ort scheiden sich nicht allein die Geister, sondern die Erfahrungen. Für die einen war hier das unterirdische Dröhnen einer unbekannten U-Bahn Signal für die unerreichbare Präsenz einer anderen, fremden Welt – irgendwo da unten, wohin keine Treppe führte, zog sich etwas von Westen-Süd nach Westen-Nord und war doch für kurze Zeit im Osten. Wer im Westteil der Stadt aufgewachsen oder aus der BRD-Provinz nach Berlin gekommen war, erlebte den Ort als Schleuse, als kleine Öffnung in der großen Grenze, die auf so unangenehme Art körperlich spürbar war und merkwürdigerweise hier gar nicht verlief.

Vielleicht gibt die historisch gewordene Verschiebung – ich bin mitten in einer Stadt und befinde mich doch am äußersten Ende zweier Machtsysteme – einen Hinweis darauf, wie breit und schwer der Vorhang war, der beiseite geschoben werden musste. Wie ein grauer Vorhang, dick, muffig, vor eingefrorenem Leid starrend, liegen die verschiedenen Erinnerungen an den Ort der Grenze vor unserem Blick auf die Friedrichstraße und damit: auf die ganze Stadt. Wer den Vorhang zur Seite schiebt und aus dem Bahnhof auf die Straße tritt, fragt sich verblüfft: So sieht sie aus?

Hier ist wirklich Mitte. Die roten Doppeldeckerwaggons der Regionalexpresse verbinden die Mitte der Stadt mit den Regionen: über Potsdam nach Genthin und Magdeburg, über Spandau nach Rathenow und Stralsund oder Wittenberge, über Frankfurt/Oder nach Cottbus und Eisenhüttenstadt, über Jüterbog nach Hoyerswerda – Berlin ist nicht mehr Insel, sondern das Herzstück einer

Umgebung. Die Dampfer sind schwimmende Boten der Wasserstadt Berlin, die Spree führt über Tiergarten und Charlottenburg hinaus nach Tegel, und auf der anderen Seite, vorbei am Ursprungsort der Stadt, der Mühlendammschleuse, hinaus nach Köpenick und zum Müggelsee: Berlin in Bewegung. U-Bahn und S-Bahn öffnen Wege ins südliche Zehlendorf wie ins nördliche Reinickendorf, und auch die Tram ist in die Stadtmitte zurückgekehrt. Und noch immer ist Berlin eine Stadt, die sich vor allem dem Wanderer erschließt.

Kontinuität des Wandels

Knappe sechs Kilometer Stadt liegen vor dem, der sich eine Wanderung vom Bahnhof aus die Friedrichstraße Richtung Norden bis hinter das Oranienburger Tor, von dort die ganze Länge nach Süden bis zum Mehringplatz und auf der anderen Straßenseite wieder zurück vorgenommen hat.

Der nördliche Ausgang des Bahnhofs führt zum »Tränenpalast«. Hier fanden millionenfach tränenreiche Abschiede zwischen Familien und Freunden statt, die sich aufgrund der Teilung der Stadt kurz vor Mitternacht verabschieden mussten. Eine Ausstellung erinnert heute an diesen Ort – die Punker der Nachwendejahre sind verschwunden, nun hat sich das Areal und mit ihm das Publikum radikal erneuert. Studenten eilen in die neue Grimm-Bibliothek, Touristen Richtung Brandenburger Tor und Geschäftsleute in (für Berliner Verhältnisse) hochragende Bürotürme, die das Panorama der Friedrichstraße jetzt mehr und mehr prägen. Wann immer man über Berlin »jetzt« schreibt, ist es beim Erscheinen des Textes schon vergangen – wenigstens so wird Berlin wirklich Metropole, überrollt uns Stadtbenutzer mit einem steten »Bin schon da!« – egal, jetzt gerade wird gebaut, werden Lücken geschlossen, wird das alte Bild einer Straße ohne breite Bürgersteige, ohne Bäume, wird die Erfahrung der Schlucht Großstadtstraße wieder herbeigeholt. Und zugleich ist die Aussicht noch offen, jetzt, Richtung Brücke, hinter der schon das Gebäude des Theaters am Schiffbauerdamm hervorlugt und zu seiner südlichen Flanke eine ganze Zeile von Restaurationen. Wir sind Hauptstadt geworden.

Ein paar Schritte den Schiffbauerdamm entlang, da steht mit all ihren pathetischen Insignien eine Regierung. Man hat sich daran gewöhnt, den Wichtigen und den Wichtigtuern jeden Tag auf den Alltagswegen zu begegnen. ARD Hauptstadtstudio. Zollernhof und ZDF. Gebäude für Regierungsbeamte und Bundestagsabgeordnete. Wagen der diplomatischen Corps. Die Kuppel auf dem von Norman Foster umgebauten Reichstag (der 1995 mit seiner Verhüllung durch Christo eine Art von »symbolischer Reinigung« erlebte) leuchtet sehr transparent am Abend und zieht beständig Besucherströme an. Tatsächlich hat der Regierungsumzug neues Leben in die Stadt gebracht. Nach den wilden Jahren des Übergangs, die auf der politischen Ebene so träge dahinflossen, während in den Clubs und in den Kellern und in den besetzten Häusern das Zusammenwachsen geprobt wurde, nach der Entscheidung vom Juni 1991 und den folgenden langen Jahren des Wartens und der Skepsis hat sich etwas ereignet. Es kommt einem vor, als hätte die Stadt ein gestärktes Rückgrat, als hätte sie sich ein bisschen mehr zurechtgerückt. In den Kaufhäusern wurde Freundlichkeit geprobt, die Zugabfertiger lernten »bitte« zu sagen, die Berliner Stadtreinigung hat sich mit neuen Slogans ein neues Image verpasst. Aber als es soweit war und die Lastwagen anrollten, hat

Berlin seine Hauptstadtfunktion wieder gelassen angenommen; in der östlichen Hälfte war die Erinnerung daran, wie man »so was« macht, noch frisch. Man nimmt zur Kenntnis. Vor und hinter dem Reichstag: Neubauten auf der Achse des Bundes bis hinüber zum Bundeskanzleramt und weiter bis zu einer nach wie vor recht unwirtlich und verloren daliegenden Schlange von Wohngebäuden. Vor dem Mauerfall bot die Fahrt mit der S-Bahn zwischen den Stationen Lehrter Stadtbahnhof und Friedrichstraße zunächst den Einblick in eine West-Berliner Hinterhoflandschaft aus LKW-Abstellplätzen, Holzbaracken und Halden; irgendwann kam der Moment der Grenzüberschreitung, und dann ging es hinein in eine graue Welt abblätternder Fassaden und blinder Fenster. Nach dem November 1989 war die Strecke zwischen der S-Bahn und der Spree plötzlich frei für Spaziergänger, Künstler und Fahrradartisten: offene Stadt im Übergangsgelände zwischen den Zeiten. Dann kamen die Baustellen – und es scheint tatsächlich so, als würde erst die Definitionskraft einer Regierung mit ihrer gebauten Richtlinienkompetenz im Zentrum das Chaos zu einem Ganzen binden. Besonders gut sichtbar ist das neben dem Reichstag, wo eine Brücke zwei Bürokomplexe zusammenhält und das versprochene »Band des Bundes« auf das neue Kanzleramt zu orientiert. Mitten im Neuen steht die geschwungene Form der alten Kongresshalle, die den Sprung von einem Symbol der Westbindung zu einer wirklich metropolitanen Funktion als »Haus der Kulturen der Welt« schnell und überzeugend absolviert hat. Etwas weiter wölbt sich ein gigantisches Glas- und Stahldach über die Stadtbahn. Der neue Hauptbahnhof wurde als zentraler Verkehrsknotenpunkt errichtet und hat damit den – weitgehend negativ – symbolträchtigen Bahnhof Zoo in seiner Funktion abgelöst. Zurück zur Friedrichstraße.

Auf der Strecke von der Weidendammer Brücke bis zum Reichstagsufer, wo es früher nur das alte »Ganymed« gegeben hat, reiht sich heute

Kneipe an Restaurant; am prominentesten ist die »Ständige Vertretung«, in der Menschen wirklich Karneval feiern und auch außerhalb der Session Gebräuche üben, die der neugierige Berliner gerne betrachtet. »Bühnen der Macht: Zur Inszenierung des Berliner Regierungsviertels als Repräsentationsraum« hieß ein Projekt der Kollegen vom Institut für Europäische Ethnologie, hier wurden die Begriffe aus einer zehn Jahre währenden Debatte noch einmal gesammelt und bewertet: Offene Stadt. Städtische Landschaft in Bewegung. Räume ohne Ordnung. Werkstatt. Experimentierkasten. Noch gibt es, so wurde konstatiert, keine gemeinsame symbolische Topografie, so radikal waren die Umwälzungen. Und kritisch wird vermerkt, dass die neue Präsenz der Politik sich bisher eher in *events* ausdrückt als in wirklichen Einblicken in das Funktionieren einer »Berliner Republik«. Diese Debatten reichen zurück zum Beginn der neunziger Jahre, und es ist recht bildend, noch einmal die Zeitungen aus diesen Jahren zu lesen; überall gab es *specials* und Sondernummern, und überall war der Ton ähnlich: »Die Entwicklung«, so das ZEIT-Magazin im Oktober 1991, gebe eher »den Skeptikern recht als den euphorischen Befürwortern«; über dem Bild eines noch gänzlich brach liegenden Potsdamer Platzes in düsterer Abendstimmung stand schlicht: »Stadt der Spekulationen«; verfallene Straßen, besetzte Häuser, unfreundliche Busfahrer, Ost- West-Streitigkeiten, alles zusammen vermittelte den Eindruck, als ob im Osten »der Krieg gerade zu Ende gegangen« sei, während er in Kreuzberg »noch in voll'n Jange is«. Die Russen-Mafia und die polnischen Autodiebe und die vietnamesischen Zigarettenhändler bildeten die neue Staffage einer »teuren tristen Meile«, in der die Unmoral der Treuhand regierte. Das stärkste Argument für Berlin als Hauptstadt war die Hoffnung, dass die Politik endlich ihr (Bonner) Glashaus verlassen und dem wirklichen Leben begegnen könnte – und sollte. Aber wo ist das wirkliche Leben?

Lange Zeit war Heiner Müllers Inszenierung vom »Aufhaltsamen Aufstieg des Arturo Ui«, ehemals mit Martin Wuttke, der seine schmalen Glieder zum Hakenkreuz verrenkte, eines der stärksten Signale aus dem Berliner Ensemble, dem alten Theater am Schiffbauerdamm. Auch das

Früher der DDR blieb noch lange anwesend auf diesem nordwestlichen Teil der Friedrichstraße, lechzt erst zögerlich nach der neuen Zeit, die nur wenige Schritte weiter ganz bei sich ist. Coffeeshop-Ketten, Imbisse, die Tramstation Oranienburger Tor. Und dahinter »Feuerland«, davon wissen die Neuen wenig. Jenseits der alten Mauer am Oranienburger Tor hat Borsig Lokomotiven gebaut, die wenigen Betriebe die sich noch halten konnten wurden inzwischen zu Lofts umgewandelt, zu Büros für die Generation Internet, die auch schon nicht mehr ganz so jung aussieht. Der Künstler Rainer Görß hat in seinem virtuellen Betrieb »Gießerei Sprachraum« mit alten Gussformen das Firmenschild einer »Gesellschaft für Expansionsforschung« hergestellt, sozusagen auf generellen Verdacht.

Am leersten steht derzeit das Tacheles, selbst im Übergang gefangen. Was waren das für Jahre, direkt nach der Wende, als die ganze Stadt offen schien und nur aus Ruinen bestand, die ihre Besetzung herbeisehnten? Wenige Schritte dahinter die Synagoge. Schon 1988, anlässlich der Gedenkveranstaltungen fünfzig Jahre nach der Pogromnacht, war der Beschluss gefallen, die Ruine der Neuen Synagoge wenigstens teilweise wieder aufzubauen. 1866 in orientalisch-maurischem Stil errichtet, war die Synagoge bis zum 9. November 1938 das spirituelle Zentrum der Jüdischen Gemeinde zu Berlin. Sie wurde in dieser Nacht nicht niedergebrannt, weil ein mutiger Polizist, Wilhelm Krützfeld, sie vor der SA bewahrte. Im Krieg zerbombt, sollte sie nach 1945 als Ruine steter Mahnung dienen. Bäume wuchsen aus dem Dach. Nach ihrer äußerst gelungenen, behutsamen, nichts verfälschenden Renovierung und

Umwandlung zum Centrum Judaicum steht die Neue Synagoge mit ihrer weithin sichtbaren goldenen Kuppel symbolisch für die Rückkehr – von was? Das Feld der Assoziationen, der Wünsche, Sehnsüchte und Ängste ist umfassend: Tatsächlich hat die später von der Bundesregierung bestätigte Entscheidung der letzten DDR-Volkskammer, Juden aus der Sowjetunion aufzunehmen, zu einer beträchtlichen Zuwanderung geführt. Heute hat Berlin eine der am schnellsten wachsenden jüdischen Gemeinden Europas. Eine Vielzahl jüdischer Einrichtungen, darunter der Zentralrat der Juden in Deutschland, das American Jewish Comitee, die Ronald S. Lauder Foundation und viele andere, sind nach Berlin gekommen und tragen dazu bei, dass diese Stadt wieder – neues – jüdisches Leben als Teil ihres kulturellen Mosaiks erfährt. Aber diese demografische, soziale, auch kulturelle Neuentwicklung, die für die ganze Stadt (und für das Land) von so großer Bedeutung ist, spielt sich längst nicht (nur) auf dieser Straße ab; die hat eine andere, fast virtuelle Funktion der Repräsentation, auch der Instrumentalisierung »des Jüdischen«, und immer wieder gleitet sie ab in den Kitsch, in das falsche Spiel mit Namen und Versatzstücken einer versuchten Heimholung. Bezeichnend ist dafür die Verwendung des Namens »Scheunenviertel«, der in der Fantasie von Touristen und Reiseführern identisch geworden ist mit einer Vorstellung von Berlins Mitte – der Oranienburger Straße und der Spandauer Vorstadt – als einer »jüdischen Stadt«. Das alte Scheunenviertel, aus Feuerschutzgründen Aufbewahrungsort für Getreide außerhalb der Stadtmauer, ungefähr am Standort der 1912 errichteten Volksbühne nordöstlich vom Alexanderplatz, war in den letzten Jahren des 19. Jahrhunderts zum Ort der Zuwanderung von Juden aus Osteuropa geworden. Dragonerstraße, Grenadierstraße, Schendelgasse und Hirtengasse bildeten das Zentrum eines Viertels, das nicht nur aus den Betstuben der Chassidim, aus den sonntags geöffneten Märkten und kleinen Läden bestand,

sondern durchsetzt war von Kaschemmen, Vergnügungslokalen, Kinos und den Treffpunkten der gewalttätigen Ringvereine.

Mit der Maueröffnung war die Straßenprostitution in die Oranienburger zurückgekommen; ein bisschen dunkel war es noch, aus den Kellern dröhnte verdächtige Musik. Und wurde bald durch Klezmer ersetzt: ein neues Stück Exotik in der Großstadt. Die Einzelteile sind richtig, aber das Ensemble ist von durchdringender Falschheit. Was sich gerade in den letzten zehn Jahren auf der Oranienburger Straße ereignet hat, gehört wohl zu den merkwürdigsten Begebenheiten der Metropolenwerdung Berlins. Längst sind es nicht mehr die Prostituierten, deren nächtliche Präsenz ein noch früheres Früher, das Berlin der zwanziger Jahre, hervorzurufen schien, die die Straße prägen, sondern die Gruppen junger Touristen, die feuchtfröhlich von Bar zu Bar ziehen und bei jeder Station etwas wackliger auf den Beinen werden. Pub Crawling heißt diese eigenwillige Form der Stadterkundung, auf die sich auch die Gewerbetreibenden auf der Oranienburger Straße eingestellt haben, ›normale‹ Besucher und ›normale‹ Preise findet man hier schon lange nicht mehr.

Die zukünftige Nutzung des »Tacheles« ist ungewiss. Jetzt ist die Zeit auch hier angekommen. In den Jahren der Wende war die Ruine der alten Friedrichstadt-Passagen, schnell und gründlich besetzt, zu einem der zentralen Orte einer ganz anderen, aber nicht weniger spezifischen Berliner Mischung geworden: alternative Kultur als Touristenattraktion und mit Rentenanspruch. Die Fassade war lange Zeit eines der begehrtesten Objekte der Kameras der Passanten. Dann der dunkle Durchgang in den Garten, der als Park gestaltet war mit einem halb in der Erde versunkenen Autobus, mit technischem Gerät und Bierbänken (und sehr vielen Wänden, Plakaten, Brettern, die eine aufgemalte Ziffer 6 trugen). Im Inneren: Werkstätten, Ateliers, ein Kino. Eine Bar. Als die Investoren vor 10 Jahren kamen und dem Tacheles sogar eine

Integration in die künftigen Gebäude auf diesem teuren Stück Stadt anboten, verlangte man dreißigjährige Mietgarantien. Dreißig Jahre Garantie – klingt sehr nach West-Berlin. Gegen die Investoren von heute scheint das Haus nun ganz verloren zu haben; das seit der Entstehung stets von der Räumung bedrohte Kulturzentrum, längst mehr von Touristen als von Künstlern bevölkert, scheint nun tatsächlich in den letzten Atemzügen zu liegen. Die Friedrichstraße reicht noch bis zur Torstraße, die einmal Wilhelm-Pieck-Straße und auch einmal Elsässer Straße hieß. Voraus die Chausseestraße mit dem Dorotheenstädtischen Friedhof und dem Brecht-Haus. Wer nicht mehr laufen mag, hat hier die Tram zu seiner Verfügung und kann über die Strecke Nordbahnhof – Pappelplatz – Zionskirchplatz über die Brunnenstraße nach Prenzlauer Berg fahren. Faszinierend, wie selektiv die »Metropolisierung« vor sich geht und wie ihr alle hinterherlaufen. Von Mitte schwappte der Trendstatus nach Prenzlauer Berg, heute ist Neukölln die In-Gegend schlechthin und als nächstes wird wohl der Wedding erobert. Überhaupt geht ein Gespenst um in der Stadt, das dominierende Thema der Stunde trägt den gefürchteten Namen: Gentrifizierung. Gerade die letzten Jahre ab 2005 standen im Zeichen des Zuzugs von Menschen, die die Alteingesessenen häufig an Zahlungskraft übertrumpfen. Ein Kreislauf hat eingesetzt, der symptomatisch für alle Metropolen der Welt ist: Wohnraum wird aufwendig saniert und dadurch sprunghaft teurer, was die ärmere Bevölkerung von der Mitte der Stadt langsam aber sicher an die Ränder treibt. Das ruft den heftigen Widerstand der linken Szene hervor, gerade wurde ein Kunstprojekt des amerikanischen Guggenheim Lab auf einer Brache in Kreuzberg gekippt, aus Furcht vor Anschlägen von Protestierenden, die in ihrem vermeintlich guten alten Kreuzberg unter sich bleiben wollen. Der Starrsinn und die Abwehrhaltung gegen jegliche Entwicklung, die bestimmte Stadtteile aufwertet und dadurch auch lebenswerter

macht, zeigt jedoch, dass in der werdenden Metropole noch ordentlich viel Provinz steckt – das ist ebenso sympathisch wie es fragwürdig und (vermutlich) vergeblich ist.

Zentrum und Abseits

Vom Bahnhof Friedrichstraße in Richtung Süden. Der Sechsenmaler, einer meiner persönlichen Berliner Lieblinge, fährt mit seinem von Farbeimern schwer behängten Fahrrad vorbei, hält an, findet kaum noch einen freien Platz für seine Kunst. Ich mag ihn vor allem deshalb, weil er nur die Provisorien bemalt, Baustellenplakate, Eimer, frisch geteerte Bodenstücke. Er hat Respekt vor dem Gebauten, alt oder neu. Malt Sechsen, meistens, bezeichnet sich als Stadtintendanten oder Talkmaster, bemalt auch Eimer mit grinsenden Gesichtern, findet aber auf seinen verwirrenden Wegen die Lücken in der Stadt, könnte fast als Wegweiser in die Hintergründe der wachsenden Metropole dienen. Ich zeige ihn einem Journalisten, »da ist der Sechsenmaler auf seinem Fahrrad«, und der kennt ihn gar nicht. Geht seit Jahren durch die Stadt und hat noch keine Sechs gesehen. Und ist nicht der Einzige! Was sehen die Leute bloß? Mein Freund Bill aus Toronto, Blitzforscher von Beruf, war aufmerksamer: »Oh, I see, the Six is the message.« Angesichts der vielen neuen Klarheiten, die über die Stadt hereingebrochen sind, ist ein Stück Unverständlichkeit richtig erholsam.

Friedrichstadt-Palast. Der Mythos von der Metropole der zwanziger Jahre, hier wirkte er selbst in die DDR hinein, scheint in den populären Fantasien untrennbar mit der Friedrichstraße verbunden. Auch die Investoren der ganz neuen Zeit reden in ihren Werbebroschüren von den »goldenen« Jahren, von Glanz und Glitter, von »Wintergarten« und »Admiralspalast«.

Von der Weidendammer Brücke geht der Blick übers Wasser. »Wasserstadt« und »Wohnen am

Wasser« sind Schlagworte einer neuen Berlin-Werbung für die Wohngebiete in Spandau oder Treptow, vielleicht aber auch Anzeichen eines neuen Bewusstseins: Das ist eine Stadt am Wasser. Lastkähne fahren mitten durch die Stadt, vorbei an der Museumsinsel, zum Mühlendamm, und treffen sich sogar mit ihren Oldtime-Vorgängern im Historischen Hafen. Selbstverständlich hat die Friedrichstraße eine Anlegestelle, öffnet die Stadt nach draußen.

An der berühmtesten Kreuzung der Stadt, Unter den Linden und Friedrichstraße, geht der Blick nach Westen zum Brandenburger Tor. Am Pariser Platz wurde auch verdichtet, die Leere überbaut: mit historisierender Anknüpfungsarchitektur wie beim Hotel Adlon, mit bescheidenen Experimenten wie bei der DG-Bank oder der britischen Botschaft. Auch die Botschaft der Republik Frankreich und die Akademie der Künste haben ihre Neubauten am historischen Ort realisiert. An der südlichen Seite hat die Botschaft der Vereinigten Staaten die letzte große Lücke geschlossen.

Auf der anderen Seite der Behrenstraße liegt das »Mahnmal für die ermordeten Juden Europas«. Nach langen Jahren einer quälenden Debatte steht an diesem Un-Ort, in den Ministergärten hinter der alten Regierungszeile an der Wilhelmstraße, auf ideologisch verseuchtem Gelände nun das Stelenfeld von Peter Eisenman: »Ihr sollt Euch nicht aus der Verantwortung stelen«, war eine Zeit lang am Bauzaun zu lesen; aber es scheint so, als habe das Mahnmal nicht nur eine Lücke in der Stadtlandschaft geschlossen, sondern auch die Erinnerung an die Zeit – und die Opfer – des Nationalsozialismus auf überzeugende und offene Weise in die Stadt integriert. An keinem anderen Ort ist Berlin so sehr historisch aufgeschichtet. Wim Wenders ließ in seinem Film »Der Himmel über Berlin« den Emigranten Curt Bois über die weite Leere in der Grenzregion laufen, auf einer vergeblichen Suche nach dem »goldenen« Berlin von Café Josty und Kaufhaus Wertheim – heute

erheben sich dort die blinkenden Hochhäuser am Potsdamer Platz.

Letzter Abschnitt, Friedrichstraße von den Linden nach Süden. Jenseits des Boulevards, zu dem sich die kleine einstige »Querstraße« von ihrer ersten Anlage an immer verhalten musste, ist alles neu. Groß. Prächtig. Wie in Hannover oder Stuttgart. Am Potsdamer Platz – von hier zu Fuß oder mit der S-Bahn leicht zu erreichen –, um den sich die Planer so viele Gedanken gemacht haben, waren sie wohl überfordert. Das ganz Neue darf so großsprecherisch daherkommen, am Potsdamer Platz ist weder Ost noch West. Aber hier? Warum diese vielen dicken Ausrufezeichen? Man staunt nicht einmal, geht entlang, sieht freilich beeindruckende Architektur. Aber sie will so sehr beeindruckend sein, sie kündigt sich so arg an: Ich bin groß und neu. Ach ja? Dennoch ist dieses Stück Friedrichstraße mit Spannung aufgeladen, die bringt das Publikum mit, das langsam genug hat von Baustellen und neue Attraktionen braucht. Metropole? Hier gerade nicht. Aber der Wind weht gut durch diesen Teil der Straße, weht Touristen (die glauben, hier einen besseren Kurfürstendamm zu finden) und Geschäftsleute und Mitarbeiter der Landesvertretung Bayerns – großes Lob für frühe Ankunft und selbstbewusste Präsentation! – so durcheinander, dass alle für einen Moment denken können, sie befänden sich in einer richtig großen Stadt. Was macht das bloß? Der Mythos? Das Freundlichkeitstraining?

Jenseits der Leipziger Straße liegt schon Kreuzberg in der Luft. Die Zimmerstraße wurde zur neuen Galerienmeile, zum Entsetzen derjenigen, die sich gerade in der August- oder Linienstraße ein überteuertes Quartier gemietet hatten. Über den Checkpoint Charlie ist die Zeit hinweggebraust, die berühmte Aufschrift Neue Zeit am Haus der Ost-CDU ist verschwunden. Das Mauermuseum hat sich sehr breit gemacht, über einen ganzen Block hinweg – aber es wirkt immer mehr wie ein Museum seiner selbst; der Anlass hat sich aufgelöst, nur hier wird noch die Erinnerung daran gepflegt, wie es war, mit einer sichtbaren Mauer zu leben.

Jetzt wirklich Kreuzberg. Man hatte das Schlimmste für den einstigen »Szenebezirk« befürchtet, und anfangs wanderte auch einiges ab Richtung Mitte; inzwischen hat sich Kreuzberg gefangen – dort, weiter östlich und südlich, wo es wirklich bei sich ist. Ich will ihn nicht über Gebühr strapazieren, aber es ist schon auffällig, dass wir auch in der Oranienstraße und am Heinrichplatz und rund um das Kottbusser Tor die Spur des Pfadfinders, die gemalte 6, wieder entdecken – er hat Kreuzberg nicht aufgegeben und bahnt sich seinen Weg von dort bis hinüber zu den offenen Weiten zwischen Kreuzberg, Treptow und Neukölln, wo am Rand einer der wenigen verbliebenen Wagenburg-Siedlungen eines der wirklichen Berliner Wunder zu besichtigen ist. Der Landwehrkanal war Grenze; heute ist entlang der ehemaligen Trennlinie ein Park entstanden, in dem sich prächtig flanieren lässt: über nutzlose Brücken, vorbei am letzten verbliebenen Wachturm, vor bis zu den Hallen, in denen am Wochenende ein ausschweifender Flohmarkt die Besucher anzieht (weiter zur »Arena«, wo Peter Steins Faust-Spektakel die Menschen achtzehn Stunden lang gefangen hielt, und weiter zu den »Treptowers« und zum Treptower Hafen und zu Fontanes »Eierhäuschen«...) – und vorbei eben auch an der Wagenburg. Diese indianischen Einrichtungen haben das Berlin der späten achtziger Jahre mit geprägt, unvergessen die Rollheimer vom Potsdamer Platz. Hier war es einige Jahre etwas ungemütlich, aber so ist es nicht mehr. Man hat sich arrangiert. Die Europäische Union fördert einige der ökologischen Projekte der kleinen Siedlung und die Kneipe »Kanzleramt« ist fast so attraktiv geworden wie die »Ankerklause« an der Kottbusser Brücke. Eine Bewohnerin der Wagenburg hatte sich über den Vandalismus der Passanten geärgert und an ihrer Blumenhecke ein Schild angebracht,

auf dem sie ihrem Wunsch nach pfleglicher Behandlung schriftlichen Ausdruck verlieh; am nächsten Tag hingen weitere Zettel an der Hecke: »Ich wünsche mir Frieden«. »Ich wünsche mir einen Füller und daß es allen gut geht.« Und immer mehr, immer mehr Wünsche, klein und groß, banal und weltumfassend. So geht Berlin.

Am unteren Teil der Friedrichstraße markiert kurz vor dem Mehringplatz wieder eine Mauer eine Grenze; diesmal die soziale, zwischen dem wohlhabenden und dem ärmeren Teil der Stadt. Diese Mauer jedoch besteht - Entwarnung - nur aus Wellpappe und steht auch nur vorübergehend, ein Kunstwerk im Rahmen der Berlin Biennale 2012, zum Unmut vieler Anwohner allerdings, die die „Peace Wall" als ästhetische Zumutung empfinden. Kurzerhand wurde sie mit Schmähungen vollgekritzelt, auch das Plakat einer Werbefirma prangt nun darauf. Dabei soll die Mauer auf die Kluft zwischen Arm und Reich aufmerksam machen, die an dieser Stelle deutlich wird. Tatsächlich franst die Straße, wie an ihrem nördlichen Ende, auch hier unten aus, erschöpft vielleicht von den vielen Großtaten in ihrer Mitte. Nur bei bestimmten Gelegenheiten erwacht die Gegend aus ihrem Dornröschenschlaf, wenn zu Pfingsten der Karneval der Kulturen vom Hermannplatz durch die Hasenheide und Gneisenaustraße zieht, wird die kreative Dynamik der Minderheiten in der Stadt sichtbar. Ähnliches erlebt Schöneberg am Christopher Street Day. In der Außenwirkung bestimmen ja die events, früher die »Love Parade« im Tiergarten, das Bild der Stadt; aber was passiert, wenn die Party vorbei ist und der Müll weggeräumt wurde? Welche Visionen haben die Minderheiten in der Stadt? Die türkische community, die den Fall der Mauer ebenso euphorisch begrüßt hat wie alle anderen (und in Kreuzberg näher dran war am Begegnungsjubel als die meisten), hat sich in der dritten Generation stark ausdifferenziert. In manchen Straßen, so hat es der kanadische Autor Doug Sanders kürzlich dargestellt, ist die »Arrival City«

Berlin wenig erfolgreich, die türkischen Migranten haben sich in ihre Familienverbunde zurückgezogen und profitieren wenig von der neuen Metropole. Aber an anderen Orten finden (und äußern und beteiligen) sich auch diejenigen Kinder von ehemals nach Deutschland Zugezogenen, die sich in beiden Kulturen gleichermaßen zuhause fühlen. Für Viele stellt es eine Beleidigung dar, nicht als Deutsche betrachtet zu werden, wo sie doch hier geboren und aufgewachsen sind. Bei allen Schwierigkeiten, die die Diversität der Stadtbevölkerung mit sich bringt, wird sie doch Berlins Zukunft mehr und mehr prägen. Die soziale und ethnische Vielfalt wird mittlerweile mehr als fruchtbare Herausforderung denn als Problem verstanden, zumal sie ja auch in Berlin ganz und gar kein neues Phänomen ist. Es existiert eine türkische Infrastruktur, so wie sich eine polnische und russische – und im Ansatz, vor allem im Süden der Stadt, im früher ungeliebten, heute bei Studenten angesagten Neukölln, eine afrikanische – Infrastruktur herausgebildet hat; Gerade unter den Tausenden russischer und russisch-jüdischer Migranten, die von Berlin aus ein neues Netz von Beziehungen aufbauen, herrscht eine Mentalität, wie man sie sich von den global players vorstellt. Emigration bedeutet für sie nicht mehr den völligen Heimatverzicht, sie können zwischen Berlin und Moskau oder Odessa hin und her fahren, und sie nutzen ihre Chance. Treffpunkt: Bahnhof Friedrichstraße.

Am ehemaligen Grenzübergang
Checkpoint Charlie soll ein
Museum des Kalten Krieges ent-
stehen. Auf diesem Bild kündet
das frühere Verlagshaus der DDR-
CDU noch von einer »neuen Zeit«.
*Fotografie von Andreas Muhs,
1996.*

Ein Ort, an dem zwei Welten aneinanderstießen: Bahnhof Friedrichstraße. Hermetisch voneinander getrennt die S-Bahnsteige Ost und West. Noch ist die Erinnerung an die Teilung nah, dem Bahnhof jedoch nicht mehr anzusehen. *Fotografie von Jörg Hesse, 1999.*

Die Friedrichstraße führt auf ihren drei Kilometern von Ost nach West, von West nach Ost. »Niemals sterben hier die Bewegungen und Erregungen ganz aus, und wenn das Leben am oberen Ende der Straße beinahe auf-hören will, so fängt es am unteren Ende von neuem an.« Robert Walser, Friedrich-straße, 1919. *Fotografie von Andreas Muhs, 2000.*

Der Potsdamer Platz im Juli 1994 mit dem letzten verbliebenen Vorkriegsgebäude, dem Weinhaus Huth. »Ich kann den Potsdamer Platz nicht finden! Nein, ich meine, hier ... Das kann er doch nicht sein! Denn am Potsdamer Platz, da war doch das Café Josty ... Das war ein belebter Platz!« Wim Wenders/Peter Handke, Der Himmel über Berlin, 1987. *Fotografie von Andreas Muhs.*

Der Potsdamer Plattz mit Koll-
hoff-Tower (links) und Bahn-
Tower (rechts), gesehen vom
Leipziger Platz aus. *Fotografie von Uwe Friedrich,
2012.*

Einweihung des Marlene-
Dietrich-Platzes im Oktober
1998. *Fotografie von Andreas
Muhs.*

Das Kanzleramt, entworfen
von den Architekten Axel
Schultes und Charlotte Frank.
*Fotografie von Paul Glaser,
2001.*

Blick vom Bundeskanzleramt
zum Deutschen Bundestag
im Reichstagsgebäude. *Fotografie von Andreas Muhs,
2001.*

Der Kuppelinnenraum über
dem Plenarsaal des Reichstags. *Fotografie von Andreas
Muhs, 1999.*

Entkernt: das Reichstagsgebäude während des Umbaus
nach Plänen von Sir Norman
Foster. Am 7. September 1999
fand hier die erste Sitzung
des Deutschen Bundestages
nach dem Umzug aus Bonn
statt. *Fotografie von Paul
Glaser, 1997.*

Die Hackeschen Höfe bei Nacht. *Fotografie von Andreas Muhs, 2000.*

In der Ruine der im Zweiten Weltkrieg zerstörten Friedrichstadt-Passagen residierte nach dem Mauerfall das »Tacheles«: Künstlerateliers, Ausstellungs- und Aufführungsräume, Café und ein Skulpturengarten. *Fotografie von Andreas Muhs, 1996.*

Noch ist nicht ganz Mitte restauriert und designt: Durchgang zum Kino »Central« in der Rosenthaler Straße. *Fotografie von Andreas Muhs, 1999.*

Die Kunstszene hat in Mitte neue Quartiere bezogen. Rund um Linien-, August- und Gipsstraße hat sich eine Vielzahl von Galerien eingerichtet. Blick auf die Ausstellungsräume in den Sophienhöfen. *Fotografie von Andreas Muhs, 1999.*

Berlin war und ist immer in Bewegung: In der Nähe des abgerissenen Palasts der Republik kündet nun die Humboldt-Box vom geplanten Neubau des alten Stadtschlosses (Humboldt-Forum). *Fotografie von Uwe Friedrich, 2012.*

ZEITTAFEL

Berlin im Mittelalter

um 720

Zwei Slawenstämme siedeln im Berliner Raum: an der Havel die Heveller (Mittelpunkt »Brennabor«, die spätere Stadt Brandenburg), an der Spree die Sprewanen mit Köpenick als Zentrum.

um 750

Ein von den Hevellern an der Havel errichteter Herrensitz »Spandow« mit Suburbium außerhalb der Burgmauern ist die erste »städtische« Siedlung im Berliner Raum.

1134

Der Askanier Albrecht der Bär wird Markgraf der Nordmark, nun »Altmark« genannt.

1197

Erste urkundliche Erwähnung Spandaus.

1237

Erste urkundliche Erwähnung von Berlins Schwesterstadt Cölln.

1230

Die Markgrafen Johann I. und Otto III. erwerben die Ländereien Barnim und Teltow.

1244

Berlin wird erstmals urkundlich erwähnt.

1280

Berlin erscheint als Sitz einer markgräflichen Münzstätte.

1307

Berlin und Cölln schließen eine Union und errichten ein gemeinsames Rathaus auf der »Langen Brücke«.

1319

Mit dem Tode des Markgrafen Woldemar beginnen Auseinandersetzungen um den Besitz der Mark Brandenburg.

1324

Ermordung des Propstes von Bernau in Berlin, die Stadt bleibt bis 1344 gebannt.

1348

Schwere Pestseuchen, Judenverfolgungen in Berlin und der Mark.

1411

Burggraf Friedrich IV. von Nürnberg aus dem Hause Hohenzollern wird Statthalter der Mark.

1432

Berlin und Cölln vereinigen sich zu einer Stadt.

1443

Am Ufer der Spree entsteht 1443–1451 das erste Stadtschloss.

1470

Das Schloss in Cölln an der Spree wird ständige Residenz der Brandenburgischen Kurfürsten.

1510

Judenverfolgungen in der Mark und in Berlin.

1539

Sieg der Reformation in Berlin.

1576

Die Pest fordert in Berlin rund 4000 Todesopfer.

1594

Fertigstellung der Zitadelle Spandau.

Das 17. und 18. Jahrhundert

1617

Die erste Berliner Wochenzeitung erscheint.

1618–1648

Dreißigjähriger Krieg, Wallenstein (1628, 1630) und König Gustav Adolf (1631) in Berlin.

1640

Friedrich Wilhelm, nach dem Sieg in der Schlacht bei Fehrbellin der »Große Kurfürst« genannt, baut Berlin nach niederländischem Vorbild aus.

1647

Anlage einer sechsreihigen Allee zwischen Schloss und Tiergarten (»Unter den Linden«).

1671

Per Edikt erhalten 50 jüdische Familien Schutz und Aufnahme, dürfen jedoch keine Synagoge errichten.

1674

Ausbau der Dorotheenstadt.

1685

Einwanderung von in Frankreich verfolgten Glaubensflüchtlingen, den Hugenotten.

1688–1713

Kurfürst Friedrich III., ab 1701 König in Preußen, führt die Pläne seines Vaters fort und lässt die Friedrichstadt ausbauen.

1695

Johann Arnold Nering errichtet für Sophie Charlotte das Schloss Lietzenburg, seit 1705 Charlottenburg genannt.

1696

Gründung der Akademie der Künste.

1700

Gründung der Akademie der Wissenschaften, ihr erster Präsident wird Gottfried Wilhelm v. Leibniz.

1701

Krönung Friedrichs III. zum König Friedrich I. »in Preußen«

1709

Die fünf Residenzstädte Berlin, Cölln, Friedrichswerder, Dorotheenstadt und Friedrichstadt werden zur Königsstadt Berlin vereinigt.

1710

Gründung der Charité als Militärkrankenhaus durch König Friedrich I.

1713–1740

Regierungszeit König Friedrich Wilhelms I.

1730

Vollendung des Zeughauses Unter den Linden; Ansiedlung böhmischer Glaubensflüchtlinge.

1734/36

Bau einer 14,5 Kilometer langen Stadtmauer mit 14 Toren, um die Akzise (Binnenzoll) erheben zu können.

1740–1786

Unter Friedrich II., genannt »der Große«, nimmt Berlin den Charakter einer europäischen Hauptstadt an.

1742

Eröffnung des Opernhauses Unter den Linden.

1748

Gotthold Ephraim Lessing lässt sich in Berlin nieder.

1751

Gründung der ersten Porzellanfabrik, sie wird 1763 die »Königliche Porzellan-Manufaktur« (KPM).

1753–1760

Siebenjähriger Krieg, österreichische und russische Truppen in Berlin.

1785

Fertigstellung von Schloss Bellevue.

1786–1797

Regierungszeit König Friedrich Wilhelms II.

1792

Die Chaussee von Berlin nach Potsdam ist die erste gepflasterte Landstraße in Preußen.

Zwischen Jahrhundertwende und Reichsgründung

1802

Das Schauspielhaus am Gendarmenmarkt wird eröffnet. Der Gendarmenmarkt als ehemaliger Hauptmarkt der Friedrichstadt wird so mit der Deutschen Kirche (1701/08) und der Französischen Kirche (1701/05, beide werden auch »Dom« genannt) zum geschlossenen Bauensemble.

1805

Der Marktplatz vor dem östlichen Georgentor erhält zum Andenken an den Besuch Zar Alexanders I. den Namen »Alexanderplatz«.

1806

Einzug Napoleons durch das Brandenburger Tor.

1809

Einführung der Steinschen Städteordnung.

1810

Gründung der Friedrich-Wilhelm-Universität durch Wilhelm von Humboldt.

1811

Friedrich Ludwig (»Turnvater«) Jahn richtet in der Hasenheide den ersten öffentlichen Turnplatz ein.

1812

Edikt betreffend die bürgerlichen Verhältnisse der Juden in dem Preußischen Staate: »Emanzipationsedikt«; die Juden erhalten staatsbürgerliche Rechte

1815

Die höchste Erhebung der Tempelhofer Berge, auf der das Nationaldenkmal für die Befreiungskriege errichtet wird, erhält den Namen »Kreuzberg« (nach der kreuztragenden Viktoria).

1825

Der Wiener Zuckerbäcker J. G. Kranzler eröffnet Unter den Linden eine Konditorei.

1826

Gasbeleuchtung Unter den Linden.

1830

Eröffnung des Alten Museums; die Museumsinsel wird in den folgenden Jahrzehnten ausgebaut.

1838

Erste Eisenbahnstrecke von Potsdam über Zehlendorf zum Bahnhof Potsdamer Platz.

1840–1861

Regierungszeit König Friedrich Wilhelms IV.

1844

Der Berliner Zoologische Garten wird eröffnet.

1848

»Märzrevolution«: Barrikadenkämpfe, 216 Tote.

1850

Oktroyierte Verfassung in Preußen, Dreiklassenwahlrecht.

1861

Eingemeindung von Wedding, Moabit, Tempelhof und Schöneberg.

1865

Erste Pferdestraßenbahn.

1866

Berlin wird Hauptstadt des Norddeutschen Bundes.

1867

Das Gebiet vor dem Halleschen Tor, der Kreuzberg und die nördliche Hasenheide werden nach Berlin eingemeindet.

Das königlich-preußische Berlin

1871

Gründung des Deutschen Reiches und Kaiserproklamation Wilhelms I. in Versailles. Berlin wird Reichshauptstadt. Ausbau der Ringbahn, Errichtung der Siegessäule.

1874

Erstes städtisches Krankenhaus in Friedrichshain eröffnet.

1879

Gründung der Technischen Hochschule Charlottenburg.

1880

Ausbau des Kurfürstendamms zum 54 Meter breiten und 3,5 Kilometer langen Boulevard nach Pariser Vorbild.

1881

Aufnahme des Fernsprechbetriebs in der Hauptstadt.

1882

Eröffnung der Berliner Stadtbahn.

1884

Eröffnung des von Wallot erbauten Reichstagsgebäudes.

1888–1918

Regierungszeit Kaiser Wilhelms II.

1890

Entlassung des Reichskanzlers Otto v. Bismarck

1891

Flugversuche Otto von Lilienthals in Lichterfelde.

1902

Die Berliner Untergrund- und Hochbahn nimmt den Betrieb auf.

1907

Das Kaufhaus des Westens (»KaDeWe«) wird in Charlottenburg eröffnet.

1912

Gründung des Zweckverbandes Groß-Berlin.

1910

Gründung der Kaiser-Wilhelm-Gesellschaft.

1914–1918

Erster Weltkrieg.

1918

Revolution. Abdankung von Kaiser Wilhelm II.

Die Jahre der Weimarer Republik

1918

Am 9. November ruft Philipp Scheidemann vom Balkon des Reichstags die Republik aus. Karl Liebknecht proklamiert vom Balkon des Stadtschlosses die »Sozialistische Republik«.

1919

Spartakus-Aufstand. Ermordung von Karl Liebknecht und Rosa Luxemburg.

1920

Zusammenschluss Berlins mit sieben umliegenden Städten (Charlottenburg, Wilmersdorf, Schöneberg, Neukölln, Lichtenberg, Spandau und Köpenick) sowie 59 Landgemeinden zu »Groß-Berlin«.
Kapp-Putsch
Erste Wahlen zur Stadtverordneten-Versammlung. Eröffnung der Avus

1922

Elektrifizierung der Ringbahn.

1923

Die Inflation erreicht ihren Höhepunkt. Ein einfacher Fahrschein der BVG kostete im August 100 000 RM.

1924

Erste Funkausstellung im neuen Messegelände; Baubeginn des Flughafens Tempelhof auf dem ehemaligen Exerzierplatz Tempelhofer Feld.

1925

Die Berliner Bevölkerung übersteigt die 4 Millionen-Grenze.

1926

Der Funkturm am Messegelände wird in Betrieb genommen.

1930

Erweiterung und Umbau des Strandbads Wannsee zum modernsten und größten Freibad Europas.

1932

Bei den Reichstagswahlen am 6. November erhalten in Berlin die KPD 31, die SPD 23,3 und die NSDAP 26 Prozent der Stimmen.

Berlin im Nationalsozialismus

1933

Adolf Hitler wird zum Reichskanzler ernannt; seine »Machtergreifung« wird mit einem Fackelzug der SA durch das Brandenburger Tor gefeiert. Reichstagsbrand, Errichtung des ersten Konzentrationslagers in Oranienburg-Sachsenhausen. Boykott jüdischer Geschäfte. Bücherverbrennung der SA auf dem Opernplatz gegenüber der Berliner Universität.

1936

Olympische Sommerspiele auf dem Berliner »Reichssportfeld«.

1937

700-Jahr-Feier der Stadt Berlin.

1938

Pogrom in der Nacht vom 9. auf den 10. November (»Reichskristallnacht«).

1939

Beginn des Zweiten Weltkriegs.

1940

Erster Luftangriff britischer Bomber auf Berlin am 26. August.

1941

Ab 18. Oktober Massendeportationen Berliner Juden.

1942

20. Januar: Wannseekonferenz zur »Endlösung der Judenfrage«.

1943

Goebbels' Aufruf zum »Totalen Krieg« im Berliner Sportpalast am 18. Februar.

1945

Am 30. April Selbstmord Hitlers im Bunker der Reichskanzlei.

Berlin West – Berlin Ost

1945

Kapitulation Berlins am 2. Mai; Gesamtkapitulation der Wehrmacht in Berlin-Karlshorst am 8. Mai. Berlin erhält einen »Viermächtestatus« und wird in 4 Sektoren geteilt.
27. September: Die erste Ausgabe des »Tagesspiegels« erscheint.
7. November: Enthüllung des sowjetischen Ehrenmals im Tiergarten.

1946

Erste freie Wahl zu den Stadtverordneten- und Bezirksverordnetenversammlungen, die SPD erhält 48,7, die CDU 22,1, die SED 19,8, die LDPD 9,4 Prozent.

1948

20. Juni: Währungsreform.
Am 24. Juni beginnt die Blockade der drei Westsektoren durch Sperrung der Land- und Wasserwege.
26. Juni: Beginn der Luftbrücke.
30. November: Politische Spaltung Berlins durch die Proklamation eines »Magistrats« auf einer Funktionärsversammlung der SED. Erste Sendung des Rundfunkkabaretts »Die Insulaner« im RIAS.
Im Titania-Palast wird die Freie Universität offiziell eröffnet.

1949

12. Mai: Aufhebung der Blockade und Ende der Luftbrücke.
Am 23. Mai wird das Grundgesetz der Bundesrepublik Deutschland in Bonn verkündet. (West-)Berlin wird unter Maßgabe alliierter Vorbehalte zu einem Bundesland. In Ost-Berlin wird am 7. Oktober die Deutsche Demokratische Republik proklamiert. Ost-Berlin wird »Hauptstadt der DDR« und Regierungssitz.

1950

Sprengung der Ruine des Berliner Stadtschlosses auf Befehl Walter Ulbrichts.

1953

Der Arbeiteraufstand am 17. Juni in Ost-
Berlin wird durch Einsatz sowjetischen
Militärs niedergeschlagen.

1958

Berlin-Ultimatum Chruschtschows mit
der Forderung, West-Berlin zu einer »Freien
Stadt« zu machen.

1961

Errichtung der Berliner Mauer
am 13. August.

1962

Der Ost-Berliner Peter Fechter wird bei dem
Versuch, die Mauer zum Bezirk Kreuzberg zu
überwinden, erschossen.

1963

Am 23. Juni besucht US-Präsident
John F. Kennedy West-Berlin.

1967

Im Verlauf der Protestdemonstrationen
von Studenten gegen den Besuch des Schah
von Persien wird der Student Benno Ohnesorg am 2. Juni von einem West-Berliner
Polizisten erschossen.

1968

Attentat auf den Studenten und APO-Wort-
führer Rudi Dutschke auf dem Kurfürstendamm am 11. April.

1973

Weltjugendfestspiele in Ost-Berlin.

1976

Eröffnung des Palastes der Republik
am Ort des ehemaligen Stadtschlosses.

1987

750-Jahr-Feier in beiden Teilen der Stadt.

1989

Rücktritt Honeckers am 18. Oktober aus allen
Partei- und Staatsämtern.
9. November: Öffnung der Grenzübergänge
nach West-Berlin.

Berlin in Bewegung

1990

3. Oktober: Beitritt der DDR in den Geltungs-
bereich des Grundgesetzes.

1991

20. Juni: Beschluss des Deutschen Bundestages, in die Hauptstadt Berlin umzuziehen.

1994

Der Sonderstatus alliierter Vorbehaltsrechte
endet.

1995

Reichstagsverhüllung von Christo und
Jeanne-Claude.

1999

Am 7. September findet im umgebauten
Reichstagsgebäude die erste Sitzung
des Deutschen Bundestages nach dem
Regierungsumzug statt.

2001

Am 2. Mai bezieht Bundeskanzler Gerhard
Schröder offiziell das von Axel Schultes entworfene Bundeskanzleramt.

2005

Am 10. Mai wird das Denkmal für die ermordeten Juden Europas als zentrales Holocaust-
Mahnmal der Bundesrepublik eingeweiht.

2006

Millionen Menschen verfolgen auf der Fan-
meile zwischen Brandenburger Tor und Siegessäule die Übertragung der Fußballwelt-
meisterschaft. Das Endspiel (Italien gegen
Frankreich) findet am 9. Juli im Berliner
Olympiastadion statt.

2009

Auf der Museumsinsel wird das unter Leitung von David Chipperfield restaurierte
Neue Museum wiedereröffnet.

2012

Der Ausbau der Gedenkstätte Berliner Mauer
an der Bernauer Straße zum zentralen Ort
der Erinnerung an die Berliner Mauer und
ihre Opfer wird abgeschlossen.

PERSONENREGISTER

LITERATUR

Gesamtdarstellungen

Korff, Gottfried/Rürup, Reinhard (Hrsg.): Berlin, Berlin. Die Ausstellung zur Geschichte der Stadt, Berlin 1987

Borrmann, Richard: Die Bau- und Kunstdenkmäler von Berlin, Berlin 1893.

Börsch-Supan, Helmut: Die Kunst in Brandenburg-Preußen. Ihre Geschichte von der Renaissance bis zum Biedermeier, dargestellt am Kunstbesitz der Berliner Schlösser, Berlin 1980.

Escher, Felix: Berlin und sein Umland. Zur Genese der Berliner Stadtlandschaft bis zum Beginn des 20. Jahrhunderts, Berlin 1985.

Fischer, Norbert: Wissenschaft und Kunst in Berlin. Ein Führer durch seine wissenschaftlichen Anstalten, Vereinigungen, Museen und Sammlungen, Berlin 1934.

Heilborn, Ernst: Zwischen zwei Revolutionen. 2 Bde., 1. Schinkelzeit (1789–1848); 2. Der Geist der Bismarckzeit (1848–1918), Berlin 1927-29.

Krammer, Mario: Berlin im Wandel der Jahrhunderte. Eine Kulturgeschichte der Hauptstadt, ergänzt von Paul Fechter, Berlin 1956.

Mendelssohn, Peter de: Zeitungsstadt Berlin. Menschen und Mächte in der Geschichte der deutschen Presse, Berlin 1959.

Müther, Hans: Berlins Bautradition. Kleine Einführung, (Ost-) Berlin 1956.

Nachama, Andreas/Schoeps, Julius H./Simon, Hermann (Hrsg.): Juden in Berlin, Berlin 2001.

Ribbe, Wolfgang (Hrsg.): Geschichte Berlins. Bd. 1: Von der Frühgeschichte bis zur Industrialisierung, Bd. 2: Von der Märzrevolution bis zur Gegenwart, München 1987.

Streckfuß, Adolf: 500 Jahre Berliner Geschichte. Vom Fischerdorf zur Weltstadt. 3. Aufl., Berlin 1880.

Vogel, Werner: Führer durch die Geschichte Berlins. 3. Aufl., Berlin 1985.

Wendland, Folkwin: Berlins Gärten und Parks von der Gründung der Stadt bis zum ausgehenden neunzehnten Jahrhundert, Frankfurt a. Main u. a. 1979.

Wolters, Rudolf: Stadtmitte Berlin. Städtebauliche Entwicklungsphasen von den Anfängen bis zur Gegenwart, Tübingen 1978.

Berlin im Mittelalter

Bürger, Bauer, Edelmann. Berlin im Mittelalter [Ausstellungskatalog], Berlin 1987.

Faden, Eberhard: Berlin im Dreißigjährigen Krieg, Berlin 1927.

Fidicin, Ernst: Die Gründung Berlins. Kritische Beleuchtung der Schrift: Über die Entstehung der Städte Berlin und Kölln von Karl Friedrich Klöden, Berlin 1840.

Fidicin, Ernst: Berlinische Chronik, Berlin 1868.

Heinrich, Gerd: Handelsstraßen des Mittelalters 1300–1375–1600, Berlin 1980.

Müller, Adriaan von: Edelmann, Bürger, Bauer, Bettelmann. Berlin im Mittelalter, Frankfurt a. Main/Berlin/Wien 1981.

Müller, Adriaan von: Museumsdorf Düppel. Lebendiges Mittelalter in Berlin, 4. Aufl., Berlin 1986.

Peschken, Goerd: Stadtfreiheit und Landesherrschaft. Berlin-Cölln im Mittelalter, Berlin 1984

Peschken, Goerd/Klünner, Hans-Werner: Das Ber-

liner Schloß, Frankfurt a. Main/Wien/
Berlin 1982.

Rachel, Hugo/Pappritz, Johannes/Wallich, Paul:
Berliner Großkaufleute und Kapitalisten. Bd.1:
Bis zum Ende des Dreißigjährigen Krieges,
Berlin 1934 [erweiterte Neuauflage 1967].

Seyer, Heinz: Berlin im Mittelalter. Die Entstehung
der mittelalterlichen Stadt, Berlin 1987.

Das 17. und 18. Jahrhundert

Geiger, Ludwig: Berlin 1688–1840. Geschichte der
Juden in Berlin. Bearbeitet nach den Akten des
Gemeinem Staats-, des Ministerials-, des Stadt-
und des Gemeinde-Archivs. Bd.1 und 2 Berlin
1871, Bd.3 Braunschweig 1889.

Geiger, Ludwig: Berlin 1688–1840. Geschichte des
geistigen Lebens der preußischen Hauptstadt,
2 Bde., Berlin 1892/95

Glatzer, Ruth (Hrsg.): Berliner Leben 1648–1806.
Erinnerungen und Berichte, (Ost-) Berlin 1956.

Jersch-Wenzel, Stefi: Die Juden und »Franzosen«
in der Wirtschaft des Raumes Berlin/Branden-
burg zur Zeit des Merkantilismus, Berlin 1978.

Möller, Horst: Aufklärung in Preußen. Der
Verleger, Publizist und Geschichtsschreiber
Friedrich Nicolai, Berlin 1974.

Hensel, Sebastian: Die Familie Mendelssohn 1729–
1847. Nach Briefen und Tagebüchern, 2 Bde.,
Leipzig 1924

Kaeber, Ernst: Die Bürgerbücher und die Bürger-
protokollbücher Berlins von 1701–1750,
Berlin 1937.

Neugebauer, Wolfgang: Absolutistischer Staat und
Schulwirklichkeit in Brandenburg-Preußen,
Berlin 1985.

Sagave, Paul: Berlin und Frankreich 1685–1871.
Französische Einflüsse und Gegenströmungen
in Brandenburg-Preußens Hauptstadt von der
Hugenotteneinwanderung bis zum deutsch-
französischen Krieg, Berlin 1980.

Zwischen Jahrhundertwende und Reichsgründung

Alexis, Willibald: Berlin in seiner neuen
Gestaltung, Berlin 1839.

Arendt, Hannah: Rahel Varnhagen. Lebens-
geschichte einer deutschen Jüdin in der
Romantik, München 1981.

Bergmann, Jürgen: Das Berliner Handwerk in den
Frühphasen der Industrialisierung, Berlin 1973.

*Boberg, Jochen/Fichter, Tilmann/Gillen, Eckhart
(Hrsg.):* Exerzierfeld der Moderne. Industrie-
kultur in Berlin im 19. Jahrhundert,
Berlin 1977.

Braß, August: Berlin's Barrikaden. Ihre Entstehung, ihre Verteidigung und ihre Folgen. Eine
Geschichte der März-Revolution, Berlin 1848.

Denkler, Horst (Hrsg.): Berliner Straßenecken-
Literatur 1848/49, Stuttgart 1977.

Dronke, Ernst: Berlin, 2 Bde.,
Frankfurt a. Main 1846.

Glaßbrenner, Adolf: Buntes Berlin. Vollständiger
Nachdruck aller Ausgaben 1838–1853,
Berlin 1981.

Heinrich, Gerd: Berlin am 18. und 19. März 1848.
Märzrevolution, Militäraufgebot und Barrikadenkämpfe, Berlin/New York 1980.

Herz, Rudolf: Berliner Barock. Bauten und
Baumeister aus der ersten Hälfte des 19. Jahrhunderts, Berlin 1928.

Herzfeld, Hans (Hrsg.): Berlin und die Provinz
Brandenburg im 19. und 20. Jahrhundert,
Berlin 1968.

Kaelble, Hartmut: Berliner Unternehmer
während der frühen Industrialisierung,
Berlin-New York 1972.

Koch, Thilo: Die Goldenen Zwanziger Jahre,
Frankfurt a. Main 1970.

Köhler, Ruth/Richter, Wolfgang (Hrsg.): Berliner
Leben 1806–1847. Erinnerungen und Berichte,
(Ost-) Berlin 1954.

Mieck, Ilja: Preußische Gewerbepolitik in Berlin 1806–1844. Staatshilfe und Privatinitiative zwischen Merkantilismus und Liberalismus, Berlin 1965.

Osborn, Max u. a. (Hrsg.): Berlins Aufstieg zu Weltstadt, Berlin 1929.

Sagave, Pierre Paul: Berlin und Frankreich 1685–1871, Berlin 1980.

Schoeps, Julius H.: Bismarck und sein Attentäter. Der Revolveranschlag Unter den Linden am 7. Mai 1866, Berlin u. a. 1984.

Schoeps, Julius H.: Bürgerliche Aufklärung und liberales Freiheitsdenken. A. Bernstein in seiner Zeit (= Studien zur Geistesgeschichte, Bd. 16), Stuttgart/Bonn 1992.

Schwarz, Johannes (Hrsg.): Berlin. Von der Residenzstadt zur Industriemetropole. Ein Beitrag der Technischen Universität Berlin zum Preußen-Jahr 1981, 3 Bde., Berlin 1981.

Streckfuß, Adolf: Berliner März 1848 [Nachdruck der Ausgabe von 1848], Berlin 1948.

Thienel, Ingrid: Städtewachstum und Industrialisierungsprozeß im 19. Jahrhundert. Das Berliner Beispiel, Berlin 1973.

Weigel, Sigrid: Flugschriftenliteratur 1848 in Berlin, Stuttgart 1979.

Weischedel, Wilhelm (Hrsg.): Idee und Wirklichkeit einer Universität. Dokumente zur Geschichte der Friedrich-Wilhelm-Universität zu Berlin, Berlin 1960.

Das königlich-preußische Berlin

Architektenverein u. a. (Hrsg.): Berlin und seine Bauten, 2. Auflage, Bde. 1–3, Berlin 1896.

Berlin und seine Eisenbahn 1846–1896, 2 Bde., Berlin 1896.

Bernstein, Eduard: Die Geschichte der Berliner Arbeiterbewegung. Ein Kapitel zur Geschichte der deutschen Sozialdemokratie, 1. Teil, Berlin 1907.

Boehlich, Walter (Hrsg.): Der Berliner Antisemitismusstreit. Frankfurt a. Main 1965.

Cullen, Michael S.: Der Reichstag. Die Geschichte eines Monuments, Berlin 1983.

Glatzer, Ruth (Hrsg.): Berliner Leben 1870–1900. Erinnerungen und Berichte, (Ost-) Berlin 1963.

Glatzer, Ruth: Das Wilhelminische Berlin. Panorama einer Metropole. Einleitung von Ernst Engelberg, Berlin 1997.

Herzfeld, Hans/Heinrich, Gerd (Hrsg.): Berlin und die Provinz Brandenburg im 19./20. Jahrhundert, Berlin 1968.

Jaron, Norbert/Möhrmann, Renate/Müller, Hedwig: Berlin – Theater der Jahrhunderttwende. Bühnengeschichte der Reichshauptstadt im Spiegel der Kritik (1889–1914), Tübingen 1986.

Lange, Annemarie: Berlin zur Zeit Bebels und Bismarcks. Zwischen Reichsgründung und Jahrhundertwende, Berlin 1967.

Lange, Annemarie: Das Wilhelminische Berlin. Zwischen Jahrhundertwende und Novemberrevolution, Berlin 1967.

Lenz, Max: Geschichte der Königlichen Friedrich-Wilhelms-Universität zu Berlin, 4 Bde., Halle/S. 1911.

Lindenberg, Thomas: Straßenpolitik. Zur Sozialgeschichte der öffentlichen Ordnung in Berlin 1900 bis 1914, Bonn 1995.

Paret, Peter: Die Berliner Secession. Moderne Kunst und ihre Feinde im kaiserlichen Deutschland, Frankfurt a. Main/Berlin/Wien 1983.

Posener, Julius: Berlin auf dem Wege zu einer neuen Architektur. Das Zeitalter Wilhelm II., München 1979.

Rave, Rolf/Knöfel, Hans Joachim: Bauen seit 1900 in Berlin, Berlin 1981.

Reichhardt, Hans D.: Berliner Omnibusse. Vom Pferdebus zum Doppeldecker, Düsseldorf 1975.

Stern, Fritz: Gold und Eisen. Bismarck und sein Bankier Bleichröder, Frankfurt a. Main u. a. 1978.

Die Jahre der Weimarer Republik

Bley, Peter: Berliner S-Bahn. Vom Dampfzug zur elektrischen Schnellbahn, Düsseldorf 1980.

Büsch, Otto: Die Berliner Kommunalwirtschaft in der Weimarer Epoche, Berlin 1960.

Engeli, Christian (Hrsg.): Gustav Böß. Oberbürgermeister von von Berlin 1921–1930. Beiträge zur Kommunalpolitik, Berlin 1981.

Friedrich, Otto: Morgen ist Weltuntergang. Berlin in den zwanziger Jahren, Berlin 1998.

Friedrich, Otto: Weltstadt Berlin. Größe und Untergang 1918–1933, München 1973.

Gay, Peter: Die Republik der Außenseiter. Kunst und Kultur in der Weimarer Zeit: 1918–1933, Berlin 1976.

Glatzer, Ruth: Berlin zur Weimarer Zeit. Panorama einer Metropole 1919–1933, Berlin 2000.

Haustedt, Birgit: Die wilden Jahre in Berlin. Eine Klatsch- und Kulturgeschichte der Frauen, Dortmund 1999.

Hegemann, Werner: Das steinerne Berlin – Geschichte der größten Mietskaserne der Welt. Berlin 1930.

Jameson, Egon: Augen auf! Streifzüge durch das Berlin der zwanziger Jahre, Frankfurt a. Main 1982.

Laqueur, Walter: Weimar. Die Kultur der Republik, Frankfurt a. Main u. a. 1974.

Malzacher, Werner M.: Berliner Gaunergeschichten. Aus der Unterwelt 1918–1933, Berlin 1970.

Marcus, Paul Erich: Heimweh nach dem Kurfürstendamm. Aus Berlins glanzvollsten Tagen und Nächten, Berlin 1952.

Moreck, Curt: Führer durch das lasterhafte Berlin, Berlin 1931, Reprint 1996.

Reichhardt, Hans D.: Die Straßenbahnen Berlins. Eine Geschichte der BVG und ihrer Straßenbahnen, Düsseldorf 1974.

Riha, Karl: Dada Berlin. Texte, Manifest, Aktionen, Stuttgart 1980.

Volk, Andreas (Hrsg.): Kracauer, Siegfried: Berliner Nebeneinander. Ausgewählte Feuilletons 1930-33, Zürich 1996.

Berlin im Nationalsozialismus

Arbeitsgruppe Pädagogisches Museum (Hrsg.): Heil Hitler, Herr Lehrer. Volksschule 1933–1945. Das Beispiel Berlin, Berlin 1983.

Girbig, Werner: … im Anflug auf die Reichshauptstadt, Stuttgart 1970.

Gosztony, Peter (Hrsg.): Der Kampf um Berlin 1945 in Augenzeugenberichten, München 1975.

Holzhauer, Markus: Die Nationalsozialisten und »ihre« Hauptstadt, Berlin 2000.

Köhler, Jochen: Klettern in der Großstadt. Geschichte vom Überleben 1933–1945, Berlin 1981.

Reichhardt, Hans J./Schäche, Wolfgang: Von Berlin nach Germania – Über die Zerstörung der Reichshauptstadt durch Albert Speers Neugestaltungsplanungen, 2. Aufl., Berlin 1984.

Schäfer, Hans Dieter: Berlin im Zweiten Weltkrieg. Der Untergang der Reichshauptstadt in Augenzeugenberichten, München/Zürich 1985.

Speicher, Stephan: Ort der deutschen Geschichte. Der Reichstag in Berlin, Berlin 1995.

Wippermann, Wolfgang: Steinerne Zeugen – Stätten der Judenverfolgung in Berlin, Berlin 1982.

Berlin West – Berlin Ost

Baring, Arnulf: Der 17. Juni 1953, Bonn 1957, 2. Aufl. 1983.

Ciesla, Burghard u. a. (Hrsg.): Sterben für Berlin? Die Berliner Krisen 1948–1958, Berlin 1999.

Häusermann, Hartmut/Kadritzke, Niels/Nevermann, Knut (Hrsg.): Die Rebellen von Berlin. Studentenpolitik an der Freien Universität, Köln/Berlin o.J.

Herzfeld, Hans: Berlin in der Weltpolitik 1945–1970. Berlin/New York 1973.

Hofmeister, Burkhard: Berlin. Eine geographische Strukturanalyse der zwölf westlichen Bezirke, Darmstadt 1975.

Huschke, Wolfgang J.: Die Rosinenbomber. Die Berliner Luftbrücke 1948/49. Eine Geschichte der Menschen und Flugzeuge. Berlin 1999.

Mahnke, Dieter: Berlin im geteilten Deutschland, München/Wien 1973.

Nawrocki, Joachim/Rexin, Manfred: Ost-Berlin. Eine Beschreibung politischer und gesellschaftlicher Strukturen, Berlin 1979.

Nevermann, Knut: Der 2. Juni 1967. Studenten zwischen Notstand und Demokratie. Zu den Ereignisse anläßlich des Schahbesuchs, Köln 1967.

Prowe, Diethelm: Weltstadt in Krisen. Berlin 1949–1958, Berlin/New York 1973.

Scherff, Klaus: Luftbrücke Berlin, Stuttgart 1976.

Shell, Kurt L.: Bedrohung und Bewährung. Führung und Bevölkerung in der Berlin-Krise. Köln/Opladen 1965.

Sonnewald, Bernd/Raabe-Zimmermann, Jürgen: Die »Berliner Linie« und die Hausbesetzerszene, Berlin 1983.

Spittmann, Ilse/Fricke, Karl Wilhelm (Hrsg.): 17. Juni 1953. Arbeiteraufstand in der DDR, Köln 1982.

Steinhage, Axel/Flemming, Thomas: Berlin. Vom Kriegsende bis zur Wende. 1945–1989. Berlin 1995.

Stimmann, Hans: Stadterneuerung in Ost-Berlin, vom »sozialistischen Neuaufbau« zur »komplexen Rekonstruktion«, Berlin 1985.

Berlin in Bewegung

Beckmann, Herbert: Atlantis. Westberlin. Erinnerungsreise in eine versunkene Stadt, Berlin 2000.

Bluhm, Detlef/Nitsche, Rainer (Hrsg.): Berlin ist das Allerletzte. Absagen in höchsten Tönen, Berlin 1996.

Heckmann, Manfred/Schoeps, Julius H. (Hrsg): Werner Eckelt. Requiem auf West-Berlin. Bilder aus einer verlorenen Zeit, Berlin 2000.

Hoppe, Ralph: Die Friedrichstraße. Pflaster der Extreme, Berlin 1999.

BILDNACHWEIS

© Andreas Muhs, Berlin: Seite 220, 221, 222, 224, 225, 226, 227;
© Paul Glaser, Berlin: Seite 224, 225;
© Uwe Friedrich, Berlin: Seite 223, 228/229.
Alle anderen Bildvorlagen sind im Bestand des bpk.
© VG Bild-Kunst, Bonn 2001: für Max Liebermann S. 112, Willi Jaeckel S. 115, Theo Matejko S. 133, Nikolaus Braun S. 138/139, Lesser Ury S. 140, Otto Dix S. 141, Karl Arnold S. 142;
© Jörg Hesse, Berlin: Seite 221;
Die Rechte einiger Künstler waren nicht ermittelbar.

DIE AUTOREN

Angelow, Jürgen, Dr. phil. habil., geb. 1961, Studium der Geschichte in Leipzig und der Militärgeschichte in Potsdam, 1990 Promotion, 1998 Habilitation. Privatdozent für Neuere Geschichte und Assistent am Lehrstuhl für Militärgeschichte an der Universität Potsdam. Veröffentlichungen zur politischen Geschichte Deutschlands im 19. Und 20. Jahrhundert sowie zur Sozial- und Ideengeschichte.

Demps, Laurenz, geb. 1940, Lehre bei der Eisenbahn, Studium der Geschichte und Kunstgeschichte an der Humboldt-Universität Berlin. 1970 Promotion, 1981 Habilitation zur Innenpolitik der NS-Zeit. Professor für Geschichte an der Humboldt-Universität Berlin; Forschungen zur Landesgeschichte Berlins und Brandenburgs. Veröffentlichungen u. a.: Der Gendarmen-Markt, Berlin 1987; Das Brandenburger Tor, Berlin 1990; Der Schlesische Bahnhof, Berlin 1991; Berlin-Wilhelmstraße. Eine Topographie preußisch-deutscher Macht. Berlin 1994.

Kotowski, Elke-Vera, Dr. phil., geb. 1961, Studium der Politischen Wissenschaft, Literaturwissenschaft, Philosophie und Kulturwissenschaft in Duisburg und Berlin, 2000 Promotion in Jüdischen Studien, seit 1994 Wissenschaftliche Mitarbeiterin am Moses Mendelssohn Zentrum für europäisch-jüdische Studien und der Universität Potsdam. Arbeitsschwerpunkte: Kulturelle Strömungen des Fin de siècle bis Mitte des 20. Jahrhunderts. Publikationen: Handbuch zur Geschichte der Juden in Europa, 2 Bde. (Hrsg. mit Julius H. Schoeps und Hiltrud Wallenborn), Darmstadt 2001.

Philipp, Michael, Dr. phil., geb. 1962, Studium der Sozial- und Wirtschaftsgeschichte, Neueren Geschichte und Literaturwissenschaft an der Universität Hamburg. 1992 Promotion, Wissenschaftlicher Mitarbeiter der Hamburger Arbeitsstelle für deutsche Exilliteratur. Lektor in Berlin. Veröffentlichungen u. a. über Stefan George und seinen Kreis, Geschichte des deutschen Exils und »Innere Emigration« 1933–1945.

Sabrow, Martin, Dr. phil., geb. 1945, Historiker, Direktor des Zentrums für Zeithistorische Forschung Potsdam e.V., seit 2009 Professor für Neueste Geschichte und Zeitgeschichte an der Humboldt-Universität zu Berlin. Zahlreiche Publikationen, u. a.: Doppelte Zeitgeschichte. Deutsch-deutsche Beziehungen 1945–1990, Bonn 1998; Das Diktat des Konsenses. Geschichtswissenschaft in der DDR 1949-1969, München 2001.

Schlör, Joachim, Dr. phil., geb. 1960, Studium der Kultur- und Politikwissenschaft in Tübingen, 1990 Promotion, 1993–2000 Wissenschaftlicher Mitarbeiter am Moses Mendelssohn Zentrum für europäisch-jüdische Studien an der Universität Potsdam, danach Wissenschaftlicher Assistent am Lehrstuhl für deutsch-jüdische Geschichte an der Universität Potsdam. Seit 2006 Professor of Modern Jewish/non-Jewish Relations an der University of Southampton. Zahlreiche Publikationen, u. a.: Wenn es Nacht wird … Streifzüge durch die Großstadt, Stuttgart 1994.

Schoeps, Julius H., Prof. Dr. phil., geb. 1942, Studium der Geschichte, Geistesgeschichte, Politik und Theaterwissenschaft in Erlangen und Berlin, 1969 Promotion, 1973 Habilitation, 1974–91 Professor für Politische Wissenschaft an der Universität/Gesamthochschule Duisburg und Direktor des Salomon Ludwig Steinheim-Instituts für deutsch-jüdische Geschichte, seit 1991 Professor für Neuere Geschichte an der Universität Potsdam und Direktor des Moses Mendelssohn Zentrums für europäisch-jüdische Studien. Von 1993–97 nebenamtlich Gründungsdirektor des Jüdischen Museums der Stadt Wien. Zahlreiche Veröffentlichungen zur europäisch-jüdischen Geistesgeschichte sowie zur deutschen Geschichte.

Wallenborn, Hiltrud, geb. 1967, Studium der Geschichte und der Klassischen Philologie an der Universität Bonn und am Mount Holyoke College, South Hadley. MA, Staatsexamen 1993, seit 1997 wissenschaftliche Mitarbeiterin am Moses Mendelssohn Zentrum für europäisch-jüdische Studien an der Universität Potsdam. Arbeitsschwerpunkte: Europäisch-jüdische Geschichte, sefardisches Judentum. Publikationen: Juden in Europa. Ihre Geschichte in Quellen. Bd. 1, Darmstadt 2001 (Hrsg. mit Julius H. Schoeps); Handbuch zur Geschichte der Juden in Europa, 2 Bde., Darmstadt 2001 (Hrsg. mit Elke-Vera Kotowski und Julius H. Schoeps).

Julius H. Schoeps (Hrsg.)
Preußen
Geschichte eines Mythos
ISBN 978-3-89809-095-7
248 Seiten
19,95 € [D]

»Vorzüglich bebildert, sehr sachlich geschrieben und klar gegliedert.«
Frankfurter Rundschau

Thomas Flemming,
Hagen Koch
Die Berliner Mauer
Geschichte eines
politischen Bauwerks
ISBN 978-3-89809-083-4
144 Seiten
16,90 € [D]

Minutiös und packend schildern Thomas Flemming und Hagen Koch die Geschichte der Berliner Mauer und machen deutlich, dass dieses Bauwerk auch knapp 20 Jahre nach dem Ende der DDR noch ein zeitgeschichtliches Phänomen von hoher Aktualität ist.

Armin Fuhrer
Hitlers Spiele
Olympia 1936 in Berlin
ISBN 978-3-89809-089-6
160 Seiten
24,95 € [D]

Armin Fuhrer beschreibt erstmals umfassend und anschaulich die Planung, den Ablauf und das weltweite Medienecho dieses letzten »Festes der Nationen« vor dem Zweiten Weltkrieg.

Sven Felix Kellerhoff
Hitlers Berlin
Geschichte einer Hassliebe
ISBN 978-3-89809-061-2
224 Seiten
19,90 € [D]

»Ein Buch, das erstmals Hitlers Beziehung zur Hauptstadt beleuchtet und damit eine Forschungs-Lücke schließt.«
Die Welt

Thomas Blees
Die Glienicker Brücke
Schauplatz der Geschichte
Olympia 1936 in Berlin
ISBN 978-3-8148-0173-5
132 Seiten
16,95 € [D]

»Das Buch macht auch mit seinen vielen dokumentarischen Aufnahmen anschaulich deutlich, dass die Brücke mehr ist als nur Geschichte.«
Frankfurter Allgemeine Zeitung

Kaija Voss
Die Museumsinsel
Geschichte und Gegenwart
ISBN 978-3-8148-0186-5
160 Seiten
26,00 € [D]

Dieses Buch präsentiert die über 100-jährige Bau- und Sammlungsgeschichte des weltweit einzigartigen Kulturdenkmals aus Bodemuseum, Pergamonmuseum, Alter Nationalgalerie, Altem Museum und Neuem Museum im Kontext der deutschen Geschichte.